기독교문서선교회(Christian Literature Center: 약칭 CLC)는 1941년 영국 콜체스터에서 켄 아담스에 의해 시작되었으며 국제 본부는 미국 필라델피아에 있습니다.
국제 CLC는 59개 나라에서 180개의 본부를 두고, 약 650여 명의 선교사들이 이동도서차량 40대를 이용하여 문서 보급에 힘쓰고 있으며 이메일 주문을 통해 130여 국으로 책을 공급하고 있습니다. 한국 CLC는 청교도적 복음주의 신학과 신앙 서적을 출판하는 문서선교기관으로서, 한 영혼이라도 구원되길 소망하면서 주님이 오시는 그날까지 최선을 다할 것입니다.

추천사 1

김 명 혁 박사
강변교회 원로, 한국복음주의협의회 명예회장

제가 김영애 선교사의 평생 사역에 대한 연구 보고와 깨달음의 고백인 『이주, 다문화 그리고 다양성』의 추천서를 쓰게 되어 매우 기쁘고, 감사하게 생각합니다. 제가 알기로 김영애 선교사의 이 책처럼 이주민 선교 사역에 대한 다양하고 섬세하고 철저한 연구와 조사에 기초한 저술은 없다고 생각합니다. 이 책은 이주민들을 친밀한 사랑과 섬김으로 돌아본 김영애 선교사의 25년 선교 사역에 기초한 것이지만, 철저하게 구약과 신약 성경의 가르침에 기초한 것이고, 교회 역사에 나타난 이주민 선교와 연결된 것이며, 종합적인 신학적 해석에 따른 것입니다. 오늘 이주민들의 삶의 상황을 긍정적이고 적극적으로 고려한 귀중한 저술이라고 생각합니다.

제가 2010년부터 2020년 6월까지 암미선교회에 14번 방문해서 설교했는데 방문할 때마다 친밀한 교제와 나눔의 시간을 가지곤 했습니다. 저는 암미선교회에 대해 가슴 깊은 감동을 받으면서 사랑과 존경의 마음을 지니곤 했습니다. 제가 오래전에 김영애 선교사에 대한 글을 썼는데 그 일부를 소개하고 싶습니다.

> 김영애 선교사는 본래부터 풍부한 사랑의 영성을 지니고 있었다. 주님을 뜨겁게 사랑하고 영혼들을 뜨겁게 사랑하는 사랑의 영성을 지니고 있었다. 김영애 선교사는 또한 하나님의 인도하시는 손길에 민감한 순종의 영성을 지니고 있었다. 결국, 주님이 인도하시는 손길에 민감하게 반응하고, 순종하며 고통당하는 외국인 나그네들에게 사랑의 손길을 펴는 선교의 영성을 지니며 살게 되었다. 한마디 더 하면 마지막까지 달려가는 달려감의 영성도 지니고 있다.

오늘의 세계와 한국교회가 민족주의와 국가주의와 정치 이념과 신학적인 독선주의에 치우치고 있다고 생각하는데, 다문화, 다민족 그리고 다양성과 포용성을 지니고 연합과 협력을 귀중하게 여기면서 이주민 사역에 전념하는 김영애 선교사의 선교 사역과 선교 이념과 선교 제안이 얼마나 귀중하고 아름다운지 모릅니다. 한국교회와 세계교회에 귀중한 선교적인 자극제가 되기를 바라고 소원합니다.

추천사 2

강 승 삼 박사
KWMA 공동회장, 한국복음주의협의회 국제위원장

김영애 선교사님의 저서 『이주, 다문화 그리고 다양성』의 출판을 축하드리며, 또한 이 책이 암미선교회의 또 하나의 귀한 열매이기에 자랑스러운 맘 가득합니다.

김영애 선교사님은 오직 한 길 국내 이주민 다문화 사역의 길을 25년째 달려오고 있습니다. 선교사님은 지구촌의 많은 이주민이 어떤 경로를 통해서든지 유입될 것을 내다보는 혜안이 있었다고 생각합니다. 그래서 그 외로운 한 길을 감사하며 25년을 달리고 있습니다. 김 선교사님은 몇 해 전에도 『말은 안 통해도 선교는 통한다』라는 책을 출간한 바 있습니다. 선교사님의 헌신과 선교 연구의 길은 쉴 줄 모릅니다.

이주는 세계적인 현상입니다. 한국의 이주민 선교는 88올림픽을 계기로 1990년 초반에 외국인 노동자들이 대거 유입되면서 시작되었습니다. 현재는 국내의 국제결혼이 증가하고 있어 다문화 가정이 많아지고 있습니다. 국내 여러 지역에 이주민 선교 사역 협의체가 조직되어 긴밀히 협의하고 있습니다. 2019년에는 '한국이주민선교단체협회'(Korea Immigrants Missions Association, KIMA)가 조직되어 '한국세계선교협의회'(The Korea World Missions Association, KWMA)와 아름다운 협의를 하고 있습니다. 현재 국내 이주민 선교 단체들은 40여 개가 넘으며 주요 교단의 500여 개 지역교회가 이주민 선교에 참여하고 있습니다.

그러나 국내 이주민 선교의 당면 과제가 많습니다. 국내 체류 외국인 270여 만 명의 3% 정도만이 이주민 사역자들을 통해서 복음을 접하고 있는 현실입니다. 김 선교사님이 연구한 이주민 선교의 당면 과제들도 전문 사역자 부족, 이주민 선교의 인식 부족, 협력과 연합 선교의 부족 등 많은 과제가 있는 것을 보게 됩니다.

  저는 이 책의 원고를 접하고 몇 가지를 음미하며 흥미진진하게 읽었습니다.

첫째, 이 책은 21세기 지구촌의 이주 트랜드에 발맞춰 소개된 희귀한 선교 분야의 책입니다.
둘째, 이 책은 성경에 기초하고 있으며, 이주의 의미를 역사적으로 이해하기 쉽게 정리해 놓았습니다.
셋째, 이 책은 암미선교회의 실제 사역을 토대로 하여 현장성이 풍부하고, 타문화권 이주민의 다양성을 사실에 입각하여 너무나 잘 표현했습니다.
넷째, 이 책은 재미가 있으면서도 학문적이고, 사회과학적으로 기술되었습니다.
다섯째, 이 책은 선교적 교회를 위한 구체적인 방법을 제시했습니다.

끝으로 저는 이 책을 한국교회의 지도자와 선교사와 선교사 후보생과 평신도가 꼭 읽어야 할 필독서로 생각해 강력하게 추천합니다.

추천사 3

김 성 욱 박사
총신대학교 통합대학원장

『이주, 다문화 그리고 다양성』은 한국교회의 세계 선교 사역과 이주민 선교 사역을 위한 소중한 책입니다. 1885년 언더우드 선교사와 아펜젤러 선교사가 조선에 입국해 선교함으로 한국교회가 설립되고, 점차 성장하여 지금은 30,000여 명의 한국 선교사를 전 세계 175개국 이상의 선교지에 파송하는, 선교하는 교회가 되었습니다. 선교에 빚진 자로서 선교에 중심이 된 한국교회는 이제 전 세계에서 몰려오는 이주민의 행렬을 맞이하게 되었습니다.

구약의 선지자 스가랴는 마지막 날에 방언이 다른 열국 백성이 하나님의 백성에게 하나님의 축복에 참여하기를 간절하게 소망할 것을 예언하였는데(슥 8:23), 오늘의 한국교회가 코리언드림을 꿈꾸면서 한국을 향하는 이주민들에게 하나님의 축복 통로가 되는 기회를 맞이하고 있다고 봅니다. 이러한 선교 상황에도 불구하고 아직도 많은 한국교회 성도는 선교에 대한 인식이 그렇게 높지 않은 것이 안타까운 현실인데, 보다 많은 교회가 선교 사역의 중요성을 인식하여 선교 사역의 대열에 참여하기를 바랍니다. 한국교회는 보다 효율적인 선교 사역을 수행하기 위해 전략적인 노력을 기울여야 할 시대가 되었습니다. 이주민 선교에 대한 전략적인 연구가 절실한 때입니다.

이 책의 특징은 다음과 같습니다.

첫째, 이주민 선교의 교과서라고 할 수 있습니다.
제1장은 이주와 다문화의 성경적 기초를 구약과 신약에 나타난 이주와 다문화 양상으로 설명합니다.

제2장은 다양성 원리의 신학적 토대로 노아 언약과 바벨탑 사건, 아브라함 언약과 신약의 내용으로 설명합니다.

제3장은 이주민 현황과 정부 정책에 대해 언급합니다.

제4장은 이주민 선교의 현황과 과제에 대해 논합니다.

제5장은 지역교회와 이주민 선교를 위한 선교적 교회(Missional Church)를 강조하며 이주민 선교를 위한 지역교회 목회 지침을 제시합니다.

둘째, 한국교회와 성도들에게 다양성을 수용할 줄 아는 것이 이주민 선교 사역의 핵심임을 강조합니다. 타문화권 선교 사역은 이론적으로는 쉽게 다가오지만, 실제로 현장에서 만나는 타문화권의 체험은 저절로 오는 것이 아닙니다. 저자가 이주민 사역을 하며 직접 경험한 다양성을 강조함은 이 책의 특징이며 장점이라고 봅니다.

셋째, 저자가 이주민 선교 현장인 암미선교회에서 실제적인 사역을 하며 체험한 것으로 이루어진 책입니다. 독자들은 이 책을 읽으면서 저자가 받은 하나님의 은혜와 축복을 만날 수 있습니다. 저자는 예장합동총회세계선교회(GMS) 제1호 이주민 선교사, 25년 이상 이주민 선교 사역을 수행하는 시니어 선교사로, 겸손과 열정의 선교사이십니다. 사역의 현장에서 받은 은혜와 은사를 귀한 이 책에 담아 한국교회를 섬기고자 합니다.

넷째, 이주민 선교가 지역교회가 함께 참여함으로 이루어지는 사역임을 강조합니다. 저자는 한국교회의 시대적 선교 사역인 이주민 선교를 지역교회와 함께하기를 간절히 바라면서 지역교회 지도자들에게 이주민 선교 사역의 효율적이고 실제적이고 경험적인 목회 원리를 제공하고 있습니다.

이 책이 한국교회의 이주민 선교 사역에 크게 공헌하리라 확신하면서 한국교회 목회자들과 선교사들, 성도들에게 일독을 권합니다.

이주, 다문화 그리고 다양성

Migration, Multiculture and Diversity
Written by Gloria Kim
All rights reserved.
Korean Edition Copyright ⓒ 2021 by Christian Literature Center, Seoul, Korea.

이주, 다문화 그리고 다양성

2021년 1월 31일 초판 발행

지 은 이 | 김영애

편　　집 | 박경순
디 자 인 | 김현진
펴 낸 곳 | (사)기독교문서선교회
등　　록 | 제16-25호(1980.1.18.)
주　　소 | 서울특별시 서초구 방배로 68
전　　화 | 02-586-8761-3(본사) 031-942-8761(영업부)
팩　　스 | 02-523-0131(본사) 031-942-8763(영업부)
이 메 일 | clckor@gmail.com
홈페이지 | www.clcbook.com
송금계좌 | 기업은행 073-000308-04-020 (사)기독교문서선교회
일련번호 | 2021-2

ISBN 978-89-341-2238-8 (93230)

이 책의 저작권은 저자와 (사)기독교문서선교회가 소유합니다. 신저작권법에 의하여 한국 내에서 보호받는 저작물이므로 무단 전재와 무단 복제를 금합니다.

이주, 다문화 그리고 다양성

이주민 선교 들여다보기

김 영 애 지음

CLC

차례

추천사   1
   김 명 혁 박사 | 강변교회 원로, 한국복음주의협의회 명예회장
   강 승 삼 박사 | KWMA 공동회장, 한국복음주의협의회 국제위원장
   김 성 욱 박사 | 총신대학교 통합대학원장

감사의 글   12

들어가는 말   14

제1장 서론: 이주민 선교 이해   16

제2장 이주와 다문화 사역의 성경적 기초   27
   1. 구약에 나타난 이주와 다문화   27
   2. 신약에 나타난 이주와 다문화   37
   3. 교회 역사에 나타난 디아스포라   46
   4. 디아스포라 선교   50

제3장 다양성 원리의 신학적 토대   59
   1. 구약에 나타난 다양성   60
   2. 신약에 나타난 다양성의 원리   73

제4장 이주민 현황과 정부의 정책   85
  1. 유입 배경   85
  2. 이주민 현황   87
  3. 이민 정책   90
  4. 국제 이주   101

제5장 이주민 선교의 현황과 과제   110
  1. 이주민 선교 현황   110
  2. 이주민 선교의 과제   151

제6장 지역교회와 이주민 선교   173
  1. 선교적 교회   174
  2. 지역교회와 선교 단체(파라처치)   189
  3. 지역교회와 이주민 선교   195
  4. 이주민 선교 전망   205

제7장 결론: 선교적 교회, 다민족교회를 향하여   208

나가는 말   213

참고 문헌   215

부록 1 이주민 선교, 사역과 그 열매   220
부록 2 그리스도인의 문화관   226
부록 3 이주민 선교와 연합 운동의 발자취   229
부록 4 이주민 선교 단체 설문 조사   232

감사의 글

김 영 애 선교사
암미선교회 대표

    요즘 우리 주변에서 어렵지 않게 볼 수 있는 이주민들은 이 땅의 나그네인 점에서 과부나 고아처럼 우리가 돌봐야 할 대상이다. 초기 선교는 그래서 임금 상담, 산업 재해, 의료, 인권 문제 등 그들의 필요를 채워 주는 복지 위주의 선교였다. 하지만 2004년 고용허가제를 계기로 그들의 근무 환경이 안정되면서 이주민 선교에 관심을 갖고 참여하는 교회와 선교 단체들이 생겼다.

    하지만 고용허가제 실시 이후 16년이 지난 현재, 한국교회의 체류 외국인 대상의 타문화권 선교 참여도는 3.3%에 머물고 있다. 그나마 해 왔던 이주민 선교도 타문화권 선교 인식 및 경험 부족에서 오는 시행착오가 많았다. 그래도 이주민 선교가 그동안 연륜을 쌓아 오면서 나름 축적하게 된 노하우와 현장 경험을 토대로 이주민 선교의 발전적인 미래를 위한 조사 연구와 선교 전략 개발을 서두를 때이다.

    그 일환으로 이 책은 세계적인 현상인 이주와 현재 우리 사회의 관심사인 다문화 그리고 이주민 선교에 있어 다민족 선교의 다양성에 대한 성경적, 신학적 기초를 살펴보며 더 효과적인 이주민 선교 전략을 모색해 보려는 시도에서 나오게 되었다. 아울러 이 책은 향후 다문화 사회를 이끌어가야 할 한국교회의 새로운 선교적 목회 방향에 대한 연구서라고 할 수 있다.

필자는 25년 전 뜻하지 않게 이주민 선교를 시작하며 마음이 꽤 무거웠다. 환경에 의해 이주민 선교를 시작은 했지만, 여성 사역자로서 도무지 자신감이 없었고, 더구나 시작부터 다국적 형태가 된 것에 의문점이 생겼기 때문이다. 어떻게 다국적 선교를 시작해야 할지 막막했을 때, 한편으로는 "선택의 여지 없이 주어진 환경이니까 하나님이 뭔가 하시는 일이 있을 것이다"라고 생각했다.

그런데 선교는 과연 하나님이 하시는 일로, 다민족 선교를 포함해 하나님은 '이주'라는 거대한 물줄기의 역사를 주관하시며 이주민 선교가 이 시대에 중요한 선교 패러다임이 되도록 하신 것을 본다. 암미선교회는 초창기 몇몇 지역교회 목사들에 의해 결성된 작은 후원 조직이었다. 그런데 지금은 이주민 선교 단체로 변모해 있고, 전형적인 다민족교회가 되었다. 선교회로서 모든 것이 여의치 않아 처음부터 국적을 불문하고 그저 같이 모인 것뿐인데 참으로 하나님의 섭리가 놀라울 뿐이다.

이주민 선교 사역 25년이라는 세월을 통해 나오게 된 이 책은 무엇보다 선교사의 선교 보고서라고 해야 할 것 같다. 이 책이 열악한 이주민 선교에 몸담고 있는 동역자들, 특히 이주민 선교를 시작하려는 이들에게 실제적인 도움이 되기를 바라며, 나아가 한국교회 목회자들의 이주민 선교 이해와 참여로 이어지는 계기가 되기를 기도한다.

귀한 추천사를 써 주신 신학교 은사이신 존경하는 김명혁 박사님과 강승삼 박사님 그리고 친절하게 지도해 주신 총신대학교 신학대학원 김성욱 박사님(선교학)께 진심으로 감사드린다. 이주민 선교 현장에서 요긴한 정보를 나눠 주신 신상록 목사님을 비롯한 여러 동역자께 감사드리며 원고 교정을 위해 수고해 준 이원기 전도사님께도 고마운 마음을 전한다. 부족한 종의 이주민 선교 사역의 긴 여정을 이끌어 주시고 함께해 주신 주님께 모든 영광과 감사를 드린다.

2020년 10월 청명한 가을에

들어가는 말

'지구촌 가족'이란 말이 있다. 바로 21세기의 세계적 현상인 이주가 이미 다양한 인종과 문화가 함께하는 사회를 만들었기 때문이다. 미국의 경제 문제는 곧바로 우리나라에 영향을 주고 있으며 최근 세계적 이슈인 코로나19 전염병은 전 세계가 하나로 엮어져 있음을 여실히 보여 주었다. 이제는 지구촌이 한 가족으로 이주 문제가 국가마다 중요 어젠다로 등장하고 있고, UN에서도 이 주제가 중요한 의제로 다루어지고 있다.

바야흐로 이주[1]의 시대를 맞이해 국내에도 이주민[2] 숫자가 지속적으로 늘어가고 있다. 이주민 선교는 자발적으로 이 땅에 들어온 이주민들 대상의 선교로서 1990년대 초반에 시작되어 1990년대 중반부터 활성화되기 시작했다. 이주민 선교가 이제 30여 년의 역사를 갖게 되면서 그동안 정부의 이주민 정책으로 이주민들이 꾸준히 늘어나고 있고, 이에 따른 교회의 이주민 선교에 대한 관심 역시 커 가고 있어 이주민 선교는 이제 현대 선교의 새로운 패러다임으로 자리를 잡게 되었다.

세계적으로 이주 노동자 인구는 1억 2,000만 명 이상이다. 「월드 채널」(*World Channel*, 2016. 12. 15.) 뉴스레터에 의하면 세계 이주민은 2억 3,200만

---

[1] '이민'이 국외로 거주지를 옮기는 것이라면, '이주'는 국내나 해외로 거주지를 이동하는 것을 말한다.
[2] '이주민'(migrant, immigrant)은 다른 지역이나 나라로 옮겨 가서 사는 사람 또는 다른 지역에서 옮겨 와서 사는 사람을 의미한다. 이 책에서는 이주민을 이주 노동자, 다문화 가정, 유학생, 난민으로 분류하고 있다.

명이고 그중 10분의 1이 15세 미만의 아동이다. 이러한 이주 현상은 세계적으로 1945년 이후에 시작되어 1980년대 이후 거의 전 세계의 모든 지역을 포괄한다. 이는 새로운 교통 수단과 통신 기술의 발달은 물론, 최근의 정치적, 문화적 변화의 결과로 국가 간 이동이 예전보다 훨씬 쉬워졌기 때문이다. 그 결과 국제 이주는 전 지구화(globalization)의 중요한 동력이 되고 있다.[3]

「출입국외국인정책 통계월보」(2019.6.)에 의하면 2019. 6. 30. 현재 국내 체류 외국인은 2,416,503명으로 집계된다. 1990년대 초반부터 유입된 이주 노동자들로 인하여 꾸준히 외국인이 증가해 왔고, 2007년에 체류 외국인 수가 100만 명을 넘어 다문화 사회로 접어들기 시작했다. 1995년 이후의 출입국 통계를 보면, 체류 외국인 국적 인구는 약 10년 동안 2.5배 가까이 늘어났으며, 그중에서도 체류 이주 노동자 수가 2배 이상의 증가율을 보였다.

특히 2000년대에 들어와서 다문화 가정이 다문화 사회로의 전환을 가속화시켜 왔다. 거기다 다문화 가정에서 태어난 자녀들의 숫자가 늘어나고 있고, 유학생과 난민의 숫자도 증가세여서 바야흐로 한국 사회는 다문화 사회로 변모해 가고 있으며 이주민에 대한 개념도 기존의 이주 노동자와 다문화 가정에서 다문화 가정 자녀, 유학생, 난민까지 확대된 것을 볼 수가 있다.

---

3   스티븐 카슬, 마크 J. 밀러, 『이주의 시대』, 한국이민학회 역 (서울: 일조각, 2019), 26.

제1장

서론: 이주민 선교 이해

여기서 현재 한국교회의 이주민 선교는 어디까지 와 있는 것일까?

구체적으로 이주민 선교 현장에는 무슨 일들이 일어나고 있으며 이주민 선교의 활성화를 위해 우리가 연구해야 할 선교적 이슈는 무엇인가?

어떻게 보다 효과적인 이주민 선교를 수행할 수가 있을까 하는 질문이 제기된다. 먼저 이주민 선교 이해를 위해 그 정의부터 내려 본다면 다음의 다섯 가지로 요약해 볼 수 있다.

이주민 선교는 이방인 나그네 선교(Mission for Strangers)이다.

먼저, 이주민 선교는 나그네 선교이다. 성경의 역사에도 나타나 있듯이 예로부터 세상에는 타 지역에서 이주한 나그네들이 많이 있었다. 그런데 현대에 들어와 이주의 현상이 세계적인 특징이다. 그만큼 오늘날 교회들이 이주민 선교에 대한 중요성을 인식해야 할 이유이다. 성경에서 나그네는 '이방인'이라는 용어로 널리 사용되며 '외국인'을 뜻한다. '나그네'라는 용어는 성경에서 다음의 세 가지 경우로 쓰인다.

첫째, 타국인으로 유대에 거주하는 경우

둘째, 유대인으로 나그네 된 자들의 경우

셋째, 나그네의 일반적 개념, 곧 고아와 과부처럼 우리의 돌봄이 필요한 경우

이스라엘 백성이 애굽에서 이방인으로 살았기 때문에, 모세가 시내산에서 받은 율법에는 나그네에 대한 사랑의 계명이 많이 나온다(출 22:21; 23:9; 레 19:33-34; 신 6:11; 27:19; 31:12-13). 그 율법에 의하면 나그네는 율법이 정한 규례를 유대인과 동일하게 따라야 했으며 아울러 공정한 재판을 받을 권리와 절기에 참여할 권리가 부여되었다. 한편 제한점도 있어서 그들은 씨족이나 지파의 회의 혹은 국가의 심의에 참여할 수 없었다.

구약에서 모세오경은 어떻게 이방인 나그네를 대해야 하는지에 대한 상세한 내용을 담고 있다. 그것은 이스라엘이 애굽에서 게르(나그네)였음을 기억하고 외국인을 선대하는 것이었다. 역사서는 이스라엘 경내에 이방인이 계속 많아지게 되는 중요한 사건들을 다루고 있다. 우선 가나안 정복 때도 가나안 사람들이 다 근절되지 않았다.

한편 신약에서 예수님의 탄생과 사역은 모두 이방 땅과 관계가 있다. 예수님의 초기 사역은 이스라엘 중심으로 이방인을 제한시킨 듯 보이지만, 실제로는 사회적으로 소외되고 버림받은 죄인과 병자 그리고 이방인 들이 제외되지 않았다.

사도행전은 복음이 전해져야 할 영역이 땅끝까지로 확대됨을 보여 준다(행 1:8). 이 일을 수행하기 위해 제자들은 예루살렘 복음화를 위해 수고해야 했는데 그들의 또 다른 사명은 그곳에 찾아온 이방인이나, 오순절을 맞이해 예루살렘을 찾은 흩어져 있던 디아스포라 유대인에게 복음을 전하는 일이었다.

서신서는 주로 흩어진 유대인 나그네와 이방인 신자를 수신자로 하고 있으며 우리 그리스도인이 영원한 소망을 가지고 이 땅에서 나그네로 경건히 살아야 함을 가르치고 있다. 신약에서 나그네를 가리키는 헬라어 단어는 "파로이코이"(παροικοι)로 '외국인' 또는 '외인'이란 의미를 지니고 있다(행 7:29).

나그네로서 외국인들은 상이한 언어와 문화로 인해 기본적인 생활부터가 쉽지 않다. 조사에 의하면, 이주 노동자들과 다문화 가정의 이주 여성들이 한국에 체류하면서 가장 어려운 점은 언어 장벽인 것으로 나타났다.[1] 별것 아닌 일인데 문화 차이로 한국인과 다툼이 일어나는 예도 있다. 타문화권에서 겪는 그런 어려움은 실제로 고아나 과부가 겪는 인간고 그 이상인 것으로 나타났다.[2]

신구약 전체를 통해 나그네를 대접하는 일은 경건한 성도들에게 자연스러운 삶의 일부였다. 기록에 의하면 초대교회는 신자가 되기 위해 까다로운 절차를 거쳐야 했는데 그중 하나가 일상의 삶에서 나그네를 대접하고 있는지였다고 한다.[3] 이처럼 나그네를 돌보는 일은 그리스도인의 기본자세이다. 그래서 하나님이 이스라엘 백성에게 주신 이방 나그네 사랑에 대한 명령은 이주로 인한 다문화 시대를 사는 우리 그리스도인이 반드시 지켜야 할 계명임을 기억해야 한다.[4]

이주민 선교는 구심적 선교(Centripetal Mission)이다.

---

[1] 제5장에 나오는 설문 조사에서 암미선교회 외국인들은 한국 생활의 어려운 점 중 두 가지로 가장 먼저 언어 장벽 문제를 꼽았으며, 다음으로 외로움, 다른 문화 순으로 응답했다.
[2] 문화 충격은 심지어 선교의 사명을 띠고 선교지에 간 선교사들의 경우도 예외가 아니다. 허버트 케인(J. Hebert Kane)은 문화 충격의 주요 요소들로 기후, 가난, 기아(굶주림), 질병, 언어, 이상한 관습 및 사소한 불편 사항 등 일곱 가지를 들었다(허버트 케인, 『선교사의 생활과 사역』, 백인숙 역 [서울: 두란노서원, 1986], 122-127 참조).
[3] 알렌 크라이더, 『회심의 변질』, 박삼종 외 3인 역 (대전: 대장간, 2012), 16.
[4] 믿음의 조상 아브라함은 본토, 친척과 아비 집을 떠나는 나그네 여정을 살았고, 그것은 땅의 모든 족속이 그로 인해 복을 받게 되는 축복의 여정이었다. 신약의 바울 서신과 히브리서 저자는 각기 더 나은 땅을 찾아 나선 이주자 아브라함을 그리스도인의 원형으로 봤고, 베드로후서 1장은 난민으로 불리던 그리스도인에게 쓰였으며 야고보서는 팔레스타인에서 전 세계로 분산된 유대인들을 '흩어져 있는 이들'로 묘사하고 있다.

한국세계선교협의회(KWMA)가 2020년 발표한 "한국 선교사 파송 현황"은 한국교회의 선교 패러다임의 변화를 단적으로 보여 주고 있다. 이제는 해외로 나갔던 선교사들도 다문화 사회로 전환하고 있는 한국을 새로운 선교지로 보기 시작했으며, 비자를 받기 어려운 현지 사정 때문에, 또는 국내에 다문화 가정과 난민 사역을 위해 자발적으로 한국행을 선택한 선교사들이 늘어나고 있다.[5]

요즘처럼 국내에 이주민들이 많아지기 전에 선교는 통상적으로 교회나 선교 단체가 선교사를 타문화권 선교지에 내보내는 선교였다. 하지만 이주민들이 국내에 들어오면서 '들어오는 선교'의 형태, 곧 자국 내에서의 선교(home mission)가 가능하게 되었다. 이런 점에서 이주민 선교는 새로운 패러다임의 현대 선교로, 구심적 선교(centripetal mission)라고 할 수 있다.

사실 보내는 선교와 자발적으로 들어오는 선교의 두 가지 형태는 성경의 거대한 구속사적 파노라마와 긴밀한 관계를 맺고 있다. 구약에서 이스라엘이 빛을 비추어서 이방을 이스라엘에게로 끌어들이는 것이었다면, 신약에 와서는 외부를 향해 나아가는 외향적 선교가 되었다.

순드클러(Sundkler)는 이 원리를 발전시켜 구약을 구심적으로 보고, 반대로 신약은 원심적이라고 했다. 그가 그런 주장을 하게 된 것은 아돌프 하르낙(Adolph von Harnack)의 잘못된 주장을 반박하기 위함이었다. 하르낙은 그의 저서 『선교와 확장』(Mission und Ausbreitung)에서 예수님의 죽음과 부활 이전 사역에서 이방인에 대한 선교를 전혀 찾아볼 수 없다고 주장한 바 있다. 순드클러는 하르낙이 특수주의와 보편주의의 도식으로만 이해해 예수를 특수주의자들의 무리에 분류했기 때문에 그런 오류를 범했다고 보고, 자신의 새로운 도식, 곧 구심성 대 원심성(centripetal-centrifugal)을 내세우게 되었다.[6]

---

5 "돌아오는 선교사 증가 … 국내 이주민 대상 새 전략 세워야", 「국민일보」, 2020. 1. 23., 34.
6 김명혁, 『선교의 성서적 기초』(서울: 성광문화사, 1985), 188.

하지만 그런 획일적인 구분보다는 서로의 연속성을 이해할 필요가 있다. 구약성경 역시 신약성경에서의 구심적 선교도 예언하고 있기 때문이다. 열방, 곧 만민이 시온(하나님의 백성)을 향해 도와 달라며 들어올 것이라는 예언이다(사 2:2-3; 미 4:1-2; 슥 8:22-23 참조). 신약에서도 이스라엘의 이방에 대한 관계는 구심적이었다. 예수님은 자신의 사역을 이스라엘 집의 잃어버린 양들에게로 국한시키셨다(마 10:5; 15:26). 그러나 그렇게 하신 것은 이스라엘 백성이 먼저 복음을 들어야 했기 때문이다.

바빙크(J. H. Bavinck)의 지적대로 하나님이 이스라엘을 택함은 일시적인 구분(temporary division)으로서 만민을 위한 구원 계획상 필요한 것이었으나 하나님의 때가 차면 폐지될 것이었다.[7] 예수님 역시 이방인의 풍성한 구원을 말씀하셨다(마 8:11-12). 이는 현실적으로 우리에게 이방인 나그네가 되는 이주민들에 대한 선교의 당위성을 말해 주고 있다. 이 땅의 이방인들, 곧 이주민들이 복을 받고 싶어서 시기심을 갖고 한국에 온 것에 비유할 수 있기 때문이다.

이런 원리를 바탕으로 한국교회 선교를 볼 때, 1960년대 이후부터 '가라' 메커니즘(원심적)이 시작되었고, 1990년 이후는 '오라' 메커니즘(구심적)이 작용하기 시작했고, 그 시기가 바로 이주 노동자 유입 현상이다. 그런데 현재 이주민 선교는 그들이 이 땅에 들어옴으로 구심적인 선교가 되었을 뿐만 아니라 그동안의 선교를 통해 믿게 된 이들을 다시 내보내는 원심적 선교가 병행되고 있음을 본다. 이주민 선교는 그래서 전략적으로 더욱 중요한 선교이다.

이주민 선교는 타문화권 선교(Crosscultural Mission)이다.

---

[7] J. H. Bavinck, *An Introduction to the Science of Missions* (New Jersey: Presbyterian and Reformed Publishing Co., 1960), 13.

이주민 선교가 우리 주변의 외국인 나그네 대상의 선교지만, 한편으로 현지 선교와 같은 타문화권 선교임을 알아야 한다. 선교사가 선교지에 가서 상이한 언어와 문화를 배우고 현지 적응을 해야 하듯이, 타문화권 출신의 그들을 이해하려는 노력이 우선시되는 선교인 것이다. 그들이 외국인 나그네라고 친절하게 대해 주면 되는 것으로 생각해 일반 목회를 하듯이 한국어와 우리 습관으로 그들을 대한다면 결코 사람을 얻기가 쉽지 않다.

그동안 이주민 사역을 해 오던 분들 가운데 더러는 "그리스도인으로서 우리가 친절히 대하면 기독교에 대한 좋은 이미지를 갖게 될 것이요 언젠가는 믿는 일이 있게 될 것이다"라는 말을 한다. 그 말이 틀리지 않다고 해도 그리 좋은 말도 아닌 것이, 주어진 시간 가운데 좋은 이미지뿐 아니라 예수님을 믿도록 하는 것이 더 좋은 선교이기 때문이다. 이를 위해 우리가 더욱 그들을 이해하고 좋은 이웃이 되어 복음의 기회를 얻는 것이 중요하다.

선교사가 현지에 찾아가서 그들의 언어와 문화를 배우며 그들과 동일시가 되어야 비로소 선교를 할 수 있는 것처럼 우리가 그들과 좋은 이웃이 되려면 많은 노력과 준비, 특히 타문화권에 대한 이해가 있어야 한다. 놀랍게도 이 땅에는 각지에서 온 많은 외국인으로 인해 타문화권 선교의 황금 기회를 맞이하고 있다. 대구광역시 달서구 신당동의 경우, 자그마치 69개국의 다양한 국적의 이주민이 거주하고 있다. 신당동은 10명 중 1명이 외국인인 셈이어서 대구 기초 자치 단체 가운데 외국인 비율이 가장 높다.[8]

한국교회는 그들과 한국어로 소통할 수 있겠지만 그들의 다양한 언어와 문화를 이해하려는 자세가 필요하다. 그렇지 않으면 적절한 선교 전략을 마련하기도 어렵고, 선교 열매를 기대하기도 쉽지 않다. 가장 쉬운 방법은 주변 이주민들을 친구처럼 대하여 도움을 주면서 그들의 기본적인 관습을 이해함으로써 좋은 이웃이 되는 것이다. 그들이 대부분 한국어를 배우고

---

[8] "'열 명 중 한 명은 외국인'…대구 달서구 신당동, 69개국인 거주", 「뉴시스」(NEWSIS), 2019. 7. 31.

있기 때문에 마음만 먹으면 그렇게 하는 것은 얼마든지 가능하다. 단지 이 선교가 어디까지나 타문화권 선교임을 잊지 말아야 하며 그것은 여러모로 우리의 인내와 연구를 필요로 하는 것이다.

이주민 선교는 다민족 선교(Multi Ethics Mission) 현장이다.

이주민 선교는 많은 경우 다문화, 다민족 선교가 되는 것이 특징이다. 예수님은 모든 인종에게 관심이 있으셔서 모든 민족으로 제자를 삼으라고 하셨다(마 28:19). 성경에서 '민족'이라는 단어는 정치적 의미의 국가가 아니고 한 나라 안에 있는 인종적, 언어적, 문화적 집단을 가리킨다. 지구상에 우리나라처럼 단일 민족은 별로 없다.

이주민 선교가 다민족 선교 현장이 된 것은 이주 노동자들의 장기 체류에 따른 국제결혼과 결혼 이민자 수가 급격히 증가하면서 다문화 가정 자녀들이 많아지게 된 점, 거기에 유학생과 난민의 증가까지 겹치면서 우리 사회가 급격히 다문화 사회가 된 탓이다. 다문화는 복수 문화로서 둘 이상의 이질적인 문화가 하나의 제도권 안에서 상호 교류를 통해서 형성되는 것이며 인종, 언어, 종교, 성 등을 포괄하는 말이다.

사실 한국뿐 아니라 지구상의 수많은 사람이 가뭄, 전쟁 등 여러 요인으로 인해 고향을 떠나 난민으로 살아가거나 더 살기 좋은 나라로 이동하고 있다. 따라서 교회는 주변의 다양한 타문화권 이웃에게 개방적인 자세를 가져야 한다. 미국의 한국인 디아스포라교회가 좋은 예이다. 1세대는 전통적인 언어와 생활 방식을 그대로 유지해 왔지만, 교회가 이민 2세대와 3세대에 대한 사역을 하기 위해서는 주변의 다양한 타문화권 이웃들을 이해하는 자세가 필요하다.

다민족 선교는 단일 국적 대상의 선교처럼 전문성을 갖기가 어렵지만, 단일 국적이 갖지 못하는 역동성을 가지고 있다. 다양성이 증가하고 지구촌 곳곳에 이주민이 늘어나는 현실에서 그리스도인은 새로운 인간관계의 역량과 교회 안에서 동료 신자들 간에 차이와 구별을 극복하고 다문화 간의 연합을 도모해야 하는 사명이 있다. 그런 이유로 이 시대 교회들은 교회의 특징인 다양성을 더욱 잘 살릴 수 있는 목회적, 선교적 구조를 갖춰야 한다.

다문화·다인종 현상은 다양성을 창출하며 우리 사회와 한국교회 선교에 보이지 않게 영향을 미치고 있다. 이주 노동자들의 경우만 봐도, 그들은 일터에서 다양한 국적을 가진 자들과 함께 공동체 생활을 하며 새로운 힘을 발휘하고 있다. 다양한 문화와 배경에서 서로 다른 경험과 지식을 하나로 합쳐서 새로운 힘을 발휘해 그 실적을 드러내고 있다.[9]

다문화 사회에서 우리는 또 다민족 선교라는 새로운 형태의 선교적 과제를 발견하게 된다. 다민족교회는 두 국적 이상이 모이는 교회로 거기에는 중요한 선교적 의미가 있다. 예루살렘에 있던 핍박으로 인해 많은 그리스도인이 흩어져 복음을 전하게 되었을 때, 멀리 수리아 안디옥까지 간 무리가 복음을 유대인에게뿐 아니라 그곳의 헬라인에게도 전하므로 서로 다른 민족이 연합된 최초의 교회가 안디옥에 세워지게 되었다. 그 교회는 후에 바울과 바나바 두 리더를 선교사로 파송하므로 세계 선교의 초석을 다지게 된다. 다민족교회의 선교적 역량을 보여 준 좋은 예이다.

한편 다민족으로 인한 다양성은 교회 안의 다양한 은사에 의한 다양성과도 관계가 있을 뿐 아니라 창세기 1:28의 "땅을 정복하라"라는 문화명령과도 연속성을 가진다. 죄로 인해 분리되고 언어 혼잡이 생겼지만, 그리스도 안에서 인류는 계속해서 그 문화명령을 지켜야 할 사명이 있다. 그 일환으로 성경을 번역하여 타문화권에 복음을 전해야 하는 것이다. 한국교회가 그렇게 할 때 안디옥교회처럼 다민족교회가 되는 것은 자연스러운 일이다.

다문화·다민족 선교는 거기에 또 다른 제3, 4의 문화가 창출될 가능성이 있으며 그래서 다양성의 원리가 있다. 교회가 세워지는 데 그리스도 중심의 통일성과 다양한 은사가 활용되는 다양성이 필요하다면, 다민족 이

---

[9] 장훈태, 『다문화 사회』 (서울: 대서, 2011), 61.

주민들의 경우 교회의 다양성을 보다 풍성히 하는 역할로 기여할 것이다. 그것은 또한 교회의 지상명령의 잠재성을 불러일으킬 것이다. 이 중요한 다양성 원리의 신학적 토대는 제3장에서 그리고 제5장 다양성의 이주민 선교 현장에서 자세히 다룰 것이다.

이주민 선교는 전략적으로(Strategically) 중요한 선교이다.

같은 타문화권 선교로서 기존의 해외 선교 측면에서 이주민 선교가 갖는 전략적 중요성을 세 가지로 요약해 볼 수 있다.

첫째, 이주민 선교는 노력하지 않은 것을 거두는 선교라고 할 수가 있다. 요한복음 4장에 나오는 사마리아 전도는 예수님을 만난 그곳의 한 여인으로 말미암아 이미 문이 열려 제자들이 전도하기가 수월했다. 예수님은 제자들에게 그것을 비유하여 '너희가 노력지 아니한 것을 거두러 보낸다'라고 말씀하셨다(요 4:38).

지금 한국에는 200여 국가에서 이주자 264만 명(단기 거주자와 귀화자 탈북인 포함)이 전국 각 도시와 농어촌까지 분포되어 있다. 이처럼 전국 252개 시군구 전역이 글로벌 선교 사역지가 되었다. 허명호는 이에 대해 "'새 포도주는 새 부대에'라고 변혁을 촉구하신 예수님의 말씀이 다민족 시대를 맞은 한국교회를 향한 현재적 선언"이라고 했다.[10]

그의 지적대로 세계 각국에서 많은 이주민이 스스로 이 땅에 들어와 우리 곁에 이웃으로 살고 있다는 것은 타문화권 선교에서 획기적인 것으로 한국교회가 그만큼 좋은 선교의 기회를 맞이하고 있다. 국내의 이주민들은 전국 252개 시군구 전역에 흩어져 있어 지역교회들이 타문화권 선교에 쉽게 동참할 수가 있다. 더구나 정부가 그들에게 한국어 교육을 제공하고

---

10 허명호, "선교 현장이 된 대한민국",「한국선교 KMQ」, 2020 봄호, 통권 73호, 111.

있어 한국어를 통한 기본적인 소통이 가능하다. 또 그중에는 장기 체류자가 많다. 이런 요소들로 인해 이주민 선교는 해외 선교와 비교가 되지 않는 적은 투자로 많은 결실을 얻을 수 있는 황금어장이며 바로 이 점이 노력하지 않은 것을 거두는 선교에 비유될 수 있는 이유이다.

둘째, 이주민 선교가 전략적인 측면에서 중요한 것은 10/40 창문[11] 출신의 이주민이 국내에 많이 들어와 있다는 점이다. 이 지역은 세계 땅의 3분의 1 정도가 되며, 62개국이 모여 있어 세계 인구의 60%를 차지하고 있지만 비기독교인들이 밀집한 지역이다. 그러기에 이들이 한국에서 복음을 접할 수 있게 된 사실만으로도 선교적 가치가 엄청 큰 것이다. 특히 현지에서 선교가 어려운 이슬람권 선교가 그래도 이곳에서는 가능하다.

이슬람권 출신 이주민들은 전체의 30% 정도를 차지하고 있는데 그 가운데는 한국어를 잘 구사하는 장기 체류자들이 있고, 또 장기 체류를 원하는 이들이 많다. 얼마간이라도 더 체류하기 위해 난민 신청을 하는 경우도 적지 않다. 적어도 이런 이주민들에게 우리가 친절을 베풀며 다가가 복음을 전할 수가 있고, 계속 우정을 쌓는다면 복음을 받아들이게 하는 일과 양육까지도 가능하게 된다. 홈그라운드의 이 점을 살려 이슬람권을 비롯한 여러 나라 대상의 선교를 할 수 있다는 것은 이 마지막 시대에 하나님이 우리에게 주신 특별한 선교의 기회임에 틀림없다.

셋째, 이주민 선교는 한국교회가 선교적 교회(missional church)로의 전환을 기할 수 있는 좋은 기회가 된다. 선교적 교회가 되기 위해서는 선교가 단순히 교회 어느 부서의 일이 되기보다 교회의 본질적인 목표가 되어 선교 지향적인 교회로 나아가야 한다. 여기에 다양한 교육과 훈련이 필요한데 주변의 이주민들로 인해 지역교회들이 직접 타문화권 선교를 경험할 수 있다는 것은 최고의 교육이요 실제적 훈련이 된다. 5장에 나타나 있듯

---

11 '10/40 창문'(10/40 Window)은 루이스 부시(Luis Bush)가 창안한 용어로, 세계지도상에서 북위 10도와 40도 사이의 직사각형 구획 안에 들어간 국가들을 말한다.

이 이주민 선교가 많은 경우 다민족 형태로 이루어지고 있는 점도 큰 장점이다. 그래서 이주민 선교는 교회가 선교적인 교회가 될 수 있는 바로미터가 된다고 할 수가 있다.

토의 및 적용 문제

1. 주변에 이주민들을 볼 때, 어떤 느낌을 받으며 무슨 생각을 하게 되는가?
2. 혹시 그동안 외국인에 대한 편견이나 선입관이 있었다면 그것은 무엇인가?
3. 이 장에서 말하는 이주민 선교의 다섯 가지 정의를 말해 보라. 그중에 새롭게 알게 된 것이 있다면 무엇이며 어떤 도전을 받게 되는가?
4. 한국교회 선교에서 이주민 선교가 가지는 의미와 중요성에 대해 말해 보자.
5. 이주민 선교는 타문화권 선교이다. 나의 기도 생활에서 타문화권 세계 선교는 얼마나 큰 비중을 차지하고 있는가?

제2장

이주와 다문화 사역의 성경적 기초

성경은 시작부터 끝까지 이주와 다문화로 인한 다양성을 우리에게 풍성하게 제시해 보여 주고 있다. 이 장에서는 구약과 신약에 각기 나타나고 있는 이주와 사도행전 이후 교회 역사에 나타난 디아스포라 곧, 국제 이주에 대해 살펴보기로 한다.

1. 구약에 나타난 이주와 다문화

1) 창조와 바벨탑 사건

우선 하나님이 창조하신 이 우주는 다양함으로 가득 차 있다. 하나님은 먼저 빛과 하늘, 땅을 만드신 후 땅의 풀과 씨 맺는 채소를 각기 종류대로, 또한 물에서 번성하여 움직이는 모든 생물을 그 종류대로, 날개 있는 모든 새를 그 종류대로 그리고 땅의 짐승, 육축 그리고 땅에 기는 모든 것을 그 종류대로 만드셨다.[1]

---

1 창 1:3-25 참조.

첫 사람 아담의 경우는 하나님의 형상대로 지으셨는데 독처하는 것이 좋지 않다며 그에게서 갈빗대 하나를 취해 여자를 만드시고 그를 아담에게로 이끌어 오셨다(창 2:22). 첫 부부인 아담과 하와는 남자와 여자로 구별되면서도 함께 하나님의 형상대로 지음을 받은 공통점이 있다. 특별히 하나님은 이들에게 문화명령을 내리셨다.

> 생육하고 번성하여 땅에 충만하라, 땅을 정복하라, 바다의 고기와 공중의 새와 땅에 움직이는 모든 생물을 다스리라(창 1:28).

이는 하나님의 형상대로 지음 받은 우리 인간이 하나님과 교제하며 살면서 모든 다양한 피조 세계를 다스리는 권한과 책임이 있는 것을 보여 주는 것이다.

그러나 하나님이 조화롭게 창조하신 세상에 아담과 하와의 불순종으로 죄가 들어온 이후, 창세기 6장 이하에 노아 홍수 사건이 나온다. 하나님은 사람의 죄악이 세상에 관영함과 그 마음과 생각의 모든 계획이 항상 악하여 땅 위에 사람 지으셨음을 한탄하시며 홍수로 그들을 지면에서 쓸어버리셨다는데, 노아가 은혜를 입어 방주를 만들고 그 가족들과 짐승들 암수 둘씩 구원을 받는다.

그러나 창세기 11장에서 다시 노아의 후손들이 동방으로 옮기다가 시날 평지를 만나 거기서 서로 흩어짐을 면하려고 바벨탑을 쌓아 올린다.

그것은 "생육하고 번성하여 땅에 충만하라, 땅을 정복하라"(창 1:28a)고 하신 하나님의 뜻을 거스르는 행위로서 하나님은 그들의 언어를 혼잡게 하심으로 그런 인간의 도모를 파하셨다. 결국, 그들은 성을 쌓기를 그치고 온 지면에 흩어지게 되는데 그것은 도리어 인류의 분산을 촉진시키는 계기가 되었다. 결과적으로 창세기 1:28의 문화명령을 더 적극적으로 수행하게 된 것이다.

물론 바벨탑 사건이 인간의 죄로 인한 결과임을 경시해서는 안 될 것이다.[2] 그러나 그로 인해 사람들이 서로 다른 언어를 배우며 소통하게 된 것은 본래 하나님이 의도하신 다양성을 더욱 풍성히 하는 계기가 된 점에 주목할 필요가 있다. 결국, 죄로 인한 인류의 흩어짐으로, 이주와 다문화로 인한 다양성이 세상에 충만하게 된 것을 보게 된다.

2) 이스라엘의 역사

(1) 아브라함과 족장 시대

바벨탑 사건이 나오는 창세기 11장 후반부에는 셈의 계보가 셋에서 노아, 아브람에까지 이어지는 구속사의 연속성을 보여 주고 있다. 이어 창세기 12장에서 아브라함이 부름을 받는 배경을 보면, 본토, 친척과 아비 집을 떠나는 이주의 나그네 여정이었다. 당시 하나님은 아브라함에게 그가 이방에서 객이 되어 그들을 400년간 섬기며 고생하게 될 것을 예언적으로 말씀하셨다(창 15:13). 그것은 하나님이 그들뿐 아니라 세상의 열방도 사랑하셔서 그들에게 자신을 나타내 주실 것임을 시사해 주고 있다.

아내 사라가 가나안 땅 헤브론에서 죽었을 때, 아브라함은 헷 족속에게 매장지를 부탁하면서 자신을 '나그네로서 우거하는 자'라고 했다(창 23:4). 아브라함은 나그네로서 가나안 땅에 가서 목축을 하며 생업을 도모했고, 하나님의 축복으로 육축과 은금을 풍부하게 소유했다(창 13:2). 오늘날로 말하면 성공적인 이주 노동자였다. 그런데 하나님이 아브라함을 선택하신 목적은 세계 민족에게 복의 근원이 되기 위한 것으로 거기에 선교적인 목적이 있었다.

2　바벨탑 사건 이전부터 인간의 불순종으로 인해 심판이 선언되곤 했다(창 3:14-19; 4:11-12; 6:7, 13-21 참조). 그러므로 바벨탑 사건도 불순종한 인류에 대한 심판이라고 보는 것이 전통적인 해석이다.

그의 아들 이삭의 생애도 마찬가지로 흉년이 들어 블레셋 땅으로 이주했고, 후에는 그랄 땅으로 옮겨 가는 나그네의 삶이었다. 이삭의 아들 야곱도 형과의 갈등 때문에 어머니 리브가의 권유로 삼촌 라반이 사는 밧단아람으로 떠났는데 그 이주가 20년이나 되었다(창 31:41). 형의 낯을 피해 그곳에 가서 경건한 아내를 얻으려 했지만, 결국, 타국에서 오랫동안 힘든 노동을 한 셈이다. 삼촌으로부터 10여 차례나 품삯을 제대로 받지 못하기도 했다.

족장 시대의 마지막 인물인 요셉은 나그네로서 가장 극한 상황을 체험한 경우이다. 그는 일찍이 억울하게 형들에 의해 미디안의 상인들에게 노예로 팔려 애굽으로 갔다. 거기서 시위대장 보디발의 집에서 일을 하게 되고 보디발의 아내 사건으로 그만 감옥까지 가게 된다. 그러나 거기서 바로 왕의 신하들의 꿈을 풀어 주는 일을 계기로 후에 바로 왕의 꿈까지 풀어 주고 총리대신이 된다. 외국으로 이주하여 크게 성공한 경우라 하겠다.

(2) 출애굽과 이스라엘의 역사

그 후 출애굽의 지도자 모세가 나온다. 모세는 첫 아내인 십보라 외에 구스 여인과 결혼했다. 그의 누이 미리암이 구스 여인과의 결혼을 비판한 것은 아마도 그 결혼이 국제결혼이기 때문일 가능성이 크다. 모세는 후에 아들의 이름을 '게르솜'이라고 지음으로써 그가 철저히 나그네 의식을 가지고 살았음을 보여 주었다(출 2:22; 18:3). 그것은 또 당시 이스라엘 백성이 그런 의식으로 살았음을 시사해 주는 것이기도 하다. 이처럼 이스라엘의 나그네 곧 '게르' 정신은 그들이 과거에 나그네였다는 정체성에서 비롯된 것으로(창 23:4), 그런 의식은 자연히 이방인에 대한 포용적인 생각을 갖게 해 주었다.

요셉 이후 새 왕이 애굽을 다스릴 때, 그가 이스라엘 자손의 많음을 보고 그들을 경계한 것도 이스라엘 백성이 400년 이상 애굽에서 종살이했어도 애굽에 동화되기보다 언젠가는 그곳을 떠나 약속의 땅으로 갈 것이라는 게르 정신을 잃지 않고 살았음을 생각하게 해 준다(출 1:8-10). 또 수많은 잡족(출 12:38; 민 11:4)이 함께 출애굽의 대열에 참여하므로 이주와 다문화가 이루어진 것을 볼 수가 있다.

이주민으로서 이스라엘 백성은 긴 광야 생활을 통해 가나안 땅에 정착한 사람들이다. 그들이 가나안 땅에 들어가서 그곳의 거민들과 싸울 때, 그들을 다 쫓아내지 못해 가나안 사람들이 다 근절되지 않았고, 서로 가까이 살았음을 볼 수가 있다(삿 1장 참조). 그 결과 이방인과의 결혼이 금지되었어도, 실제로 그것은 제대로 잘 이루어지지 않았다(민 25:6-8; 삿 3:6-7). 가나안 땅이 다문화, 다민족 사회가 된 것이다.

이스라엘의 여러 지파가 가나안 사람들을 몰아내지 않은 이유는 그들을 종속시켜 노예로 삼아 노동력을 착취하기 위한 이기적인 욕심이 자리하고 있었음을 보여 준다. 결국, 경제적인 이유에서 비롯되었다. 그러나 그런 동기에서 비롯된 동거는 그들과 급속한 가나안 화를 초래하게 되었고, 결국, 믿음에서 멀어지게 되었다.[3]

룻기서에 나오는 사사 시대의 엘리멜렉은 전형적인 나그네로서 흉년으로 그 가족이 모압에 이주했으며, 두 아들 말론과 기룐은 그곳 사람들과 결혼까지 했다. 그러나 10년이 못 되어서 엘리멜렉과 두 아들이 모두 죽고, 아내인 나오미가 자부인 이방 여인 룻만을 데리고 고향으로 돌아오게 된다. 그러나 룻은 시모 나오미의 친족 보아스를 만나 결혼을 하게 되고 아들 오벳을 낳아 혈통적으로 예수님의 족보에 들어가게 된다. 룻의 이야기는 다문화 가정의 좋은 예이다.

이스라엘 국가가 시작된 후, 솔로몬 통치 시대에 팔레스타인 지방에는 많은 이방인이 살고 있었다.[4] 특히 솔로몬이 성전 건축을 마치고 드린 봉헌기도를 보면 이방인도 이스라엘과 동일하게 하나님께 나아갈 수 있음을

---

[3] 심민수, "구약성경의 이방 문화-이방인 이해", 『더불어 사는 다문화 함께하는 한국교회』(서울: 예영커뮤니케이션, 2012), 130.
[4] 대하 2:17에 의하면, 다윗도 이스라엘 땅에 거한 이방 사람들을 조사한 바 있었으며, 솔로몬이 재차 조사한 결과 모두 십오만삼천육백 명이었다.

보게 된다(왕상 8:41-43). 유다가 멸망하여 바벨론의 포로로 끌려간 사건은 또 하나의 커다란 이주의 사건이다. 비록 하나님을 불순종한 죄의 결과였지만, 그들의 바벨론 포로 생활은 이방인들에게 개방되고 다양한 인종이 참여하는 새로운 이스라엘, 곧 모든 민족 가운데서 부름 받은 하나님의 구원받은 백성이 준비되는 시작이 되었다.[5]

특히 포로 신분임에도 다니엘과 에스더는 바벨론의 세속적인 문화에 동화되지 않고 오히려 이스라엘의 유일신 문화를 전파하는 영향력 있는 삶을 살았다. 바벨론 포로에서 귀환할 때 활약한 느헤미야와 에스라도 무너진 성전의 재건과 함께 종교적인 개혁을 이룩하는 큰 역할을 해냈다. 그 시기는 유대인 공동체를 강화시키는 때로서 이방인 문제가 심각했다. 에스라는 종교개혁 과정에서 특히 유대인들이 이방인과 혼인을 맺고 그들의 우상을 숭배하는 악을 회개하는 금식기도를 했다(스 9장). 또한, 이방 여인과 혼인한 자들을 조사하여 그 명단을 공개하고 관계 청산을 요구하기도 했다. 그 결과 이방인 아내는 물론 이미 태어난 자식과도 헤어지는 뼈를 깎는 각성이 있었다(스 10장).

한편 예루살렘으로 귀환하지 않고 바사(페르시아)에 남아 있는 유대인을 위해 기록된 에스더서의 경우, 나그네로 타국에서 정착한 유대인이 모두 죽게 될 위기에 처했을 때, 왕후로 뽑힌 유대인 에스더와 그 삼촌 모르드개의 역할로 승리하게 되는 극적인 내용을 담고 있다. 비록 포로로 끌려갔지만 디아스포라(이주민)로서 유대인의 삶이 매우 적극적이었음을 볼 수가 있다.

에스라 당시 종교개혁은 이주민 선교에서 종교 혼합주의를 배격해야 하는 교훈을 주고 있다. 이스라엘 역사를 볼 때도 가나안 정복 전쟁 시기부터 바알 종교의 영향을 받아오다가 B.C. 6세기경 바알 종교는 이미 강력한 세력을 지닌 대중 종교가 되어 그 영향을 받던 북이스라엘과 남유다가

---

5 Thomas Renz, *The Rhetorical Functions of the book of Ezekiel* (Leiden, the Netherland: HumanitiesPress, 2002), 235.

차례로 망하는 원인이 되었다(대하 36:11-20).

3) 구약에 나오는 다문화 예

구약성경은 많은 다문화 가족 이야기를 담고 있다. 그들을 통해 오늘날 다문화 가정에 대한 선교적 교훈을 얻을 수가 있으므로 여기서 구약성경에 나오는 다문화의 대표적인 예를 정리해 본다.

(1) 하갈

창세기 16장에 나오는 애굽 출신 하갈 이야기는 결혼 이주 여성으로서 정당한 대우를 받지 못한 최초의 케이스라고 할 수가 있다. 아브람의 아내 사래가 잉태치 못하자 그녀는 남편 아브람에게 자신의 여종인 애굽 사람 하갈을 첩으로 주어 아들 이스마엘을 낳게 한다. 아브라함과 사라가 가나안 땅에 거한 지 10년 후였다. 사실 하나님은 아브람에게 후사를 약속하셨지만 10년이란 세월이 흘렀어도 자식을 갖지 못하자 아브람이 아내인 사래의 말을 들은 것이다. 그러나 하갈이 임신 후 사래를 대놓고 무시하자 오히려 그 앞에서 쫓겨나게 된다. 그러나 긍휼의 하나님은 하갈을 생명을 구하시고 보호하시며 복을 약속하셨다. 하갈의 경우를 볼 때, 하나님은 오늘날 이 땅의 결혼 이주 여성들의 다양한 아픔을 돌보시는 분임을 보게 된다.

(2) 다말

창세기 18장에 나오는 다말도 가나안 여인으로서 유다의 첫아들 엘과 결혼한 다문화 가정의 여인이었다. 다말은 하갈의 경우와 달리 능동적으로 모험을 통해 시아버지 유다와 관계를 맺음으로 상속자를 얻고 남편 가문의 대를 이은 여인이다. 이를테면 자신의 정체성을 찾으려 노력하고 이를 인정받은 사람이라고 할 수가 있다.⁶ 후에는 예수 그리스도의 족보에도 들어가는 영예까지 얻었다.

시아버지 유다와 관계를 맺은 것은 그의 지혜였다. 남편 엘이 하나님의 목전에 악하므로 죽임을 당하고 시동생 오난도 그렇게 되었을 때, 그 밑에 셀라가 장성할 때까지 아비 집에 돌아가 수절하고 기다리라는 시아버지 유다의 말에 순종했으나 셀라가 장성했어도 자신을 그의 아내로 주지 않자 창녀의 모습을 하고 시아버지와 관계한 것이다.

시아버지와 불륜 관계를 통해 두 아들, 베레스와 세라가 태어났고, 그중 베레스를 통해 후에 다윗을 비롯한 열 왕이 태어났으며 그리스도께서 태어나셨다. 결국, 유다나 다말이 그리스도의 조상이 된 것은 어떤 선행이 아니라 하나님의 선하신 뜻에 의한 것임을 보게 된다. 또한, 어떤 이방인이나 죄인도 구원의 대상에서 제외되지 않는다는 복음의 메시지를 읽게 해 준다.

(3) 모세 주변의 여인들

출애굽의 지도자 모세 주변에는 그를 도와준 용기 있는 여성이 많이 있었다. 그가 태어났을 때 '물에서 건져졌다'는 이름의 뜻이 말해 주듯이 모세에게는 갓 태어난 히브리 남자아이들을 강으로 던져 죽이라는 바로 왕의 명령을 따르지 않은 그 어머니와 누나 미리암이 있었다. 또한, 그를 강에서 건져낸 바로 왕의 딸이 있었다. 후에 모세가 성장해 결혼한 아내인 미디안 여성 십보라의 도움으로 죽음을 피하기도 했다. 모세가 하나님의 부르심을 따라 애굽으로 갈 때, 아들의 할례 문제로 자신은 언약의 표시를 지니지 못하고 있었다. 하나님이 그 문제로 길가 숙소에서 모세를 죽이려 할 때, 십보라가 아들에게 행한 할례를 통해 진정한 언약 백성의 지도자로 나서게 된다(출 4:24-26). 남편의 종교와 문화를 존중하고, 그 예식이 가진 중요한 의미를 배

---

6 김혜란, 최은영, "자신의 정체성을 찾으려 노력하고 이를 인정받은 다말", 『성서에서 말하는 다문화 이야기』(대전: 대장간, 2013), 37.

우고 적극적으로 나서서 도와준 십보라의 용기와 지혜로운 지도력은 오늘 다문화 시대를 살아가는 우리에게 큰 교훈이 되고 있다.[7]

(4) 라합

모세를 뒤이은 이스라엘의 지도자 여호수아는 가나안 정복의 제일보가 될 여리고성 정복을 위하여 정탐꾼을 파송했다(수 2, 6장). 그들은 기생으로 여리고에 살고 있던 라합을 만나 보호를 받게 된다. 라합이 하나님을 신뢰해 정탐꾼을 숨겨 주고 도망을 가게 도와준 것이다. 자기 민족을 배신하면서까지 그렇게 한 이유는 자신이 부양하고 있는 가족을 살리기 위한 목적도 있겠지만, 그가 하나님만이 참신이심을 믿었기 때문이다(수 2:8-11 참조).

라합이 왕의 군사들에게 거짓말을 한 것도 도덕적으로 문제가 될 수 있지만, 그것은 이스라엘의 하나님이 행하신 능력에 바탕을 둔 믿음의 행위였다. 그래서 히브리서 11:31은 라합을 믿음의 선진들의 반열에 넣고 있다. 외국 여성으로 천한 신분이었다고 해도 하나님은 그의 믿음을 보시고 그녀의 가족까지 구원해 주셨을 뿐 아니라 그를 위대한 믿음의 선진 가운데 넣으신 것이다. 라합의 이야기는 오늘날 가족을 위해 희생하는 이 땅의 이주 여성들을 생각하게 해 준다. 어려운 가족을 위해 타국에 온 그들이 복음을 듣고 믿는 것은 얼마나 중요한지 모른다.

(5) 룻

룻기 1장에는 흉년으로 유다 베들레헴에서 모압으로 이주한 엘리멜렉이 죽고 아내 나오미가 두 아들 말론과 기룐을 모압 여인과 결혼시키는 이야기가 나온다. 타국에서 다문화 가정을 이룬 것이다. 그러나 두 아들마저 죽는 불행이 또 찾아온다. 이에 나오미는 두 자부가 각기 집으로 돌아갈 것을 권유한다. 그러자 첫째 자부는 울며 시모에게 입을 맞추고 돌아갔으

---

[7] 김혜란, 최은영, 『성서에서 말하는 다문화 이야기』, 54.

나 둘째 자부인 룻은 시어머니를 따라 그의 고향 베들레헴으로 따라와 시모 니오미의 친족인 보아스를 만나 결혼하게 된다. 그리고 거기서 아들 오벳(다윗의 할아버지)을 낳으므로 이방 여인으로 예수님의 족보에 들어가게 된다. 룻의 이야기 곧, 그의 시모를 섬김과 나이가 많은 남편을 섬긴 것, 또한 그의 남편 보아스의 룻에 대한 배려와 사랑은 오늘날 다문화 가정의 다시없는 좋은 본보기가 된다.

(6) 솔로몬

구약의 다문화 이야기에서 솔로몬의 경우를 살펴볼 필요가 있다. 그는 아비 다윗에 이어 믿음이 좋은 왕으로 출발했으나 많은 국제결혼으로 말년에 나라가 분리되기까지 하는 결과를 빚었다. 열 왕기상 11장에 보면 그는 바로의 딸 외에도 이방의 많은 여인, 곧 모압과 암몬과 에돔과 시돈과 헷 여인 들을 사랑했다. 그래서 700명의 후궁과 300명의 첩을 두었다. 그들은 솔로몬이 늙어 감에 따라 그의 마음을 돌려 그들이 가져온 우상을 섬기게 했고, 예루살렘 동쪽 언덕에 모압인 그모스 신당과 암몬의 몰렉의 산당이 지어지기도 했다.

하나님이 일찍이 이방인들과의 통혼을 경고하며 그들이 마음을 돌이켜 저희의 신들을 좇게 할 것이라고 말씀하셨으나 솔로몬이 그들을 연애한 까닭에 그 경고를 무시해 버린 것이다(왕상 11:2). 그러나 그것이 올무가 되어 하나님을 멀리한 결과를 빚었고, 결국은 나라가 두 쪽이 나고 말았다. 솔로몬의 실수는 바로 인위적이고 정책적인 무리한 다문화 융합 정책에 있었다.

이정혁은 다문화 도시인 안산시 단원구 원곡동의 관(官) 주도 다문화 정책의 부작용을 지적하며 다문화 정책이 자연스러운 민간 주도가 되어야 한다고 주장한다. 예컨대 무슬림의 모스크(종교 시설) 난립, 이주민 상대의 도박장, 티켓다방(성매매다방) 등이다.[8] 그의 지적은 일리가 있지만, 근본적

---

8 이정혁,「다문화 신학에 관한 연구」, 한신대학교대학원 박사 학위 논문, 2017, 61.

으로 그들이 복음을 접하도록 하는 것이 중요하다. 누구나 할 것 없이 사람은 하나님을 알고 경외할 때 악에서 떠나게 되기 때문이다(잠 16:6).

이주민 선교 현장에는 성적인 문란 문제가 끊이지 않고 있다. 교회에서도 믿음이 좋은 멤버가 믿음을 중시하지 않고 불신자와 교제하며 동거하는 일이 생길 경우, 교회의 영적 분위기가 흐려지게 되고, 불법 체류 신분으로 동거하고 있는 경우, 한쪽이 단속에 걸려도 구제받을 길이 없다. 무슬림의 경우는 일부다처를 당연시하고 있어 더욱 주의가 요구된다. 그래서 국적을 불문하고 다문화 이주민의 성적 죄의 심각성을 인식할 필요가 있다.

2. 신약에 나타난 이주와 다문화

1) 예수와 이방인

예수님의 족보에 등장하는 다섯 명의 여인 중에 마리아를 제외한 네 명, 곧 다말, 라합, 룻과 밧세바는 모두 다문화 배경의 이방 여인이었다. 그것은 복음이 만민을 위한 것임을 분명하게 보여 주는 것이다. 이정혁은 그의 논문에서 이 점이 바로 모든 민족을 사용하며 모든 민족을 구원하는 다문화 배경의 구원관을 보여 주는 것이라고 했다.[9]

예수님은 유다 베들레헴에서 탄생했으나 헤롯 왕을 피하여 이방 땅인 애굽에서 수년을 지낸 후, 귀국하여 나사렛에서 정착했다. 태어나실 때부터 이주의 삶이었다. 예수님의 탄생을 축하하기 위해 가장 먼저 방문한 사람 역시 이방인 동방박사들이었다(마 2:1-11). 예수님이 성장한 나사렛은 이방 땅 갈릴리의 작은 마을이었고, 후에 가버나움으로 이사했는데 가버나움회당은 로마 백부장에 의해 세워질 정도로 나사렛보다 더 이방 도시였다(눅 7:5).

---

[9] 이정혁, 「다문화 신학에 관한 연구」, 63.

예수님 공생애의 시작은 갈릴리(마 4:15)로서 후에 유대 지역을 훨씬 넘어서 이두매, 요단강 건너편 두로와 시돈(막 3:7-8) 그리고 수리아, 데가볼리까지 이르렀다(마 4:24-25). 그런 이유로 이사야 선지자는 예수님을 '이방의 빛'이라고 예언했고(사 42:6), 신약성경 누가복음의 저자 누가도 예수님을 일컬어 '이방을 비추는 빛'으로 묘사했다(눅 2:32).

예수님은 갈릴리에서 사역을 시작하면서 바로 이방인에 대해 언급하셨다. 유대인과의 대화 중에 예를 들면서 엘리야가 이방인인 사렙다 과부에게 영접을 받았던 사실(왕상 17장)을 상기시키셨고, 엘리사의 이야기도 꺼내 당시 이스라엘에 많은 문둥병자가 있었지만, 그중 한 사람도 깨끗함을 얻지 못하고 오직 이방인이던 수리아 사람 나아만 뿐이었다고 말씀하셨다(눅 4:27).

예수님은 또 제자들을 파송하실 때, 그들의 전도 사역이 이방인들에게까지 확대되리라는 예언(마 10:18)을 하셨으며 장차 이방인들이 구원을 받을 것이라는 예언의 말씀을 하셨다(마 8:11; 눅 13:30). 누가는 그 이후의 칠십 인이 둘씩 짝을 지어 나간 전도 여행에 대해서도 언급했다(눅 10:1). 열두 사도가 이스라엘의 열두 지파를 상징적으로 나타냈던 것처럼 칠십 인은 이방 나라들을 상징한다.

무엇보다 예수님의 사역에서 사회적으로 소외된 죄인과 병자와 함께 이방인이 제외되지 않았다는 점에 주목할 필요가 있다. 예수님의 공생애 대부분이 유대 지역에서 이루어졌지만, 예수님은 이방인들과 여러 번 접촉하시며 자신을 계시하셨다. 거라사 지방의 귀신 들린 자를 고쳐주셨고(마 8:28-34), 열 문둥이를 고치신 후 유일하게 감사하러 찾아온 사마리아인을 가리켜 "이 이방인 외에는 하나님께 영광을 돌리려 돌아온 자가 없느냐"고 하시고 그에게 구원을 선포하셨다(눅 17:18-19). 예배 장소에 대해 의문점을 가진 사마리아 여인에게는 어느 특정 장소가 아닌 어디서나 신령과 진정으로 예배드릴 때가 가까웠다고 말씀하셨다(요 4:5-42).

수로보니게 여인과 대화에서 자신은 "이스라엘 집의 잃어버린 양 외에는 다른 데로 보내심을 받지 않았다. 자녀의 떡을 취하여 개에게 던짐이 마땅치 아니하다"라고 선을 그으시면서도 끝까지 포기하지 않는 그 여인의 믿음을 칭찬하시면서 그의 딸을 고쳐 주신 것을 본다(막 7:24-30). 당시의 인종적, 문화적, 종교적 편견을 뛰어넘어 여인의 간청을 들어주신 것이다. 선한 사마리아의 비유도 같은 진리를 보여 주고 있다.

예수님의 공생애 사역을 볼 때, 이처럼 다문화를 가진 이방인을 향한 선교적인 성격이 핵심 원리로 작용되고 있음을 볼 수가 있다. 단지 먼저는 유대인, 그다음은 이방인에게로 나가는 순차적 문제를 다루고 있다. 이방인 선교의 중요성은 예수님이 승천하시면서 제자들에게 주신 지상명령(The Great Commission)에서 절정을 이룬다(마 28:19-20; 막 16:15-16).

2) 사도행전에 나타난 이주

사도행전 1:8은 복음이 전해져야 할 영역을 예루살렘과 온 유대와 사마리아와 땅끝까지로 점차 확대하고 있다. 이 일을 위해 제자들은 먼저 예루살렘에서 복음을 전했다. 그런데 그들에게 또 중요한 사명은 그들이 있는 곳에 찾아온 이방인이나, 오순절을 맞이해 예루살렘을 방문한 흩어져 있던 디아스포라 유대인에게 복음을 전하는 일이었다.

그리스어인 '디아스포라'는 유대인이 바벨론 포로에서 귀국한 뒤에 수백 년에 걸쳐 그리스-로마 제국과 중동 및 그 밖의 지역으로 흩어진 것을 가리킨다. 그들은 헬라어를 쓰는 헬레니즘 세계에 두루 정착하며 이방인의 언어를 사용하게 되었는데, 그로 인해 후에 알렉산드리아에서 히브리어성경이 헬라어로 번역되었고, 헬라어 역본이 나중에 초대교회 최초의 성경이 되었다. 그 후 히브리어성경의 아람어 역본들이 출현하여 초대교회 시대 또 다른 지역의 첫 성경이 되었다. 성경 번역의 역사는 이렇게 이주로 이루어졌다.[10]

---

[10] 앤드루 F. 월스, "기독교 역사 속의 이주", 『난민, 이주민, 탈북민에 대한 선교 책무』 (서

사도행전 2장의 오순절 사건이 있은 후, 베드로의 설교를 듣고 있던 유대인을 보면 각기 거주하던 지역이 지중해, 중동, 북아프리카 등 매우 다양한 것을 볼 수가 있다. 특히 10절 하반절에는 로마로부터 온 나그네 중 유대인과 유대교에 들어온 사람들이 언급되어 있다. 그들은 무려 15개 이상의 방언을 사용했다(행 2:9-10). 다양한 언어를 사용한 디아스포라 유대인은 언어 차이뿐 아니라 다른 문화와 사회적 배경 출신이라는 차이를 가지고 있었다. 그러한 다양성이 초대 예루살렘교회 공동체를 세웠다.

6장에는 예루살렘교회 내에 있었던 갈등, 곧 헬라파 유대인이 자기의 과부들이 항상 구제에 빠지므로 히브리파 유대인을 원망한 일로 인해 사도들이 일곱 집사를 택하는 일이 나온다. 이 일을 통해 우리는 당시 초대교회에 이방인, 곧 헬라파 유대인이 많이 섞여 있었음을 추측해 볼 수가 있다(행 6:1).

8장은 핍박으로 흩어지게 된 예루살렘교회가 흩어진 곳에서 복음을 전하므로 오히려 교회가 확산되어 감을 보여 주고 있다. 또한, 초기 신앙 공동체의 구성에서 이주와 다문화로 인한 다양성이 존재하고 있었음도 볼 수 있다. 8장 후반부에는 유대를 방문한 유력한 이방인이었던 에디오피아 여왕 간다게의 국고를 맡은 내시가 빌립에 의해 복음을 듣고 세례를 받는 사건이 나온다. 또한, 10장에서 이방인인 고넬료와 베드로가 받은 환상은 이방인들도 믿음으로 구원을 얻을 수 있다는 진리를 공적으로 계시한 중요 사건이다.[11]

초대교회 초기 모습 가운데 빌레몬과 오네시모의 사건은 신분과 인종의 장벽을 뛰어넘은 아름다운 이야기이다. 빌레몬의 집을 탈출한 노예 오네

울: 두란노서원, 2018), 51.
[11] 예루살렘공의회는 할례 문제로 비롯되었다. 유대인 기독교 신자들이 그것을 이방인 기독교 신자들에게 요구함으로 문제가 된 것이다. 이때 베드로와 바나바가 이방인 가운데 일어난 표적과 기사를 설명했고, 야고보는 이방인 기독교 신자들이 다만 우상의 더러운 것과 음행과 목매어 죽인 것과 피를 멀리하면 된다는 절충안을 냄으로써 문제가 수습되었다(행 15:13-21).

시모가 바울과의 만남을 통해 그리스도인이 되었을 때, 바울은 그의 과거 문제를 해결해 주고자 빌레몬에게 편지를 써서 그를 믿음 안의 형제로 대할 것을 권한다. 당시 신분에 의해 판단되던 인간관계를 이렇게 뛰어넘은 것은 주 안에서 모든 차이와 장벽이 극복될 수 있다는 진리를 보여 준다. 결론적으로, 기독교 초창기 수백 년 동안 복음이 전파된 것은 유대인들이 팔레스타인을 떠난 이주 때문인 것을 보게 된다.

3) 서신서에 나타난 이주

바울은 이방인의 사도로 부름을 받아 이방인에게 복음을 전할 그릇으로 택하심을 받았다(행 9:15). 따라서 그의 사역은 많은 이방인을 주께로 돌아오게 하는 것이었으며 흩어진 유대인 기독교 신자를 위한 것이기도 했다.[12] 특히 18장에서 바울이 고린도에서 만난 아굴라와 브리스길라 부부는 원래 로마에서 살았던 흩어진 나그네들로서 황제 글라우디오의 명령에 따라 고린도 지역으로 이주한 나그네였다. 그들은 장막을 만드는 일을 하다가 바울을 만나게 되었으며 그에게 배워 그의 훌륭한 동역자가 되었다. 그들의 역할은 오늘날의 전문인 사역자라고 할 수가 있다.

바울 서신은 오직 믿음으로 말미암은 구원, 곧 이신칭의 교리와 함께 하나님은 유대인뿐 아니라 이방인의 하나님도 되시므로 거기에 인종 차별이 없음을 강조하고 있다(롬 3:22; 4:9, 11-12; 갈 3:7-8 참조). 특히 갈라디아서에서는 다른 문화 배경을 가진 이방인에게 유대인처럼 할례를 주장하는 등의 비본질적인 문제에 대해 쟁론하였다. 복음은 누구에게나 구원과 주 안에서 자유를 가져다주는 능력이 됨을 설파한 것이다.

고린도교회에 보낸 편지에서 볼 수 있듯이(고전 9:22) 바울은 복음을 전

---

[12] 사도행전에 있는 이방인 회심에 관한 주요 구절은 행 10:44-46; 11:1,18; 13:46, 48; 14:27; 15:3, 14, 17; 18:6; 26:20 등이다.

할 때 다양한 사람을 얻고자 그 자신 여러 사람에게 여러 모양이 되었다. 그의 그런 고백은 한국교회가 우리 곁에 있는 이주민들에게 복음을 전하려 할 때, 우리 역시 그들의 언어와 문화를 고려하는 선교적인 자세를 가져야 함을 가르쳐 주고 있다. 에베소서에는 유대인과 이방인 모두가 십자가 사건을 통해 하나가 된 사실을(엡 1:10) 그리고 골로새서에서는 이방인의 사도로서 자신의 사역을 소개한다(골 1:25).

바울 서신뿐 아니라 다른 일반 서신들도 이처럼 분명한 이방인의 구원을 말하고 있을 뿐 아니라, 일반적으로 우리가 나그네를 친절히 대해야 함을 구체적으로 가르쳐 주고 있다(딛 1:8; 히 13:2; 요삼 1:5 참조). 또한, 서신서는 우리가 영원한 소망을 가지고 이 땅에서 나그네로서 경건히 살아야 할 것을 가르쳐 준다. 특히 '믿음' 장으로 일컬어지는 히브리서 11장은 앞서간 많은 믿음의 선조처럼 하늘의 본향을 위해 우리가 땅 위에서 나그네로 우거하는 생활을 하도록 각성시킨다. 베드로 사도도 이 점을 상기시키고 있다(벧전 2:11).

야고보서는 흩어져 있는 열두 지파, 곧 핍박으로 인해 흩어진 그리스도인들, 다시 말해 디아스포라 이주민 그리스도인들이 여러 가지 시험을 이기고, 성숙한 그리스도인으로 살아가는 데 필요한 영적 지침들을 다루고 있어 이주민 목회에 좋은 자료들을 제공하고 있다. 그러면서 야고보서 저자는 모든 디아스포라 형제도 잃은 자를 찾는 일, 곧 주님의 지상명령에 대한 책임이 있음을 상기시켜 준다.[13]

---

[13] Jimmy L. Maban, "A study on the book of James in relation to diaspora", a dissertation presented to the faculty of the Trinity College and Seminary, Cheongju City, South Korea, 2015, 90.

4) 신약에 나오는 다문화 예

신약성경의 복음서는 당시 예수님과 같은 인종인 유대인뿐 아니라, 유대인과 사이가 좋지 않았던 이방인의 이야기들이 나온다. 유대인에게 그들은 불결하고 거룩하지 못한 존재로서 차별을 받았다(막 7:1-23 참조). 특히 이방인 여성의 경우, 수로보니게 여인이나 사마리아 여인처럼 아예 이름도 없이 출신 지역만 나오는 경우도 있다. 여기서는 이 두 여인과 함께 바울의 선교에 크게 일조한 브리스길라 및 루디아의 예를 살펴본다.

(1) 수로보니게 여인

마가복음 7장의 수로보니게 여인은 마태복음 15장에서 가나안 여인으로 나온다. 이 여인은 이방인으로 당연히 불결하며 종교적으로도 차별을 받아야 할 존재였다. 하지만 그녀는 페니키아 출신으로서 그리스 제국에 속한 지배 계층의 헬레니즘 문화를 누렸을 것으로 보인다. 따라서 성경은 이 여인이 단순히 차별받는 열등한 여성이 아닐 수도 있음을 암시하고 있다. 그것은 특히 예수님과의 대화가 '아이와 개'의 비유 논쟁이 되면서 이 여인이 당시 사회에 통용되던 그런 속어를 이해하고 있었다는 점과 그 지식이 결국 예수님과의 논쟁에서 이기고 그녀의 믿음을 인정받았다는 점에서 더욱 그렇다.[14] 무엇보다 그녀는 이방인도 예외 없이 믿음으로 구원을 받는다는 진리를 드러냈다. 그녀의 딸이 앓은 정신병, 귀신 들린 병을 통해 우리는 다문화 사회에서 잘 적응하지 못하는 이주민 학생들의 고통을 조명해 볼 수가 있다.

(2) 사마리아 여인

예수님 당시 유대인은 사마리아인을 싫어해 교제하지 않았다. 북이스라엘

---

[14] 김혜란, 최은영, 『성서에서 만나는 다문화 이야기』, 144.

이 B.C. 722년 앗수르에 멸망했을 때, 남은 유대인이 그 땅에 이주해 온 이방인과 더불어 혼혈이 되어 그들의 혈통과 신앙이 문란해졌다는 이유에서였다(왕하 17:24; 스 4:2 참조). 성서 고고학자들의 연구에 의하면 사마리아인이 B.C. 300년 즈음 예루살렘성전에 버금가는 예배당을 그리심산 위에 세웠고, 결국, 그 예배당은 유대인 군대에 의해 150년 후 무너졌다고 한다.[15]

그런데 예수님이 사마리아 여인에게 먼저 말을 건네신 것은 인종, 성별, 종교라는 테두리로 갈라진 관계를 회복시키려는 의도가 있으셨기 때문이다. 예수님이 사마리아 여인과 대화 중에 자신을 계시하자, 그 여인은 물동이를 버려두고 동네에 들어가서 사람들에게 그리스도를 전하며 와 보라고 초청한다. 또한, 자신이 만난 예수님을 증거하자 많은 사마리아인이 믿게 되었다. 부도덕한 삶으로 사람들의 낯을 피해 한낮에 물을 길어 우물을 찾은 여인이었지만, 예수님을 만나자 참예배자가 되었고, 나아가 사마리아성의 전도의 문을 연 귀한 전도자가 된 것이다.

여기서 우리는 죄가 많은 곳에 은혜가 넘치는 복음의 능력을 보게 된다. 또한, 혼혈족에 대한 성경적인 이해가 요구된다. 혼혈은 성경 역사 속에 지속적으로 등장하고, 예수님의 족보에도 이방 여인들의 이름이 올려져 있다. 그것은 오늘날 국제적인 이주 현상으로 인해 더욱 많아질 전망이다. 그런데 우리가 이런저런 이유로 혼혈족을 무시하거나 비판한다면 그것은 마치 유대인들이 혼혈족이라며 사마리아인들을 무시한 것과 다를 바 없는 것이다.

(3) 브리스길라

브리스길라는 본도(Pontus) 출신의 유대인 남편 아굴라와 함께 이달리야로부터 고린도로 이주하여 바울과 같은 직업, 곧 천막 짓는 일을 함으로써 그와 가깝게 동역을 했던 인물이다. 종족에 대한 언급이 없기 때문에 그녀는 유대인이 아니었거나 아굴라와 결혼하기 전에 개종하였을지도 모른

---

[15] 김혜란, 최은영, 『성서에서 만나는 다문화 이야기』, 162.

다.[16] 그의 이름이 남편 아굴라보다 먼저 언급되는 것은 그녀가 남편보다 능력 및 신앙적 열성이 뛰어난 때문이거나 또는 그녀의 고대 로마 가계(家系) 구성원으로서의 사회적 지위가 그 남편보다 높았기 때문인 것으로 생각된다(행 18:18, 26; 롬 16:3; 딤후 4:19).

로마서 16장에 바울이 동역자들의 이름을 열거하며 감사할 때, 브리스길라 부부는 '자신의 목숨을 위하여 자기들의 목까지도 내놓았다'는 표현을 하고 있다. 이는 그들의 사도 바울에 대한 지극한 사랑과 높은 존경의 마음을 나타내 주는 하나의 증거로 이 부부가 바울의 사역에 오른팔이었음을 보여 준다. 그들은 자기들의 집을 에베소의 믿는 성도들이 정규적으로 모여 예배드리는 처소로 기꺼이 제공했고, 바울이 에베소에서 사역할 때 계속 같이 기거했다(고전 16:19).

바울과 함께한 브리스길라 부부는 성경학자인 아볼로에게 성경을 바르게 풀어 줄 정도로 복음에 바른 이해를 하고 있었다(행 18:24-26). 바울과 브리스길라 부부를 보며 우리는 서로 국적이 다른 이주민들이 팀 사역을 훌륭하게 해낸 것에 주목해야 한다. 다민족의 형태가 보편적인 이주민 선교는 타문화권 팀 사역이 절실하며 거기에 이와 같은 시너지가 뒤따르는 것을 알아야 한다. 타문화권 팀 사역의 방법론은 5장에서 다루게 될 것이다.

(4) 루디아

루디아는 유럽 그리스 출신 이방 여인으로 최초로 세례를 받은 여성이다. 그는 마케도니아 지역 두아디라 출신으로 자주색 천을 만들고 염색하는 사업을 한 여성 사업가였다. 바울과 실라가 마게도냐 지방의 첫 성이요 로마의 식민지인 빌립보에서 며칠 머물던 중, 안식일에 기도할 곳을 찾아보려고 문밖 강가에 나갔다가 거기 앉아 있던 여자들에게 말할 때, 루디아가 마음을 열고 바울이 전하는 말씀을 받아들여 그와 그 집이 다 세례를 받았다.

---

16 『성서대백과사전』 제4권 (서울: 기독지혜사, 1979), 783.

그녀는 자신의 재산을 교회를 위해 나누고 자신의 집까지도 교회 처소로 제공했는데 이것이 후에 빌립보교회의 모태가 되었다. 앞으로 이주민 선교를 통해 루디아와 같은 이주 여성 사업가들이 나올 것을 기대할 수 있을 것이다. 루디아는 현대에 중요한 전략적 선교인 BAM(Business As Mission, '선교로서의 사업')의 좋은 모델이기도 하다. 이상 신·구약성경에 나오는 대표적인 다문화 배경에 열거된 이름은 각기 당시에 이주민의 삶이 어떠했을지를 가늠하게 해 준다.

3. 교회 역사에 나타난 디아스포라

이주는 신약 시대 이후로도 교회 역사를 통해서 지속되어 오고 있다. 그리고 기독교 역사의 수많은 발전이 이주와 관련되어 있다. 이 점이 바로 우리가 이주와 다문화 그리고 다문화로 인한 다양성에 주목해야 하는 이유이기도 하다. 여기서는 사도행전에 나오는 유대인의 흩어짐부터 교회 역사에 나타난 국제 이주의 발자취를 간략히 살펴보며 이주와 디아스포라 선교의 의미를 다시금 짚어 보기로 한다.

1) 유대인의 흩어짐

스데반의 죽음 이후 예루살렘교회에 큰 박해가 있게 되자 사도 외에는 다 유대와 사마리아 모든 땅으로 흩어졌다(행 8:1). 그들은 멀리 페니키아와 키프로스와 안디옥으로 흩어졌다. 그런데 안디옥으로 간 사람들이 그 지역에 헬라어를 사용하는 사람들, 곧 이방인에게 복음을 전하면서 믿는 사람들이 생겨 안디옥교회가 탄생하게 된다. 그리고 그 교회는 바울과 바나바의 선교 기지가 되게 된다. 사도행전 13장에서 볼 수 있듯이 그들은 유대인의 디아스포라 공동체에서 거부당한 후에 의도적으로 이방인에게 나아갔으며 그 이방인 선교는 유대인 디아스포라 안에서 뿌리를 내리게 되었다.

안디옥교회는 유대인들과 헬라인들이 함께 모여 두 문화가 공존하는 교회의 모델이 되었다. 또한, 곳곳에 이런 형태의 교회들로 인해 이방인들에게도 복음의 문이 열렸다.[17] A.D. 70년에 이르렀을 때 초대교회는 베드로의 언급대로 본도, 갈라디아, 갑바도기아, 아시아와 비두니아에 택하심을 받은 흩어진 나그네로 이루어져 있었다(벧전 1:1). 그들은 제국의 끝까지 흩어져 복음을 전한 전도자였다.

특별히 바울은 신약성경에서 가장 중요한 디아스포라 유대인이었다. 이중국적자로서 수준 높은 교육을 받은 그는 '이방인을 위한 사도'로서 놀라운 자질을 갖추었다. 바나바 역시 구브로에서 온 디아스포라 유대인이었다. 디모데는 그리스인 아버지와 유대인 어머니를 둔 디아스포라 유대인으로 바울의 선교에 동역했고, 브리스길라의 남편 아굴라는 오늘날 터키 북부 본도 출신의 로마 주재 디아스포라 유대인이었다. 그는 고린도에서 바울을 만나 동역을 했다. 알렉산드리아의 아볼로도 유대인 출신이다. 신약의 이야기는 이렇게 디아스포라들로 가득하다.

초대교회의 기간, 곧 요한의 죽음에서 콘스탄틴 황제까지 100-313년의 기간 동안 1세기 사도 시대의 복음은 그즈음 이미 페르시아, 아라비아, 메소포타미아, 희랍, 이탈리아, 애굽 및 북아프리카의 다른 지역에도 전해졌다.[18] 특히 루디아, 무시아, 갈리아를 포함하는 소아시아는 1세기 후반 기독교 활동의 중심지가 되었다. 램지(Ramsay)는 사도 요한이 편지한 일곱 교회 곧, 에베소교회, 서머나교회, 버가모교회, 두아디라교회, 사데교회, 빌라델비아교회, 라오디게아교회가 모두 초창기에 세워졌기 때문에 소아시아가 A.D. 70년과 170년 사이에 기독교의 영적 중심지였음을 상기시킨다.[19]

---

17 월스, "기독교 역사 속의 이주", 52-53.
18 Robert H. Glover, 『세계 선교의 발달』, 이요한 역 (서울: 침례회출판사, 1978), 40.
19 Sneller, Alvin Roy(신내리), 『칼빈주의 신학과 선교』 (서울: 성광문화사, 1987), 48 재인용.

2) 아랍계 디아스포라

이슬람교의 창시자 무함마드가 당시 기독교권의 이집트, 시리아, 이라크를 침략할 때, 또 다른 아랍계의 이주가 있었다. 시리아어를 쓰는 아랍 그리스도인이 흩어지게 된 것이다. 이 이주는 중국에서 온 비단 무역 때문이기도 했는데 시리아어를 쓰는 상인들이 중앙아시아를 가로질러 이동하고 정착하면서 기독교 신앙을 전파했다. 그래서 시베리아와 스리랑카처럼 멀리 떨어진 지역에도 교회가 생기게 되었다.

한편 선교적인 측면도 있어 시리아의 기독교에서는 급진적인 청년 운동인 '언약의 자녀들'이 있었다. 이는 열악한 생활 환경을 견뎌 낼 수 있도록 훈련받은 헌신된 사람들에 의한 선교 운동의 모판으로 보인다. 그들을 통해 중앙아시아의 다양한 종족이 기독교로 개종했다. 시리아 기독교의 이주는 특히 중국과 그 주변의 종족들, 나아가 인도교회에도 적잖은 영향을 주었다. 중동의 기독교인이 핍박을 당하자 많은 이가 남인도로 이동한 탓이다. 때로는 자발적으로 또는 강요로 이루어진 이주가 초창기 아시아 기독교의 중요한 요인이 되었다.[20]

3) 유럽인의 이주

유럽에서는 국가의 주도가 아닌 기독교권 내의 급진적인 그리스도인, 예컨대 초기 시리아 기독교의 '언약의 자녀들'처럼 철저한 그리스도인이 되기를 원했던 사람들로 인해 선교 운동이 일어나기 시작했다. 선교사들은 정복자의 모습이 아닌 설득과 모범으로 그들의 언어를 배우고 다른 사회에 적응했다. 남유럽 가톨릭에서 처음 전개된 이 운동은 헌신적인 그리스도인들로 구성된 갱신된 수도회와 종단을 활용했다. 후에 북유럽 개신

---

[20] 월스, "기독교 역사 속의 이주", 54-55 참조.

교 안에서 경건주의와 복음주의 운동이 태동되자 자원 단체들이 선교 기관의 기초가 되었다.[21]

역사적으로 16세기 초부터 20세기 중반까지 식민주의와 제국주의 시대의 450여 년 동안 많은 사람이 유럽을 벗어나 다른 대륙으로 떠났다. 그들은 정복자나 상인 또는 선교사 등으로 이주의 목적이 다양했다. 그들의 공통된 이유는 당시 유럽보다 더 나은 삶과 더 공정한 사회를 찾기 위해서였다.[22] 그들의 이주로 인해 북중미, 남미의 모든 나라와 호주, 뉴질랜드 등 새로운 국가들이 탄생했다. 그들은 원주민들과 결혼해 혼혈족을 이루었다. 특히 유럽인의 이주로 탄생한 국가 중 하나인 미국은 후에 유럽 전체의 경제력을 앞지를 규모의 대국이 되었는데 그 과정에서 수많은 소수 민족의 이주가 있어 일찌감치 다민족 사회가 되었다.

유럽의 이주가 시작한 15세기 말 종교는 기독교였다. 항해를 통한 지리상의 발견에서 새로운 종족들을 기독교에 속하게 하려는 욕구도 있었다. 라틴아메리카의 일부에서 정복을 통해 그런 욕구가 표출되기도 했다. 예컨대, 멕시코는 '뉴스페인'으로 명명되어 스페인 본국의 법률과 풍습과 신앙을 강요하는 시도가 있었다. 콩고강 어귀에서는 몇몇 국가들이 자발적으로 유럽형 기독교를 채택한 사례도 있었다.[23] 그러나 아프리카와 아시아 대부분 지역의 경우, 기독교를 강요하기보다 경제적, 정치적 이익에 집중했다. 그런 가운데 유럽에 이어 북미의 기독교가 침체기를 맞으며 20세기에 들어와서는 라틴아메리카와 아시아의 일부, 특히 사하라 이남의 아프리카 지역에서 기독교가 부흥하면서 역방향의 선교가 이루어지고 있다.

---

21 윌스, "기독교 역사 속의 이주", 64.
22 윌스, "기독교 역사 속의 이주", 61.
23 윌스, "기독교 역사 속의 이주", 63.

4) 역방향의 이주

20세기에 들어와 세계적인 이주 현상이 나타나게 된다. 그 가운데 서구 기독교가 쇠퇴하자 과거에 서구교회로부터 선교를 받은 아프리카, 아시아 등의 그리스도인들 이주로 인해 서구교회가 피선교지가 되는 역방향의 선교가 이뤄지게 되었다. 이주민이 서구의 기독교 역사에 중요한 위치를 차지하기 시작한 것이다.

특히 '아프리카 디아스포라교회'(African Diaspora Church)는 종교적 행위와 의식이 서구 신학적 전통의 범주에서 벗어나는 점 때문에 '종교적 타자'로 비치고 있지만, 그들은 서구 사회에서 자국민에게뿐만 아니라 서구 사회의 세속화되고 죽은 교회에 부흥을 가져올 선교사로서의 사명을 인식하고 있다. 그들은 사회적 약자이고 소외된 자들로 사회의 주변부에서 일하므로 겸손의 자세, 곧 성육신적 자세로 다가가 복음을 전하고 있다.

4. 디아스포라 선교

역방향의 선교와 함께 디아스포라 선교의 중요성을 인식해야 한다. 해외로 나간 이주민들을 선교의 측면에서 디아스포라로 보고 그들 대상의 선교하는 동시에, 그들이 타문화권 선교지의 전진 기지가 되도록 해야 하는 것이다. 일반적으로 이동하고 있는 사람들(people on the move)에 대해서 움직이는 현상 자체를 이주로, 움직이는 사람들을 디아스포라로 표현하고 있다. '디아스포라'라는 용어는 기독교가 사용하고 있으며 사회학자는 '이주민'이라는 용어를 사용한다.

헬라어에서 유래된 디아스포라(Diaspora)는 '통해'(through)라는 뜻을 가진 전치사 '디아'(dia)와 '씨를 뿌리다'(to sow)라는 뜻을 가진 동사 '스페이레인'(speirein)으로 이루어진 단어로, '흩뿌려진 씨앗들을 통해'라는 뜻이다. 그런 의미를 따라 호성기는 디아스포라가 시대적으로 사회적인 현상 때문에 생긴 것이 아니라 하나님이 인간을 창조하신 후 절대주권으로 시작하신 '하나님이 일으키시는 물결'이라며 한인 디아스포라 존재 이유도 흩어져 가는 곳곳에서 하나님이 축복의 근원이 되라는 것이라고 주장한다.[24]

로잔 디아스포라 리더십 팀은 디아스포라를 '개인 또는 무리가 본국을 떠나 이동하는 자발적 또는 비자발적 이주/이민이나 이동하는 삶들'로 정의한다. <디아스포라 선교학에 대한 서울 선언문>(2009)은 디아스포라 현상이 '하나님의 선교 중심 부분'(the central part of God's mission)으로 선교학의 성경적, 전략적 분야로 떠오르는 디아스포라 선교학은 '출생지를 떠난 사람들에 대한 하나님의 구속적 선교에 참여하는 선교학적 틀'이라고 선언했다.[25] 여러 디아스포라 사례 가운데 유대인 디아스포라와 교회 역사에 나타난 대표적인 디아스포라 선교의 예를 살펴보기로 한다.

1) 유대인 디아스포라

디아스포라는 사실 유대인들만의 특별한 경험이다.[26] 아브라함과 자녀들은 가나안 족속들과 살았고, 나중에는 애굽인들 사이에서 이방인으로 살았다. B.C. 722년에 앗수르 제국이 북이스라엘을 침입하여 백성을 강제 이주시켰고, B.C. 586년에는 바벨론 군대가 나머지 두 지파의 왕국인 남유다를 침공하여 포로로 잡아갔다.

---

[24] "호성기 목사의 선교의 '제4 물결'을 타라", 「국민일보」, 2020.3.27., 41.
[25] 테츠나오 야마모리, 사디리 조이 티라 편, 『디아스포라 선교학』, Harry Kim, 문창선 역 (서울: 더메이커), 2018, 555-556 재인용.
[26] 투브야 자렛스키(Tuvya Zaretsky)에 의하면 유대인(Jew)이란 단어는 아브라함과 이삭, 야곱의 자손들을 칭하는 용어로 핏줄로 이어진 민족이고, 유대인(Jewry)은 모든 유대인을 통틀어 칭하며 세계에 흩어져 사는 세계 유대인(World Jewry)과 이스라엘에 사는 이스라엘 유대인(Israeli Jewry)으로 나눌 수 있다(자렛스키, "유대인 디아스포라 사역", 『디아스포라 선교학』, 538).

당시 포로로 잡혀간 다니엘과 그의 친구들은 느부갓네살을 섬기는 관리들로부터 교육을 받았으나, 자기들의 문화를 잊지 않았고 하나님에 대한 믿음을 위해서는 목숨을 걸었다. 동시대 에스겔은 그발강 가에서 추방된 유다 족속과 함께 살면서 그들에게 회개를 권고하는 동시에 고국과 성전이 복원될 것을 예언했다.

예레미야는 바벨론 유수 기간이 짧지 않을 것이라는 예언으로 민족의 미움을 샀으나 예레미야 29장에서 민족들에 대한 하나님의 관심과 유대인들의 이방 세계에 대한 사명에 대해 증언한다. 그것은 이스라엘의 역사가 그 땅의 모든 민족이 하나님을 알게 하는데 사용된다는 선교적인 메시지였다(렘 1:5; 3:17; 4:1-2; 6:18; 33:8-9). 그래서 디아스포라는 그들의 삶의 방식이자 소명으로 그곳 바벨론에 정착하여 농사를 짓고 결혼하여 디아스포라로 뿌리를 내려야 했다. 그 기간이 70년이지만, 다른 이들은 바벨론을 터전으로 수 세기 동안 살게 될 것이었다.

에스라는 무리를 이끌고 고향 땅으로 돌아와 율법을 준수하는 공동체를 만든다. 그는 페르시아에 동화하고자 하는 뜻은 없었으나, 자신의 계획을 이루기 위해서 제국의 지원을 받는 것은 환영했다. 느헤미야는 상황이 달라 페르시아 왕 아닥사스다의 술 따르는 관원으로 제국에 대한 절대적인 충성을 해야 하는 위치였다. 그런데 예루살렘의 소식에 신경을 썼고 결국 왕의 허락을 받고 돌아와 무너진 예루살렘성을 재건하는 역할을 한다. 그로부터 1948년까지 유대인 역사에서 디아스포라는 지속적으로 유지되어 왔다.

예수님을 메시아로 믿고 따르는 유대인과 유대인 교회를 가리켜 '메시아닉 유대인', '메시아닉 교회'라고 하는데 메시아닉 유대인 교회는 복음주의 기독교 신앙의 영적 가치와 공동체적 가치를 지닌다. 메시아닉 유대인 교회는 유대인으로서의 정체성을 유지하고 싶어 하는 유대인들에게 설득력이 있어 유대인을 전도하는 데 효과적이다. 1999년 설문 조사에 따르면 20세기 말에 이스라엘에 130개가 넘는 메시아닉 유대인 교회가 있었다.[27] 이 교회는 다양한 종족으로 구성되어 많은 교회가 히브리어와 함께 러시아어나 영어 통역을 제공한다. 미국에도 수백 개의 메시아닉 유대인 교회가 성장하고 있다. 대부분 작고 독립적이며 이방인 성도도 꽤 많이 함께한다. 이스라엘은 남자 3년, 여자 2년의 군 의무 복무를 하는데 군 복무 후에는 대부분 세계 곳곳을 여행하며 인생의 다음 단계를 준비한다. 메시아닉 유대인 교회와 선교 단체는 세계 곳곳에서 이들 대상의 선교를 하고 있다.[28]

2) 페르시아(이란) 디아스포라

1979년 호메이니의 이슬람 혁명 이전의 페르시아(이란) 교회는 구약 시대 유대인 디아스포라와 깊은 관계가 있다. 신바빌로니아에 끌려간 유대인 디아스포라가 신바빌로니아를 제패한 페르시아 제국에 계속 거주했던 것이다. 포로로 끌려온 에스겔은 그발 강가에서 환상을 보았고, 당시 수산궁에는 느헤미야가 활동했다. 오늘날 이란에는 에스더와 모르드개의 회당과 무덤, 하박국 선지자와 다니엘의 무덤이 있으며 예수님의 탄생 시 찾아온 동방박사기념교회도 있다. 사도행전 2장에서 오순절을 지키러 온 각 지역 유대인 디아스포라와 하나님을 경외하는 이방인들을 언급할 때 가장 먼저 나오는 바대(Partians), 메대(Medes), 엘람(Elamites) 등은 모두 오늘날 이란에 속한 지역이다. 당시 베드로의 설교를 들었던 그들은 귀국 후 최초의 페르시아교회를 세웠을 것으로 보인다.

이란은 로마 제국에 기독교 박해가 있었을 때, 그곳의 그리스도인 디아스포라의 피난처가 되기도 했다. A.D. 190년부터 250년 사이에 그리스도인의 숫자가 급격하게 증가해 많은 교회가 세워졌는데, 235년에는 20명

---

27 자렛스키, "유대인 디아스포라 사역", 544 재인용.
28 자렛스키, "유대인 디아스포라 사역", 545-546.

이상의 주교와 18개 이상의 교구가 존재했다.[29] 그 후 여러 차례 전쟁을 통해 로마 제국의 그리스도인 디아스포라를 전쟁 포로로 잡아 왔다.

샤푸르 1세(Shapur I)는 로마와의 전쟁 후 안디옥의 주교를 비롯한 교회 성직자, 그리스도인 포로들을 페르시아 영내로 이주시키고 이란 남서부에 전디셔풀(Gondishapur)이라는 도시를 건설케 했는데, 그 도시는 디아스포라 그리스도인에 의해 세워진 의학전문센터요 교육의 중심지가 되었다.[30]

그 후 샤푸르 2세(Shapur II)부터 기독교 박해가 이어졌지만, 페르시아교회는 계속 성장했다. 특히 시리아동방교회 디아스포라가 유입하면서 신학적인 발전과 함께 선교적인 교회가 되었다. 사산 제국의 국교였던 조로아스터교의 박해 시기와 이슬람 통치 시기의 박해를 피해 디아스포라가 되어서 중앙아시아와 인도와 중국 등지에 복음을 전파하는 사명을 감당하기도 했다. 아르메니아 영토에서 오스만 제국과 전쟁 후, 아르메니아인 30만 명의 디아스포라를 유입하게 되는데 그들은 상업적 수완과 충성심으로 페르시아 왕실로부터 인정을 받았다. 이처럼 이란의 기독교 역사는 디아스포라 선교를 빼고 말할 수가 없다.

호메이니의 이슬람 혁명의 결과로 약 2,500년 역사의 왕정 체제에서 이슬람 공화국 체제가 된 이래 이슬람 개종자들은 감옥으로 갔고 선교사들은 비자발적으로 철수해야 했다. 그러나 무슬림 이란인 디아스포라가 많아져 약 500만 명으로 추산되는 가운데 현재 해외에 거주하고 있는 그들이 디아스포라 선교의 대상이 되고 있다. 최근에는 난민 형식으로 이주하는 사람들의 비율이 높아졌다.[31]

---

29 황종한, "페르시아인 디아스포라 선교에 관한 소고", 「복음과 선교」 vol. 47, 2019, No. 3, 282 재인용.
30 황종한, "페르시아인 디아스포라 선교에 관한 소고", 282 재인용.
31 이들은 대부분 미국, 캐나다, 유럽, 터키 등 복음을 들을 수 있는 곳에 있다.

3) 쿠웨이트의 인도인 디아스포라

아라비아만은 석유 발견으로 인해 오래전부터 다양한 지역 출신의 종족이 모여 사는 도시가 되었다. 특히 인도인 이민자 2,000-2,500만 명 가운데 19%의 인구가 아라비아만 국가에 거주하고 있다.[32] 쿠웨이트에는 84개의 복음주의 교회들이 있으며 그중 25개의 교회가 인도 케랄라 지역으로부터 쿠웨이트로 이주해 온 인도인들이 세운 오순절 교회이다.[33] 이 교회들은 지역 사회 선교와 초국가적 선교를 함께 하고 있다. 그 지역의 인도인뿐만 아니라 쿠웨이트 현지인에게 그리고 그 지역 다른 국적의 이주민에게도 관계적 전도를 하고 있다.

케랄라주는 인도 서남 지역 끝에 위치하여 서쪽으로 페르시아바다를 보고 있다. 사도 도마가 7개의 교회를 개척했다고 전해져 내려오는 이곳은 19세기 선교사들의 수고로 많은 선교의 열매가 있었다. 케랄라에서 아라비아만으로 온 이민자는 인도 다른 지역에서 온 이주민을 합친 숫자보다 많다. 이주의 주목적은 경제적 이유이다.[34]

아라비아만에는 두 가지 유형의 교회가 있다. 쿠웨이트중앙성당은 다양한 이민 공동체를 섬기며 다양한 언어로 진행되고 있으며 쿠웨이트에 있는 이주민 교회들은 각기 고국에 있는 교단에 소속된 교회이거나 이민자들이 독립적으로 운영하는 교회이다. 걸프 전쟁 후 케랄라 이민자가 더 많이 일어나 그곳의 오순절 교회와 신오순절 교회는 더욱 성장했다.[35]

---

[32] 스탠리 존, "아라비아만에 있는 초국가적 인도인교회의 연합: 쿠웨이트에 있는 케랄라 오순절교회", 『디아스포라 선교학』, 569.
[33] 존, "아라비아만에 있는 초국가적 인도인교회의 연합", 576.
[34] 존, "아라비아만에 있는 초국가적 인도인교회의 연합", 574 재인용.
[35] 케랄라 오순절파에는 정통 오순절 교회와 신(neo)오순절 교회가 있다. 전자는 오순절 신학과 활동의 교리 즉, 방언, 신유, 축사를 옹호하며 특히 성령의 은사와 물세례의 중요성을 강조한다. 그러나 후자는 그런 것들을 인정하지만, 전통 오순절 교회가 너무 정치적이고 제도화되어 있다고 비판한다. 어떤 공식적 신학 교육은 없지만, 사역을 위한 부르심에 반응하여 두 가지 직업을 가진 목회자가 이끈다.

인도인 디아스포라로서 쿠웨이트에서 케랄라 오순절 교회를 친히 경험하고 그곳에서 영적으로 성장한 스탠리 존(Stanley John)에 의하면 쿠웨이트의 케랄라 오순절 교회는 4가지 유형으로 분류된다. 교단 소속 교회, 독립 교회, 은사주의 단체, 사도적 네트워크가 그것이다. 사도적 네트워크는 어떤 공식적인 소속이 없는 독립적인 조직으로서 다양한 디아스포라 지역과 다른 문화권에서 온 경제 이주민들이 교회를 개척하는 경제 이주민에 의하여 시작되었다. 사도적 네트워크의 하나인 지방회 펠로십(Little Flock Fellowship)처럼 성령 사역 기도 모임으로 시작되어 독립 교회로 발전하고 결국에는 교회들이 사도적 네트워크가 되는 경우도 있다.[36] 그런 상황 속에서 인도인 케랄라 오순절 교회의 활약은 디아스포라 선교의 중요성을 더욱 부각시켜 주고 있다.

4) 한국인 디아스포라

한국교회 역사도 디아스포라와 뗄 수 없는 깊은 관계가 있다. 처음 그리스도를 고백한 한국인은 한국 밖에서 살던 이민자로서 복음을 나누고자 고국으로 돌아와 비밀리에 복음을 전했다. 성경 번역 작업이 일본과 만주에서 시작되었고, 1887년에 『예수성교전서』라는 첫 성경이 출판되었다. 성경 번역자 중 한 명이었던 서상윤이 한국으로 들어와 성경을 널리 배포한 결과, 외국 선교사가 한국에 들어왔을 때 이미 수천 명의 그리스도인이 성경을 알고 있었다.[37]

1901년 이민이 합법화한 후, 고종은 5명의 한국인을 하와이로 보내어 사탕수수 농장에서 일하게 했다. 곧이어 많은 사람이 배를 타고 태평양을 건너 미 대륙으로 갔다. 하와이의 첫 번째 한국인교회는 첫 한국인 노동자

---

36 존, "아라비아만에 있는 초국가적 인도인교회의 연합", 576.
37 김성훈, "한국인 디아스포라 사역", 『디아스포라 선교학』, 582.

가 들어간 지 6개월 만에 세워졌다. 이것이 본이 되어 한국인은 이민을 가는 곳마다 한국어를 사용하는 교회와 학교를 제일 먼저 세웠다.[38]

일제 강점기(1910-1945)에 일본의 식민지 정책으로 억압과 가난을 피해 많은 한국인이 고국을 떠났고, 목회자들도 이민 사회를 섬기기 위해 따라갔다. 교회는 문화와 종교의 중심지로 한국어 학교와 함께 민족과 그리스도인의 정체성을 유지하도록 도와주었다. 한국 디아스포라교회는 일본으로부터 나라를 되찾기 위한 '독립운동'의 지원군이기도 했다. 1945년 해방이 되고 많은 한국인이 고국으로 돌아왔지만, 여전히 많은 사람이 새로운 기회를 찾아 외국으로 이동했다. 오늘날 한국인은 180개국에 750만 명이 흩어져 살고 있으며 5,000개의 한국 디아스포라교회가 있다.[39]

한국인 선교사 숫자는 미국에 이어 세계에서 두 번째로 많다.[40] 그런데 전 세계에 흩어진 한국인 디아스포라로 인해 자발적으로 복음의 씨앗이 뿌려진 점을 우리가 또 기억해야 할 것이다. 한편 수십 년이 지나고 많은 한국인 디아스포라교회가 그동안 내부로만 시선을 돌린 탓에 교회 수와 교인 수가 줄어들고 있다. 디아스포라교회 역시 교회라는 안전한 울타리 안에만 있을 것이 아니라 그 도시와 주변 이웃의 필요를 채우기 위해 노력하는 선교적 교회가 되어야 하는 것이다. 이를 위해 디아스포라교회는 다문화 중재자로 성장하는 리더를 키우는 것이 필수다.[41]

지금까지 교회 역사에 나타난 국제 이주의 발자취를 살펴보았다. 이주와 다문화는 어제오늘의 일이 아니라 창세기 시대로 거슬러 올라간다. 믿음의 조상 아브라함 자신부터 본토, 친척과 아비 집을 떠나는 전형적인 이주의 삶을 살았고, 그 후손도 마찬가지였다. 한편으로 우리는 이스라엘 역

---

[38] 김성훈, "한국인 디아스포라 사역", 583.
[39] 김성훈, "한국인 디아스포라 사역", 584.
[40] KWMA에 의하면 2019년 12월 현재, 교단 선교부와 선교 단체 등 273개 기관이 171개국에 2만 8,039명의 선교사를 파송했다.
[41] 김성훈, "한국인 디아스포라 사역", 584-585.

사의 시대마다 유대인이 아니기에 겪는 인종 차별은 물론, 가부장제 안에서 겪는 여성으로서의 고통을 상상해 볼 수가 있다. 신약 시대는 이 점이 우리에게 더 현실감 있게 다가온다. 우리 그리스도인들이 어떻게 다양한 국적 출신의 이주민을 품음으로 오늘날의 교회가 선교적 교회가 되게 하고, 교회의 특성인 다양성을 살려 나갈 것인가 하는 문제는 그래서 매우 중요한 것이다.

토의 및 적용 문제

1. 창세기 1장에 하나님이 창조하신 이 우주가 어떻게 다양함으로 충만한지 살펴보자.
2. 창세기 11장 바벨탑 사건은 죄에 대한 심판이면서 이주와 다양성에 관련해 어떤 긍정적인 측면이 있는지 살펴보자(창 1:28 참조).
3. 예수님의 족보에 등장하는 다섯 명의 여인 중 마리아를 제외한 네 명 곧, 다말, 라합, 룻과 밧세바는 모두 이방 여인이었다. 그것은 우리에게 무엇을 말해 주고 있는가?
4. 신약 시대 그리스도의 복음이 전파될 때 유대인 디아스포라는 어떤 역할을 했는가?(행 2:1-11; 8:1 참조)
5. 디아스포라 선교와 역방향의 이주가 의미하는 바와 그 중요성에 대해 말해 보자.

제3장

다양성 원리의 신학적 토대

이제까지 우리는 신·구약성경과 교회 역사에 나타난 이주 현상에 대해 살펴보았다. 이 장에서는 신학적인 고찰을 통해 이주와 다문화로 인한 다양성의 원리가 성경에 어떻게 나타나고 있는지 살펴보기로 한다. 아담과 하와가 하나님을 거역하고 에덴동산에서 쫓겨난 이래 인류의 역사는 이주의 역사였다. 죄인들을 구원하시기 위해 성육신하신 예수님이 이 땅에 오신 것은 가장 위대한 이주라고 해야 할 것이다.

하워드 페스킷(Howard Peskett)은 이 점을 다음과 같이 분명하게 언급했다.

> 선교는 하나님의 아들을 삼위일체의 밝은 땅에서 '자리 이동'시키는 것과 함께 시작된다. 즉, 하나님이 세상을 이처럼 사랑하셔서 독생자 예수님을 보내주셨고, 예수님은 또한 제자들을 보내셨다(요 20:21). 기독교 공동체의 국제화 역사는 보내는 것, 가는 것, 맞이하는 것으로 가득 차 있다.[1]

그런데 그 많은 이동이 거의 문화 속에서 이루어졌다는 점에 주목할 필요가 있다. 그것은 이주하는 동안 기독교 복음이 다른 문화권에 심어지기 위해 자신의 문화를 포기하는 등 많은 희생이 있었음을 보여 준다. 그런 이유

---

1 하워드 페스킷, 비노스 라마찬드라, 『선교』, 한화룡 역 (서울: IVP, 2006), 130.

로 미로슬라브 볼프(Miroslav Volf)는 아브라함의 자녀가 된다는 것은 출애굽, 항해, 순례 여행을 하는 나그네가 되는 것을 의미한다고 말하며 떠남이 그리스도인의 정체성의 본질적인 부분이라고 했다.[2] 그의 말대로 우리가 이런 나그네 의식을 가지고 성경을 볼 때, 다양성의 원리를 찾는 것은 그리 어려운 일이 아니다.

1. 구약에 나타난 다양성

창세기 10-12장에는 노아와 맺은 언약, 바벨탑 심판 그리고 아브라함을 부르신 세 가지 사건이 나온다. 이 일련의 사건들은 서로 연관을 가지고 만국의 역사가 시작되는 것을 보여 주고 있어 다문화 사역의 중요한 신학적 토대를 제공해 주고 있다. 블라우(Blauw)의 지적대로 세계 만국에 대한 하나님의 관계가 이스라엘 역사의 배경을 이루고 있는 것이다.[3]

1) 노아와의 언약

창세기 6장 이하에 나오는 노아 시대의 홍수 심판 이야기는 그 후에 노아의 세 아들로 좇아 백성이 온 땅에 퍼진 것을 보여 주고 있다(창 9:19). 그리고 창세기 10장은 구체적으로 어떻게 노아의 세 아들로 인해 백성이 온 땅에 퍼지게 되었는지를 자세히 보여 주고 있다. 창세기 10장에는 '각기 족속'이라는 말이 세 번 나오는데(5, 20, 31절) 노아의 후손이 땅에 퍼져 '각기 족속, 각 지방, 각 방언, 각 나라'를 형성한 것을 볼 수가 있다.

창세기 10:32은 홍수 후에 이들에게서 땅의 열국 백성이 나뉘었다고 기

---

2 페스킷, 라마찬드라, 『선교』, 130 재인용.
3 Johannes Blauw, *The Missionary Nature of the Church* (New York: McGraw-Hill, 1962), 19.

록하고 있다. 그 열방의 계보는 그 이전 하나님이 노아와 맺은 새 언약의 결과로 형성된 것이다(창 9:12-17). 이처럼 노아의 아들들에게서 비롯된 인류가 어떻게 다양한 언어를 가지고 흩어져 살게 되었는지 알려고 할 때, 10장의 내용이 중요하며 이어지는 11장의 바벨탑 사건을 참조할 필요가 있다.

창세기 10:32에 나오는 노아 자손들의 계보를 보면, 홍수 후에 그들에게서 그 땅의 백성이 나뉘었다. 노아의 세 아들의 후손에서 모든 족속이 나온 것이다. 단지 이 계보들은 세상의 모든 족속을 다 언급하지 않고, 후에 이스라엘의 조상 아브라함이 받을 약속의 땅을 중심으로 인근 지역 그리고 이스라엘 역사에 큰 영향을 끼친 족속들을 언급할 뿐이다.

노아의 세 아들 가운데는 둘째 아들 야벳이 2-5절에 먼저 나온다. 야벳의 후손이 먼저 나오는 것은 훗날 이스라엘의 삶과 가장 연관이 없는 족속들이기 때문이다. 야벳 자손들은 가나안에서 북쪽과 서쪽 지역을 차지하고 있었으며 소아시아, 그리스, 지중해 섬들도 이들의 몫이 되었다. 본문에 기록된 그의 아들들은 7명인데 이 중 고멜과 야완의 자식들만 표기가 되어 있으며 야벳의 후손은 총 14명으로 기록되어 있다.[4]

이어지는 6-20절에는 함의 자손이 나온다. 함은 노아의 셋째 아들로 그의 자손들은 나일강과 유프라테스강을 중심으로 넓고 비옥한 지역을 차지해 문명을 이루었다. 함의 자손은 모두 30명으로 특히 9-12절에 나오는 니므롯은 바빌론과 앗시리아(니느웨)를 창시한 사람이다. 21-30절에 나오는 첫아들 셈의 계보는 이란에서 메소포타미아 지역을 거쳐 시리아, 아라비아반도에까지 이르는 지역을 차지했다. 셈의 자손 중 총 26명의 이름이 기록되어 있다. 앗수르는 오늘날의 시리아로서 계속 이스라엘을 위협하는 나라이다. 아람(22절)의 경우, 오늘날의 이라크 지역으로 선조들의 이야기와 연관되는 곳이다.

---

4 송병현, 『엑스포지멘터리 창세기』(서울: 국제제자훈련원, 2010), 211.

홍수 심판 이후의 일신된 세상의 모습은 창조 직후에 에덴동산에서 내리신 하나님의 명령을 상기시켜 준다.

생육하고 번성하여 땅에 충만하라, 땅을 정복하라(창 1:28).

하나님의 언약은 인류를 구속하고, 땅을 다시 충만히 채우고 또 사회를 일신시키시려는 의도를 표현하고 있다.[5] 거기에는 민족 간에 어떤 계급이 형성된 사실은 찾아볼 수 없다. 인간은 누구나 평등하게 하나님의 피조물로서 영원한 언약인 무지개 언약(창 9:16)을 기억하실 하나님의 자비하심과 축복의 대상이다.

결국 만민의 기원을 보여 주고 있는 열국의 계보는 문화적인 다양성이 하나님의 창조 계획의 일부로서 하나님의 속성을 나타내 보여 주는 것임을 보게 된다. 이에 대해 사무엘 라슨(Samuel Larson)은 첫 인류 아담이 죄가 세상에 들어오기 전에 동물들의 이름을 지어 주므로(창 2:19-20) 최초로 인류의 문화를 창조한 점을 상기시킨다. 아담은 그것을 하와와 후손에게 전달했을 것이며 아담의 유전자와 마찬가지로 그 문화는 창조주에 의해 설정된 한계 내에서 표현의 다양성을 향한 잠재력을 충분히 보유했을 것으로 보았다.[6]

반게메렌(VanGemeren) 역시 하나님은 태초부터 지리적, 언어적 다양성을 의도하셨고(창 1:28), 그래서 이주, 지구의 인구, 문명의 탄생은 하나님의 축복에 대한 자연스러운 표출이라며 다음과 같이 말한다.

---

5 Roger E. Hedlund, 『성경적 선교 신학』, 송용조 역 (서울: 서울성경학교출판부, 1991), 34.
6 Samuel H. Larson, "A Christocentric Understanding of Linguistic Diversity: Implications for Missions in a Pluralistic Era", *Intercultural Leadership Class Notes*, Jackson, MS: Reformed Theological Seminary, 37.

하나님은 나라들의 출현을 뜻하셨다. 창세기 10:5, 20, 31 등은 오직 한 결론을 도출하고 있다. 지리적, 정치적, 언어적 다양성은 죄가 아니다. 하나님은 태초부터 그렇게 되기를 의도하셨다(창 1:28). 확장, 이주, 지구의 인구, 문명의 탄생은 하나님의 축복에 대한 자연스러운 표출이다. 여러 나라는 특정 지역, 민족 또는 정치체제의 자연적 우월성에 대한 어떤 언급이나 암시도 포함치 않고 있다.[7]

미첼 노박(Michael Novak)은 나아가 각 문화가 하나님의 몇몇 특성을 나타낼 수 있다고 생각하지만, 어느 문화도 하나님의 특성 전부를 표현할 수는 없으므로 하나님은 단일 문화 체계의 인류를 통해서보다는 다수의 문화 체계를 통해 더 잘 인식될 수 있다는 의미 있는 주장을 한다.[8] 여기서 우리는 노아 홍수 이후 열국의 계보를 보며 문화적인 다양성이 하나님의 창조 계획의 일부요 하나님의 속성을 나타내 보여 주는 것임을 유추해 볼 수가 있게 된다.

2) 바벨탑 심판

(1) 다양한 언어에 의한 다양성

인류의 다양성은 다음 장인 창세기 11장에 나오는 바벨탑 사건을 통해 가속화된다. 그 이전에는 언어 소통의 문제가 없었다.

> 온 땅의 구음이 하나이요 언어가 하나이었더라(창 11:1, 개역한글).

---

7 Willem VanGemeren, *The Progress of Redemption: the Story of Salvation from Creation to the New Jerusalem* (Grand Rapids: Zondervan Publishing House, 1988), 80.
8 Hedlund, 『성경적 선교 신학』, 35 재인용.

여기서 구음은 언어(language)를 뜻하며, 언어는 일반적으로 말하는 것(common speech)을 뜻한다. 그런데 당시 사람들이 동방으로 옮기다가 시날 평지에서 자신들의 이름을 내고 온 지면에 흩어짐을 면할 목적으로 성을 쌓게 된다.

그것은 "땅에 충만하라"(창 1:28)는 하나님의 명령에 대항하여 인간 중심적인 체제를 유지하려는 시도였다. 그러자 하나님이 강림하셔서 무리가 한 족속이요 언어도 하나이므로 이같이 시작하였다며 거기서 그들의 언어를 혼잡게 하여 서로 알아듣지 못하게 하셨다.

그 결과 그들은 성 쌓기를 그치게 된다.

> 자, 우리가 내려가서 거기서 그들의 언어를 혼잡하게 하여 그들이 서로 알아듣지 못하게 하자 … 그러므로 그 이름을 바벨이라 하니 이는 여호와께서 거기서 온 땅의 언어를 혼잡하게 하셨음이니라 여호와께서 거기서 그들을 온 지면에 흩으셨더라(창 11:7, 9).

여기서 우리는 타락한 인간의 끈질긴 죄성을 보게 된다. 하나님이 구별하신 노아의 후손 역시 아담과 하와의 오류를 범해 심판을 자초했고, 홍수 이후 세대 역시 '땅에 충만하라'는 명령에 불순종하고 그 대신 하나님을 멀리하는 바벨탑을 쌓은 것이다. 바벨탑 사건은 인간의 사회적 방향 상실을 상징하는 것으로 오늘날의 모든 사회 문제 역시 인간의 불순종에 근본 원인이 있음을 보여 주고 있다.

바벨탑 사건이 이렇게 죄악의 결과로서 심판이라는 부정적인 의미를 담고 있지만, 한편으로 그것은 인류 세계에 언어 혼잡으로 인한 다양성을 가져다준 최대 사건이 된다. 많은 복음주의 학자는 인류 언어의 다양성이 바벨탑을 향해 이루어진 하나님의 심판에 의한 결과로 보고 있다. 러스(Allen Ross)는 창세기 11장의 바벨탑 사건을 두고 국가 간의 장벽을 형성하는 현재 다양한 언어는 기념비적 죄악이라고 했다.⁹ 그러나 여기서 우리가 언어 및 문화의 다양성이 가져온 긍정적인 측면도 생각해 볼 필요가 있다.

창세기 10장에는 바벨탑 사건이 있기 전에도 이미 각 종족이 사는 지역에 따라 나뉘고 있었는데, 이때 사람들이 자기 종족의 고유 언어와 통용어를 구사하고 있었다(창 10:5, 20, 25, 31). 그런데 바벨탑 사건으로 인해 통용어에 혼선이 왔다.

송병현은 이 해석의 장점을 10장과 11장의 순서를 있는 그대로 읽는다는 것과 각 민족이 사용하고 있는 언어가 하나님의 죄에 대한 심판의 결과라기보다 민족들이 분리되면서 빚어진 자연스러운 현상으로 본다는 점을 들었다. 그는 또 성경 어디에도 민족들이 각기 다른 언어를 구상하고 있는 것이 부정적으로 혹은 죄의 결과로 평가되지 않는다는 점을 상기시키며 바벱탑 사건을 심판의 결과로만 보지 않는 견해가 더 매력적인 해석일 수 있다고 했다.¹⁰

라슨(Samuel Larsen)은 이에 대해 바벨탑이 하나님의 심판이지만, 한편 은혜에 의한 것이라며 창세기 4장과 11장에 나오는 노아의 홍수 이후 바벨탑 사건 전에도 언어 및 문화적 다양성이 존재했으며 바벨탑으로 인해 비록 협력하는 능력의 상실을 가져왔지만, 또한 분산의 가속을 가져왔다며 다음과 같이 말한다.

> 바벨에 대한 이와 같은 이해는 선교학적 의미에 있어서 그 의의가 크다. 우선 문화적, 언어적 다양성은 저주가 아닌 축복으로 간주한다. 하나님은 통일성이 초래한 단순한 단일성보다는 다양성 안에서의 조화로운 화합을 통해 더욱 충만하게 영광을 받으신다. 일치성보다는 보완성이 더욱 하나님께 영광을 돌린다. 그러나 화합은 본질적이다. 화합이 없다면 다양성은

---

9 Allen P. Ross, *Creation and blessing: A guide to the study and exposition of the book of Genesis* (Grand Rapids, Mich.: Baker Books, 1988), 234.
10 송병현, 『엑스포지멘터리 창세기』, 206.

혼란을 가중시킨다.[11]

바벨탑 사건은 또 결과적으로 생육하고 번성해서 땅을 정복하라는 창세기 1:26-28의 문화명령을 순종하는 데 활력을 불어넣은 것이 되었다. 비록 언어 혼잡이 왔지만, 인류는 번역 작업을 할 수 있었고, 특히 성경을 모든 언어로 번역하게 되었다. 그래서 신학자들 사이에는 이 바벨탑 사건을 두고 오히려 하나님의 계획과 축복의 섭리로 보는 견해가 그저 죄의 결과로만 보는 견해보다 설득력을 얻고 있다.

라슨(Samuel Larsen)은 "만일 언어의 통일이 문화적, 언어적 다양성에 앞서 하나님의 궁극적 목적이라면 하나미의 백성 역시 그것을 향해 일해야 하지 않겠는가?"라는 예리한 질문으로 그런 주장을 지지한다.[12] 그는 또 창세기 1:28이 "온 지면에 흩어짐을 면하자"라고 한 창세기 11:4을 이해하기 위한 본질적 배경을 제공해 준다고 주장한다. 인류를 향한 하나님의 창조적 목적은 그들이 "땅에 충만하고 땅을 정복하는 것"이었다. 창세기 3장에 나오는 타락이 아담을 에덴으로부터 추방시켰으나 그 축복 속에 표현된 하나님의 창조 목적(창 1:28)은 취소되지 않아 그 후 창세기 3:15과 12:2-3에 등장하는 타락 이후를 향한 약속이 바벨 기사를 감싸고 있으며 그 메시지는 구속적이고 메시아적이라는 것이다.[13]

캔들리시(R. S. Candlish) 역시 창세기 11:9의 흩어짐이 무질서한 것이 아니라 특정 패턴을 따랐다는 사실을 관찰했다. 그의 말을 들어 보자.

따라서 언어의 분리는 노아의 후손들의 각 가정이 질서 있게 분포되도록 도움을 주었다. 그들은 멀리 흩어졌으나, 그 과정은 일정한 방식으로 그리고 배치의 자연적 원리에 의해, 즉, 친족과 언어에 대한 접점을 유지하면서

---

11 Larson, "A Christocentric Understanding of Linguistic Diversity", 10.
12 Larson, "A Christocentric Understanding of Linguistic Diversity", 35.
13 Larson, "A Christocentric Understanding of Linguistic Diversity", 39.

그 종족과 방언을 따라 진행되었다.[14]

이와 같은 기독론적인 해석은 설득력이 있어 바벨의 언어 혼잡 사건이 단순히 하나님의 심판으로 끝나버리는 것으로 단정 짓기 어렵다는 결론에 이르게 된다. 사실 아브라함을 부르시고 그로 인해 만민을 축복해 주시마 한 약속이 바벨탑 사건 바로 다음 장인 창세기 12장에 나오고 있는 점을 감안해 본다면, 오히려 바벨탑 사건으로 인한 언어 혼잡 결과를 단지 죄의 결과로만 보는 전통적 해석에 의문을 제기해야 할 것으로 보인다. 단지 바벨탑 사건을 통해 우리가 하나님을 향한 예배와 섬김에서 화합을 힘쓰면서 다양성을 잘 보존해야 함을 교훈 받게 된다.

역사적으로도 기독교는, 예컨대 로마 제국처럼, 다문화적인 환경에서 번성했으며 사회적, 정치적 변화에 큰 영향을 끼쳐왔다. 그것은 다문화 사회 곧 다양한 민족들이 함께 사는 것 자체가 선교의 근거와 배경이 되고 있음을 보여 준다.

(2) 언어의 다양성

인류 사회에서 언어 소통은 매우 중요하다. 소통 문제로 곤혹을 치른 경험은 누구나 있을 것이다. 필자의 경험을 하나 소개하자면 암미선교회가 시작되고 10년쯤 지나 필리핀 그룹과 남미의 페루 그룹이 대세를 이루고 있었을 때였다. 설교 중에 사용된 예화를 가지고 두 그룹의 반응이 전혀 딴판이었다. 페루 그룹은 통역자의 말이 끝나기도 전에 웃음이 터져 나왔지만, 필리핀 그룹은 일제히 냉담한 모습이었다. 그중 한 멤버가 헛기침을 했는데 마치 '조용하라!'고 경고하는 듯했다.

---

[14] Robert S. Candlish, *Studies in Genesis* (Grand Rapids, Mich.: William B. Eerdmans Publishing Co., 1979), 176.

이런 일이 국가 간의 중요한 의제를 나누는 자리에서 발생한다면 어떻게 되겠는가?

이러한 소통 문제 이전부터 언어는 하나님이 첫 사람 아담과 친밀하게 교제한 수단이었고, 인간이 다른 피조물들과 달리 우월한 점이기도 했다. 인간이 다른 피조물들과 차별화되는 문제는 아담이 그들에게 일일이 이름을 지어준 것만 봐도 알 수가 있다(창 1:19-20).

헤셀그레이브(David J. Hesselgrave)에 의하면 언어는 사람들에게 심리적으로, 사회적으로 영적으로 가장 중요한 것으로서 이 세상에는 60억에 가까운 많은 언어가 존재하고 있는데 각 개인의 언어가 자신의 지문만큼이나 구별되는 것이기 때문이라고 한다. 언어학자들은 '방언'이라는 단어를 이 개인의 언어에 적용시킨다. 그래서 개인의 방언은 '한 개인의 총체적 언어 습관'이다.[15]

방언에서 기본적 유사점은 다양한 언어를 만들어 내는 것으로서 이 세계에는 5,500개 이상의 언어가 존재하게 되었다. 또한, 언어 간에 유사성은 다양한 언어적 혈통이나 언어군이 있다는 것을 말해 준다. 학자 다수는 여섯 혹은 일곱 개의 어족이 존재한다고 믿으며 그것을 인도-유럽어족, 아프리카-아시아 어족, 중국 티베트 어족, 알타이 어족, 드라비다 어족, 오스트로-아시아 어족으로 분류하고 있다. 찰스 하킷(Charles Hocket)은 100년 정도의 분리는 서로 다른 방언을 낳을 것이며 1천 년간의 분리는 다른 언어를 낳을 것이라고 했다.[16]

중요한 것은 우리가 복음 전파를 위해 새로운 언어들을 배우는 일이다. 1970년 스티펀 닐은 성경(혹은 성경의 일부분)이 1,392개의 언어로 출판되어 있으며, 그중 1,000여 개 이상의 성경이 선교사에 의해 번역되었다고

---

[15] 데이비드 헤셀그레이브, 『선교 커뮤니케이션론』, 강승삼 역 (서울: 생명의말씀사, 1999), 356-357.
[16] Charles Hockett, "The Origin of Speech", *Scientific American* 203, September 1960, 885 재인용.

밝혔다.[17] 성경은 하나님의 말씀을 듣는 사람들, 심지어 문화적, 언어적 장벽을 넘어 듣고자 하려는 사람들이 복음을 들을 때 더욱 복음의 효과가 있도록 하신다. 따라서 수신자의 문화와 언어를 존중하는 성경 번역은 합당하며 또한 필요하다. 하나님이 성경에 정하신 범위 내에서의 예배 유형의 다양성 또한 합당하다.[18]

이런 점에서 이 시대 공용어인 영어를 안다고, 또는 우리 사회에서 외국인들이 한국어를 배우고 있다고 오직 영어나 한국어만 고수하려는 자세는 지양되어야 한다. 비단 영어라고 해도 영어를 사용하는 나라에서의 영어의 특징을 감안해야 한다. 예컨대, 영어권의 목사가 필리핀 마닐라에서 설교를 하게 될 경우, 필리핀 문화권에서 이해할 수 있는 문화적인 요소들을 이해하며 필리핀식 영어 발음을 배워야 할 것이다. 그리스도인들이 다른 언어를 배우는 일은 세상을 정복하는 또 하나의 중요한 기회가 되는 것이다.

3) 아브라함을 부르심

아브라함을 부르신 이야기가 담긴 창세기 12장은 구약의 역사상 선교적 관점에서 큰 의미가 있을 뿐만 아니라 이주와 다문화로 인한 다양성 연구에도 요긴한 장이다. 아브라함 한 사람을 부르심을 통해 땅의 모든 민족이 복을 받게 되는 사건이기 때문이다. 아브라함의 선택과 축복으로의 부르심은 창세기 11장의 바벨탑 사건 이후에 나오고 있는데 창세기 8장에서 하나님이 물 심판 후에 노아와 언약을 맺으신 것과 흡사하다.

하나님은 두 사람에게 축복하셨다. 먼저 노아에게는 "생육하고 번성하라"(창 9:1)라고 하셨고, 아브라함에게는 "내가 너로 큰 민족이 되게 하리라"(창 12:2)고 말씀하셨다. 또 노아에게는 그와 그의 자손들과 언약을 세

---

17 Stephen Neill, *Call to Mission* (Philadelphia: Fortress, 1970), 50. *The 1974 total is from the Bible Society Record*, no. 98, 1975 재인용.
18 Larson, "A Christocentric Understranding of Linguistic Diversity", 42-43.

운다고 말씀하셨지만(창 9:9), 아브라함에게는 땅을 그의 후손에게 주리라고 말씀하신 것을 볼 수가 있다(창 12:7).

> 여호와께서 아브람에게 이르시되 너는 너의 고향과 친척과 아버지의 집을 떠나 내가 네게 보여 줄 땅으로 가라 내가 너로 큰 민족을 이루고 네게 복을 주어 네 이름을 창대하게 하리니 너는 복이 될지라 너를 축복하는 자에게는 내가 복을 내리고 너를 저주하는 자에게는 내가 저주하리니 땅의 모든 족속이 너로 말미암아 복을 얻을 것이라 하신지라(창 12:1-3).

하나님이 아브람에게 떠나라고 명하셨을 때, 아브람은 아버지 데라와 함께 하란에 머물고 있었다. 그에게 하나님은 세 가지, 곧 땅과 친척과 아비 집을 떠나 자신이 그에게 보여 줄 땅으로 가라고 하셨다. 그리고 아브람이 그 명령을 순종할 경우 다섯 가지 축복의 약속을 말씀하셨다.

첫째, 내가 너로 큰 민족을 이루게 할 것이다.
둘째, 내가 네게 복을 내릴 것이다.
셋째, 내가 너의 이름을 크게 하리라.
넷째, 내가 너를 저주하는 자를 저주하리라.
다섯째, 땅의 모든 족속이 너로 말미암아 복을 얻을 것이라.

이와 같은 하나님의 약속은 두 가지 측면으로 볼 수가 있다. '네가 큰 민족을 이루게 할 것이다'와 '땅의 모든 족속이 너로 인해 복을 얻을 것이다'가 그것이다. 양자는 상호 간에 밀접한 관계를 가진다. 비록 구약에서 하나님은 한 민족, 곧 이스라엘의 역사를 주관하셨지만, 그것은 또 열방을 다루시는 것이기 때문이다. 아브라함을 부르신 것은 그래서 이스라엘을 그의 도구로 부르신 것으로 땅의 모든 족속이 축복을 받게 되는 사건이다. 즉, 하나님은 한 사람을 부르심으로써 부패한 인간 문명에 간섭하셨으며 아브라함은 우상을 섬기는 한 민족(수 24:2)으로부터 열방이 믿음과 회개에 이르도록 부름을 받았고 그에 순종하였다.

아브라함의 이러한 순종은 당시의 상황에서 외롭게 선지자와 종으로서 하나님을 섬기라는 부르심이었다. 구약 시대에 개인의 삶은 언제나 가족과 백성에게 단단히 연결되어 있었다. 그래서 비난이나 핍박 또는 질병이나 외로움 같은 것 때문에 격리되어 고립되는 것은 어떻게 해서든지 피해야 하는 공포의 대상이자 불행이었다. 이런 관점에서 보면 아브라함이 본토, 친척, 아비 집을 떠나라는 하나님의 부르심은 저주에 가까운 것처럼 보였을 것이다.[19]

바울 사도는 아브라함의 믿음을 갈라디아서에서 다음과 같이 설명하고 있다.

> 아브라함이 하나님을 믿으매 그것을 그에게 의로 정하셨다 함과 같으니라 그런즉, 믿음으로 말미암은 자들은 아브라함의 자손인 줄 알지어다 또 하나님이 이방을 믿음으로 말미암아 의로 정하실 것을 성경이 미리 알고 먼저 아브라함에게 복음을 전하되 모든 이방인이 너로 말미암아 복을 받으리라 하였느니라 그러므로 믿음으로 말미암은 자는 믿음이 있는 아브라함과 함께 복을 받느니라(갈 3:6-9).

여기서 우리는 다양성의 신학적 근거를 찾아볼 수 있다. 아브라함의 이야기가 나오기 전에 창세기 10장에는 민족들의 목록이, 창세기 11장에는 바벨탑 사건이 나온다. 즉, 바벨탑 사건 이전에는 세상의 단일성을 말하고 있다. 그러나 하나님을 멀리하여 사람들이 "이름을 내려고" 바벨탑을 쌓자 하나님은 온 땅의 언어를 혼잡게 하셨고 그들을 지면에 흩으셨다. 결국 아브라함을 부르신 하나님은 구원의 하나님으로서 온 민족이 다양성 가운

---

19 페스킷, 라마찬드라, 『선교』, 139-140.

데 믿음으로 하나가 되기를 원하심을 보게 된다. 밴게메렌(VanGemeren)은 이 점을 잘 지적했다.

> 지리적, 정치적, 언어적 다양성은 죄가 아니다. 하나님은 태초부터 그러하기를 의도하셨다(창 1:28). 확장, 이주, 지구의 인구, 문명의 탄생은 하나님의 축복에 대한 자연스러운 표출이다.[20]

이처럼 바벨탑이 주는 교훈은 선교학적으로 의미가 크다. 밴게메렌의 지적대로 바벨탑 사건은 저주보다 문화적 언어적 다양성으로 인한 축복의 성격이 크다. 물론 여기에는 화합이 필요하다. 그렇지 않으면 다양성은 혼란만 가중시킬 뿐이다. 모이세스 실바(Moises Silva)는 이 점을 주의 깊게 관찰하고 다음과 같이 말했다.

> 언어적 통일성이 구속의 목표라고 추론할 필요는 없다. 그러나 서로를 이해하는 능력과 만장일치로 하나님을 찬양하는 능력은 우리를 향한 그분의 구속 은혜에 상당한 부분을 차지한다.[21]

한 가지 더 강조되어야 할 점은 복음이 모든 언어로 번역되어야 한다는 것이다. 사도행전 2장의 오순절 강림은 바벨에서 단지 선포된 저주를 돌려놓기 위함이 아니라 그로부터 온전한 회복을 가져오기 위함이다. 성령은 언어적, 문화적 장벽이 있는 곳에도 역사하신다. 그러므로 수신자의 문화와 언어를 존중하는 성경 번역이 필요하고, 성경적인 예배 유형의 다양

---

20 VanGemeren, *The progress of redemption*, 80.
21 Moises Silva, "Biblical perspectives on language", In *Foundations of Contemporary Interpretation*, six volumes in one, ed. V. Philips Long, Tremper Longman III, Richard A. Muller, Vern S. Poythress, and Moises Silver (204-217), (Grand Rarpids, Mich.: Zondervan Publishing House: 1996), 217.

성 역시 요구된다. 결국 교회의 머리가 되신 그리스도 안에서 그 몸의 다양성을 어떻게 잘 살려 가느냐 하는 것이 교회가 완성되어 가는 키가 되는 것을 볼 수가 있다.

2. 신약에 나타난 다양성의 원리

다양성 속에 있는 하나님의 구속 섭리는 특히 신약 시대에 오면서 뚜렷해진다. 예수님 주위에는 언제나 소외된 자들과 이방인이 있었고, 사역 역시 유대인 중심에서 점차 이방인 세계로 확산되어 감을 볼 수가 있다. 더구나 예수님의 십자가 사건의 의미와 부활하신 후 승천 직전에 남기신 지상명령(The Great Commission)은 구원이 모든 족속에 이름을 분명히 하고 있다. 제자들이 그 중요한 명령에 순종한 결과, 초대교회에는 이방인 출신의 성도들, 곧 헬라파 유대인들이 많이 섞여 있었다(행 6:1). 신약에서의 다양성은 구속사적 관점에서 본 다양성과 서신서에 나타난 다양성을 중심으로 살펴보기로 한다.

1) 구속사적 관점에서 본 다양성

구속사적 관점에서 다양성을 조명해 보려는 시도는 구약으로 거슬러 올라가야 한다. 창세기 3장에서 죄가 들어오고 아담이 에덴으로부터 추방당했어도 창세기 1:28 이하에 하나님이 말씀하신 창조 목적 즉, 땅에 충만하라는 축복의 명령이 사라진 것은 아니다. 그 이유는 창세기 3:15에 나오는 타락 이후를 향한 약속이 구속적이고 메시아적이라는 점이다. 10장의 노아 홍수 사건과 11장의 바벨탑 심판 사건에서도 인류를 향한 구속의 섭리를 찾아볼 수 있다. 양자 모두 죄로 인한 심판이지만 하나님은 홍수 사건을 통해 무지개 언약을 주셨고, 바벨탑 역시 비록 거기에 큰 혼란이 있었지만, 결과적으로 땅을 정복하고 충만하라는 창세기 1:28의 축복의 명령을 오히려 가속화시킨 결과가 되었기 때문이다.

특별히 12장의 아브라함을 부르시는 사건에서 우리는 거대한 인류 구속의 목적이 있음을 보게 된다. 아브라함의 삶의 여정에도 나타나 있듯이 인간의 부패성은 여전하지만, 오직 약속의 씨를 통해 오는 메시아의 출현으로 인해 참된 구원이 있게 될 것이다. 한편 구약에서도 선지자들을 통해 하나님은 타락한 인생들에 '새로운 마음'을 말씀하셨다(신 30:6; 시 51:10; 렘 31:31-34; 겔 36:25-27 등). 이런 본문들은 선교학적 기초를 제공해 주며 궁극적으로 인간과 자연의 회복이 그리스도 안에서 이루어짐을 가르쳐 주고 있다(롬 8:19-23 참조). 그런데 그것은 자연과 구원받은 자들 가운데 다양성이 제거되는 것이 아니라 혼돈과 갈등이 제거되는 것이다.

(1) 성육신

성육신은 인간의 죄악 역사 현장에 친히 들어오셔서 세상과 관계를 맺으시는 하나님을 보여 준다. 이러한 계시로 인해 기독교는 타 종교들과 뚜렷이 구별된다. 우리가 이 놀라운 사랑의 하나님을 앎으로써 모든 그리스도인은 그리스도 안에서 이미 구별 없이 하나가 되어 있는 사실을 알아야 한다. 상이한 언어와 문화의 경계를 넘어서 서로에게 다가가 포용하며 연합할 수 있게 된 것이다.

예수님에 대한 사도 요한의 증거가 있었을 때 예수님을 거절하는 무리가 있었던 반면, 영접하는 자 곧 그 이름을 믿는 자들이 있어 하나님의 자녀가 되는 권세를 받은 이들이 있었다(요 1:12). 그것은 믿음이 혈통이나 인간의 결정이 아닌 하나님으로부터 태어나는 것으로서 사람의 어떤 뜻이나 능력이 아닌 순전한 하나님의 선물임을 보여 준다. 거기에 어떤 차별이나 구별이 있을 수 없다.

켄 베이커(Ken Baker)는 영원하고 무한하며, 스스로 계신, 초월하신 하나님이 시간의 제약을 받는, 한정되고, 창조된 내재하는 인간이 되셨을 때, 성육신은 지각할 수 있는 모든 차이를 연결하신 것이라고 말했다(요 1:1-4, 14).[22] 하워드 페스킷(Howard Peskett) 역시 성육신은 세상과 관계를 맺으시는 하나님, 비극적 역사에 친히 들어오시는 하나님, 악과 죽음을 포함하여 취약성과 고통과 혼란을 겪고 있는 우리의 인간성을 모두 받아들이시는 하나님으로 설명했다.[23]

우리가 이 사실을 깨닫는다면 언어와 문화를 초월하여 모든 믿는 사람들은 이미 그리스도 안에서 하나가 되어 있는 사실을 고백하게 될 것이다. 하나님은 인간에게 말씀하실 뿐만 아니라 하나님의 말씀이 인간이 되셨다. 바로 예수 그리스도에 대한 이 확신 때문에 그동안 수많은 그리스도인이 지리적, 언어적 경계를 넘어 다른 사람들을 섬기는 일에 헌신해 온 사실을 기억해야 한다.

하나님이 죄인을 먼저 찾아오셔서 화목의 문을 열어놓으셨기에 성경은 또한 화목의 사역이 우리에게 주어진 것임을 말씀하고 있다(고후 5:8-20). 즉, 우리가 예수님에게 속했다면 또한 우리가 예수님에게 속한 다른 자에게 속한 것을 알고 서로 화목을 힘쓸 책임이 있는 것이다. 그것은 성령의 역사로만 가능한 일이다. 문제는 우리가 그리스도 안에서의 새로운 정체성을 쉽게 간과하고 아담으로부터 물려받은 죄성으로 말미암아 공동체 연합이 쉽지 않다는 점이다. 켄 베이커는 이 점을 잘 지적했다.

> 하나님의 모든 백성과 교회의 모든 모임은 문화의 경계를 넘어서야 하고 그리스도에게 그리고 서로에게 다가가도록 의식적으로 노력해야 한다. 그것은 쉽지 않은 일이지만 연합 안에서 서로를 포용하고 서로와 관계하는 것이 하나님의 나라를 나타내는 것이기에 이것이 우리의 목표가 되어야 한다.[24]

---

[22] 켄 베이커, 챈들러 H. 임, T. V. 토마스, 『디아스포라 선교학』, 510-511.
[23] 페스킷, 라마찬드라, 『선교』, 114.
[24] 베이커 외, 『디아스포라 선교학』, 509.

그는 또 공동체 연합을 위해 기도하신 요한복음 17장의 예수님의 기도를 상기시키며 교회의 연합이 분열된 사회에 대한 하나님 사랑의 간증과 다문화 간의 연합이 세상에 주님을 나타내게 하는 방법으로서 하나님의 뜻임을 상기시킨다. 세상은 같은 민족 및 문화의 사람이 서로를 사랑하는 것보다 그리스도인들이 다르지만 서로 포용하는 연합된 공동체의 모습을 보여 줄 때 놀라워할 것이다.[25] 이처럼 교회 공동체가 연합을 통해 서로 다른 민족과 문화의 다양성을 잘 살려 나가는 일은 하나님의 나라를 나타내는 것으로서 매우 중요하며 우리가 그렇게 할 때 세상이 더욱 사랑의 하나님을 알게 될 것이다.

(2) 십자가

예수님의 십자가 죽음이야말로 어떤 종족적 차별이 없이 모든 민족이 구속의 대상임을 나타낸 사건이다. 예수님이 십자가에서 자신을 주신 목적은 단지 개개인을 구원해 주는 데 있는 것이 아니라 새로운 공동체—그 구성원들이 그분께 속하고, 서로 사랑하며, 열심히 세상에 봉사하는—를 만들어 내는 것이었다. 이 그리스도의 공동체는 새롭게 되고 재결합된 인류이며, 두 번째 아담이신 그리스도께서 그 공동체의 머리가 되실 것이다. 그것은 유대인들과 이방인들을 대등하게 결합할 것이며 거기에 각 나라에서 온 대표들이 모두 포함될 것이다.[26]

갈라디아서를 통해 바울이 율법 문제로 다시금 혼란 가운데 빠진 갈라디아 교회를 향해 강조한 믿음은 바로 성육신하시고 십자가에서 구속 사역을 완성하신 역사적 그리스도에 대한 믿음을 말한다. 바울은 모든 그리스도인이 국적이나 신분 또는 성에 관련 없이 누구나 다 주 안에서 하나임을 다음과 같이 설파하고 있다.

---

[25] 베이커 외, 『디아스포라 선교학』, 512.
[26] John R. W. Stott, *The Cross of Christ* (Downers Grove: InterVarsity Press, 1986), 255.

너희는 유대인이나 헬라인이나 종이나 자주자나 남자나 여자없이 다 그리스도 예수 안에서 하나이니라 너희가 그리스도께 속한 자면 곧 아브라함의 자손이요 약속대로 유업을 이을 자니라(갈 3:28-29).

이 말씀은 한편으로 상이한 문화를 뛰어넘어 주 안에서 연합된 공동체를 이루는 것이 주의 뜻임을 보여 주고 있다. 그렇게 함으로 그리스도의 몸인 교회가 강건해질 때, 세상에 복음을 잘 선포할 수 있을 것이다. 서로 다른 그리스도인들이 연합된 공동체를 이룬다는 것은 그리스도의 십자가로 가능하게 된 것이나, 실제로 교회 공동체 회원들이 하나가 되기 위해서는 의도적으로 그리스도의 십자가에 동참하는 희생적인 헌신이 요구된다. 즉, 십자가 죽음 후의 즐거움을 위해 십자가를 참으신 주님처럼 우리가 희생적인 사랑으로 서로에게 다가가야 한다.

이에 대해 에릭 로우(Eric H. F. Law)은 지금은 회개하고 십자가의 짐을 받아들일 때이며 핑계들은 부숴 버리고 민족주의자 체계(racist system)를 만들어 놓고 지원하는 돌들을 버릴 때라고 했다.[27] 데이비드 스티븐스(David E. Stevens) 역시 인종적 다양성의 맥락에서 볼 때, 십자가에서 창조된 새로운 인류의 통일성은 또한 십자가에 의해 유지될 수 있음을 지적했다. 오늘날 교회를 조각나게 하는 분열의 벽은 일상 생활에서 십자가를 지고 있을 때만 해체될 수가 있는 것이다.[28]

켄 베이커는 한 걸음 더 나가 문화적 차이가 그리스도의 몸에 구조와 깊이를 더할 뿐만 아니라 전체적인 기독교 경험에도 구조와 깊이를 더해 준다며 교회가 필수적인 요소인 다문화 간의 연합 없이 '그리스도의 몸'이라 주

---

[27] Eric H. F. Law, *The Wolf Shall Dwell with the Lamb* (Danvers, MA: Chalice Press, 1993), 50.
[28] David E. Stevens, *God's New Humanity* (Eugene, OR: An Imprint of Wipf and Stock Publishers, 2012), 169.

장할 수 없다고 말한다.[29] 그의 지적대로 언어와 문화 그리고 전통은 피해야 할 장벽이 아닌 풍부하게 하는 자산인 것을 알아야 한다. 이 점은 5장에서 다루게 될 다문화, 다민족 선교 현장에서 확인할 수가 있다.

사단은 사람과 문화 사이에 분열과 소외 그리고 적대감을 기뻐한다. 그러나 교회 안에서 그런 것들은 아담으로부터 물려받은 죄의 유산일 뿐, 어떤 이유로도 정당화될 수 없다. 십자가는 복음의 메시지이면서 동시에 죄의 어두운 공포를 폭로하는 것이다. 주님의 십자가 죽음을 기념하는 성만찬 의식도 그 연속선상에 있다. 성만찬의 목적이 '기념하는 것'(commemoration)을 넘어 '친교'(koinonia)로 나아가는 것이기 때문이다. 성만찬은 우리가 그리스도를 함께 나눌 수 있는 거룩한 친교(Holy Communion)요, 우리가 그리스도를 먹고, 심지어 느낄 수 있는 '주님의 만찬'(Lord's Supper)이다(고전 10:16).[30]

2) 서신서에 나타난 다양성

(1) 유대인과 이방인의 관계

신약의 사복음서 이후 이어지는 사도행전과 로마서 그리고 서신서는 이방인 구원 문제와 함께 복음이 전파되는 경로와 전반적인 그리스도인의 삶을 다루면서 이주와 다문화 그리고 다양성의 문제도 다루고 있다.

사도행전 17장에서 사도 바울은 아덴을 향해 인류가 하나인 사실과 모든 나라의 분산에 대한 하나님의 주권을 다음과 같이 선포하고 있다.

> 인류의 모든 족속을 한 혈통으로 만드사 온 땅에 거하게 하시고 저희의 년대를 정하시며 거주의 경계를 한하셨으니 (행 17:26).

---

[29] 베이커 외, 『디아스포라 선교학』, 509.
[30] Stott, *The Cross of Christ*, 260.

이미 사도행전 2장에 나오는 성령 강림 사건은 각 나라 족속 방언이 하나로 통일되게 하는 만민을 위한 선교의 가장 확실한 영적 준비였다.[31]

7장 스데반의 순교에 이어 8장에서 예루살렘교회가 핍박을 당하게 되고, 성도들이 사도 외에는 다 흩어져 유대와 사마리아와 모든 땅으로 가게 된 일이 도리어 복음의 확장을 가져온 결과가 된 점도 주목해야 한다. 그 흩어진 사람들 가운데는 멀리 수리아 안디옥까지도 가서 복음을 전하므로 그 결과 이방교회라고 할 수 있는 안디옥교회가 탄생했고 그 교회로 인해 초대교회가 이방 선교의 장을 열게 되었다. 그 교회는 첫 다문화, 다민족 교회가 된 셈이다.

교리서로 불리는 로마서는 12장 이후로 그리스도인의 삶을 다루며 성도 간의 화합과 관용을 요구하고 있다. 교회가 인종과 국경을 초월하여 조화와 단결을 도모해야 함을 가르치는 것이기도 하다. 서신서 가운데 공동서신인 야고보서와 베드로전·후서의 경우, 흩어진 유대인 나그네들과 이방인 신자들을 수신자로 하고 있는 점에 주목해야 한다. 신약 시대에 복음이 이스라엘뿐 아니라 당시 헬라와 로마의 문화 등 다양한 문화의 상황에 들어간 것이다.

특히 이방인의 사도로서 바울은 다문화의 상황에서 적절하게 복음을 상황화해서 전파한 것을 본다. 그 예로, 로마의 보편화된 일상의 노예 제도를 감안해 자신을 그리스도의 '종' 노예라고 밝혔다. 또 영과 육을 분리하는 헬라의 이원론적 개념을 불식시키고자 "마음으로 믿어 의에 이르고, 입으로 시인하여 구원에 이른다"(롬 10:10)라고 함으로써 마음으로 믿는 것과 입으로 시인하는 것, 즉, 믿음과 구원이 하나임을 설명하고 있다.[32]

그뿐만 아니라 그는 여러 사람에게 여러 모양이 되므로 다양한 사람들이 구원을 얻도록 했다(고전 9:22). 다시 말해서 다양한 사람들의 문화를 존

---

31 박광철, "사도행전에 나타난 선교",「미션월드」1992년 6-7월호, 50.
32 김선배, "다문화를 복음 전파에 활용한 바울처럼 교회는 유연해야",「국민일보」 2020.1.11., 11.

중하고 그들과 더불어 살면서 복음을 전한 것이다.

바울이 그의 서신에서 자신이 이방인의 사도로 부름 받은 사실을 거듭 강조한 것도 계시의 완전성을 증명하려는 것뿐만 아니라, 이방인 구원의 완전성을 분명히 하고자 하는 의도가 있음을 유추해 볼 수가 있다(행 9:15; 13:47; 22:21; 롬 1:5; 11:13; 15:16, 18; 갈 2:8-9; 엡 3:8; 딤후 4:17). 복음이 먼저는 유대인이요, 다음은 이방인임을 강조하는 점도 구원 문제에서 양자를 동일시하려는 의도임을 보게 된다(행 13:46; 18:6; 26:20; 롬 1:16; 2:9-10).

특히 바울이 에베소교회 성도들에게 보낸 서신을 보면 분명하게 이방인의 현재 위치를 설명하고 있다. 그것은 이방인과 유대인 사이의 장벽이 무너졌고, 그리스도의 피로 하나님께 가까워졌으며, 성도들과 동일한 시민이 되었다는 것이다(엡 2:13-19). 서신서는 이처럼 분명한 이방인 구원을 말하고 있어 다문화로 인한 다양성의 원리를 제시해 주고 있다. 요한계시록 7장에 나오는 사도 요한이 본 천국에 대한 환상, 곧 다양한 언어로 하나님께 경배하는 장면은 이런 점을 더욱 확신시켜 주고 있다.

> 이 일 후에 내가 보니 각 나라와 족속과 백성과 방언에서 아무도 능히 셀 수 없는 큰 무리가 나와 흰 옷을 입고 손에 종려 가지를 들고 보좌 앞과 어린 양 앞에 서서 큰 소리로 외쳐 이르되 구원하심이 보좌에 앉으신 우리 하나님과 어린 양에게 있도다 하니(계 7:9-10).

그 경배는 언어가 다르지만 잘 조화를 이룬 것일 것이다. 그러면서 요한은 그 내용이 한 가지로 하나님과 어린양을 찬양하는 것임을 알 수 있었다. 그것은 앞서 라슨이 지적한 대로 사도행전 2장에 기록된 오순절 사건, 즉, 언어적 다양성이 지워진 것이 아니라 복음의 진리를 통합하면서 더욱 강조된 것이다. 구원은 이처럼 오직 그리스도의 인류 완성(humanity complete)을 위해 모든 세대의 하나님의 백성이 함께 모일 때 완성되는 것임을 알 수가 있다.

(2) 교회론

① 다문화 간 연합의 중요성

서신서 가운데 특별히 바울이 에베소교회에 보낸 서신에는 교회관이 뚜렷이 나타나 있으며 그 특성은 다양성을 기초로 한 통일성이다. 바울이 에베소교회에 이러한 교리를 특별히 강조하게 된 원인은 에베소교회에 점점 이방인이 많아지면서 거기에 잡음들이 있었기 때문이다. 바울은 이방인도 그리스도 안에서 더 이상 손님이 아니라 하나님의 백성임을 강조하며 교회가 하나가 되어야 한다고 주장한다.

그는 이방인과 유대인의 유기적 관계를 다음과 같이 설명했다.

> 그러므로 이제부터 너희는 외인도 아니요 나그네도 아니요 오직 성도들과 동일한 시민이요 하나님의 권속이라 너희는 사도들과 선지자들의 터 위에 세우심을 입은 자라 그리스도 예수께서 친히 모퉁잇돌이 되셨느니라 그의 안에서 건물마다 서로 연결하여 주 안에서 성전이 되어 가고 너희도 성령 안에서 하나님이 거하실 처소가 되기 위하여 그리스도 예수 안에서 함께 지어져 가느니라(엡 2:19-22).

즉, 그리스도께서 친히 모퉁잇돌이 되시므로 그의 안에서 건물마다 서로 연결하여 주 안에서 성전이 되어 가고 그들도 성령 안에서 하나님의 거하실 처소가 되기 위하여 예수 안에서 함께 지어져 가는 것이 교회인 것이다. 교회는 그리스도의 몸이기 때문에 우리에게 서로가 없이는 불완전하다. 여기에 다문화 간의 연합이 필수임을 알아야 한다. 오로지 자신의 언어와 민족 집단 안에만 머물러 있으려 하는 것은 교회를 세우려는 자세가 아니다.

기독교 선교 역사가 앤드루 월스(Andrew F. Walls)는 교회사에서 지금도 지속되는 타문화권 선교의 역사적 구속의 과정을 '에베소운동'으로 부르고 있다. 그는 그 이유를 에베소교회의 유대인과 이방인(헬라인)의 연합의 중요성 문제가 벌써 훨씬 이전의 아브라함이나 모세 시대부터 시작되었고 그 과정이 세상 끝까지 이어지는 점을 지적한다.[33] 결국 다문화 간의 연합이 교회의 매우 중요한 과제임을 보여 주고 있다.

사람들은 자신과 같은 인종끼리 모이는 것을 선호한다. 그래서 동질 집단 원리는 도널드 맥가브란(Donald A. McGavran)의 교회 성장학에서 기초적이고 핵심적인 원리가 되고 있다. 그러나 폴 히버트(Paul G. Hiebert)는 그의 저서 『성육신적 선교 사역』(Incarnational Ministry)에서 자신의 종족 그룹에 속하려 하지 않는 이들도 있다며, 교회가 이를 막을 수는 없다는 점을 지적하고 있다. 그 이유는 그리스도인이 세상에 속한 정체성을 넘어서는 새로운 백성에 속한 사람들이라는 것이다. 그래서 만일 주 안에서 다른 종족이 혈육보다도 더 가깝게 인식된다면 우리가 갖는 다양성을 기뻐하게 될 것이라고 말한다.[34] 그의 언급은 그리스도 안에서 유대인과 헬라인의 인종적 장벽, 종과 자유인의 신분적 장벽, 남자와 여자의 성적 장벽을 극복하고 하나로 연합된다는 교회의 원리를 잘 보여 주고 있다.

② 다양한 은사

바울은 또 다양성의 특징으로 교회 안에 다양한 은사를 언급하고 있다(엡 4:7-12). 믿는 자들은 서로 보완적 통일성을 가진 한 몸을 이룬다. 하나님 앞에서 모든 성도는 동등하나 믿음의 공동체에서 은사로서 부여받은 기능은 다양하다(고전 12:29-30). 번 포이트레스(Vern S. Poythress)는 비록 죄로 인해 하나님이 창조하신 다양성이 말썽의 근원으로 전락했지만, 우리가 그리스도와 연합하여 그분의 형상을 닮아갈 때 다양성이 빚어내는 부정적인 측면이 파괴됨을 그리스도의 몸이 지닌 은사의 다양성(롬 12:3-8;

---

33 Andrew F. Walls, *The Cross-Cultural Process in Christian History* (Maryknoll, New York: Orbis Books, 2002), 73.
34 폴 G. 히버트, 엘로이즈 히버트 메네시스, 『성육신적 선교 사역』, 안영권, 이대헌 역 (서울: CLC, 1998), 394-395.

고전 12:7-31)을 통해 설명했다. 그는 에배소서 4:11-16을 예로 들어 우리가 진리를 원숙하게 아는 데까지 자라기 위해서 몸의 다양한 역할이 있어야 함을 강조한다.[35]

중요한 지적이다. 은사의 다양성에는 선교의 은사도 포함된다. 또한, 이주가 빈번한 현대는 꼭 먼 타국으로 가는 것만이 선교가 아닌 것을 알아야 한다. 여기서 또 하나 강조되어야 할 점은 그리스도가 머리 되신 교회의 통일성이다. 즉, 은사의 다양함으로 나타난 풍요한 통일성이다. 바울은 에베소서 4:2-3에서 교회의 통일성을 겸손, 온유, 인내, 관용 그리고 사랑의 특성을 통해 설명하고, 이어서 4-6절에서 교회의 통일성의 7중 기초를 말하고 있다. 그것은 한 몸, 한 성령, 한 소망, 한 주님, 한 믿음, 한 세례 그리고 한 하나님으로서 교회 통일성의 필연성을 보여 준다. 또한, 교회가 추구해야 할 목표는 그리스도를 알고 자라는 데 그의 장성한 분량에 이르도록 힘쓰는 것이다(엡 4:13).

교회의 구성원 각자가 충만하게 성장하지 않으면 단체로서의 교회가 충만하게 성장할 수 없다. 바울은 이 목적을 성취할 방법론을 소극적인 면과(엡 4:14) 적극적인 면으로(엡 4:15-16) 설명한다. 소극적으로는 성도들이 진리에서부터 쉽게 떨어져 나가는 어린아이가 되어서는 안 되며, 나아가 적극적으로 '사랑 안에서 참된 것'을 행하는 것이다.

월스(Andrew F. Walls)는 이러한 교회론을 넓게 해석해서 오늘날 교회가 에베소 당시의 상황을 상기해야 한다며 현금의 세계 기독교는 그 주류가 서구가 아닌 아프리카, 아시아나 남미라는 사실을 지적했다.[36] 그것은 바울이 이방인들이 많아진 에베소교회를 향해 통일성을 강조한 것처럼 오늘날 세계 교회가 서로 긴밀히 하나가 되어 주님의 몸을 세워야 함을 뜻하는 것이다. 사실 아프리카와 아시아 그리고 히스패닉계 그리스도인들이 서구에 흩어져

---

35 Vern S. Poythress, *Symphonic Theology* (Grand Rapids, MI: Zondervan, 1987), 53.
36 Walls, *The Cross-cultural Process in Christian History*, 78-80 참조.

있는 사실은 서구의 교회가 그만큼 다양한 인종 그룹(ethnic group)으로 가야 함을 말해 주고 있다. 이제 기독교는 서구와 비서구를 따로 분리해서 생각할 수가 없고, 심지어 학문에서 역사의 연대기처럼 문화적 연대 역시 함께 수행하면서 새로운 교회를 세워 나가야 한다.[37] 이런 점에서 지금은 그 어느 때보다 교회가 다양성의 중요성을 인식해야 할 때이다.

토의 및 적용 문제

1. 바벨탑 사건으로 언어 혼잡이 왔으나 그것은 인류 사회에 다양성을 가져온 최대 사건이다. 그리스도인이 다른 언어를 배우는 일은 어떤 의미가 있을까?(창 1:28)
2. 창세기 12장의, 하나님이 아브라함을 부르시는 사건은 어떤 선교적인 의미가 있는가?(창 12:1-3)
3. 예수님의 성육신과 십자가 사건은 어떻게 모든 그리스도인과 교회가 문화의 경계를 넘어서야 함을 가르쳐 주는가?(요 17장, 예수님의 기도 참조)
4. 다민족교회는 이주민 선교를 통해 자연스럽게 형성될 수 있다. 다민족교회는 지상명령 수행에 어떤 잠재력과 영향력을 소유하고 있을지 생각해 보자.
5. 교회 공동체가 연합을 통해 서로 다른 민족과 문화의 다양성을 잘 살려 나가는 일은 왜 중요한가?

---

37 Walls, *The Cross-cultural Process in Christian History*, 82.

제4장

이주민 현황과 정부의 정책

이 장에서는 국내 체류 외국인들이 이렇게 많아진 사회적 요인, 곧 유입 배경과 현재 체류 이주민 현황 및 정부의 이주민 정책 발전사를 더듬어 보며 나아가 국제 이주 현상을 살펴보고자 한다. 이러한 시도는 이주민 선교에 대한 우리의 시야를 보다 넓혀 줄 것이다.

1. 유입 배경

국내에 이주 노동자들이 본격적으로 유입되기 시작한 90년대 초만 해도 이처럼 꾸준히 이주민들이 들어오리라고는 누구도 예측하지 못했다. 당시 중소기업이 외국인을 고용하는 조건도 까다로워 아무리 소기업이라도 최소 5인 이상이 되어야 외국인 노동자를 고용할 수 있었다. 하지만 그 후 꾸준히 외국인 인력 필요성이 제기되면서 지금은 도시나 시골을 망라해 다양한 직종에 많은 이주 노동자들이 있다.

체류 외국인 수가 이처럼 꾸준히 증가한 주원인은 다음의 몇 가지로 분석해 볼 수가 있다.

첫째, 1980년대 후반부터 민주화 운동과 더불어 노동 운동이 활발해졌고, 노동자들의 임금 수준이 상승하면서 국내 노동 시장에 인력난이 생겼다. 특히 제조업, 광업 등 이른바 3D 업종의 기피 현상으로 중소기업에 인력난이 심각해져 외국인의 유입이 이미 이때부터 시작되었다.

둘째, 88 서울올림픽으로 한국의 경제 발전이 주목을 받으면서 취업을 위해 한국을 찾는 외국인들이 많아진 탓이다. 1990년 중국과의 문호 개방으로 중국 거주의 한국 교포들이 대거 입국한 일과 1997년 외환위기로 많은 내국인 노동자들이 공단을 떠난 것도 이주 노동자의 유입을 촉진시켰다.

셋째, 1990년대 이후 여성들의 사회 진출이 활발해져 결혼을 원하지 않는 여성들이 늘어났고 일부 남성들이 국내에서 신붓감을 찾지 못하는 일이 생기자 중국 교포 여성들이 먼저 그 대상이 되었다. 1990년 중반 이후에는 필리핀과 태국, 몽골 등으로 확대되었고, 1990년 말부터 베트남, 우즈베키스탄, 러시아 등으로 확대되었다. 현재는 연간 결혼 건수의 약 9%가 국제결혼이며, 그 90%가 한국 남성과 외국 여성과의 결혼이다.[1]

넷째, 외국인 유학생들이 1997부터 들어오기 시작했으며 2001년 이후로 한국 교육과학기술부에 의해 입안 시행되면서 외국인 유학생 수가 급속히 증가하게 되었다. 정부가 그동안 국가 경쟁력 강화를 위해 다양한 유학생 유치 활동을 전개해 온 결과이다. 현재 정부는 2023년까지 236개 국가로부터 20만 명을 유치하는 것을 목표로 하고 있어 앞으로도 계속 늘어갈 전망이다.

다섯째, 국제적으로 기후 변화나 자연재해 등으로 더 나은 환경으로 이주하는 현상이 대거 발생하고 있다. 온실가스 배출의 증가로 지구 온난화

---

[1] 2019.5.1. 통계청 발표에 의하면 우리나라 청소년(9-24세) 인구가 38년째 내리막을 걷고 있지만, 이주민 숫자가 꾸준히 늘어나고 있는 가운데 다문화 가정 학생이 처음으로 2%를 넘었다. 저출산과 고령과 여파로 미래의 자산인 청소년이 사라지는 현상이 나타나고 있는 것이다.

가 계속 상승하는 가운데 기후 난민도 많아지고 있다. 이로써 국내 난민 신청자 수가 가파르게 늘어나 2019년 상반기에만 6,637명이 되었다.

2. 이주민 현황

「출입국외국인정책 통계월보」(2019.6.)에 의하면 체류 외국인은 2,416,503명으로 집계되었다. 2018년 말에는 2,367,607명이었다. 우리나라는 2007년에 벌써 국내 체류 외국인 수가 100만 명을 넘어서 다문화 사회에 접어들었다. 1995년 이후의 출입국 통계를 보면, 한국 체류 외국인 국적 인구는 약 10년 동안 2.5배 가까이 늘어났으며, 그중에서도 이주 노동자의 체류가 2배 이상의 증가율을 보였다.

체류 외국인 중 외국인 등록자는 1,257,366명, 외국 국적 동포 국내 거소 신고자는 451,636명, 단기 체류자는 707,501명이다. 국적별 체류 외국인은 중국 44.7%(1,079,885명), 베트남 9.2%(221,901명), 태국 8.3%(200,743명), 미국 6.9%(167,023명), 우즈베키스탄 3.0%(73,088명) 등의 순이다. 외국인 등록자(1,257,366명)는 권역별로 수도권에 766,472명(61.0%)이 거주하고 있으며, 영남권 225,236명(17.9%), 충청권 132,284명(10.5%), 호남권 89,292명(7.1%) 순으로 거주하고 있는 것으로 나타났다. 국민의 배우자(결혼 이민자)는 162,582명이며 외국인 유학생은 171,714명으로 집계되었다. 다음은 「출입국외국인정책 통계월보」에 나타난 체류 외국인 증감 추이 도표이다.

〈도표 1〉 외국인 연도별 증감 추이(2019.6.30. 현재)

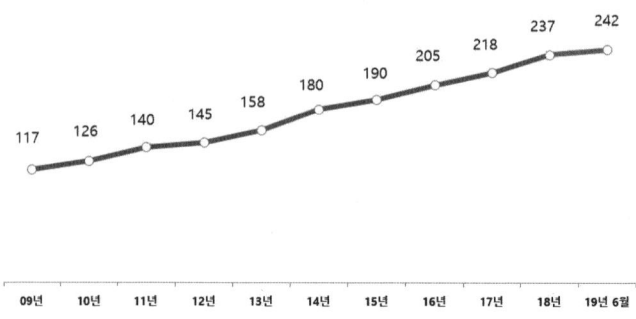

〈도표 2〉 체류 외국인 장·단기 현황(2019.6.30. 현재, 단위: 명)

구분	총계	장기 체류			단기 체류
		소계	등록	거소 신고*	
2018년 6월	2,291,653	1,627,293	1,198,900	428,393	664,360
2019년 6월	2,416,503	1,709,002	1,257,366	451,636	707,501
전년대비 증감률	5.4%	5.0%	4.9%	5.4%	6.5%
구성비	100%	70.7%	52.0%	18.7%	29.3%

*외국 국적 동포 거소 신고 현황

〈도표 3〉 결혼 이민자 증감 추이 (2019.6.30. 현재, 단위: 명)

〈도표 3-1〉 국적별·성별 현황

국적 구분	계	중국	한국계	베트남	일본	필리핀	캄보디아	태국	몽골	기타
전체	162,582 (100%)	59,457 (36.6%)	22,252	43,392 (26.7%)	13,949 (8.6%)	11,969 (7.4%)	4,520 (2.8%)	4,752 (2.9%)	2,494 (1.5%)	22,049 (13.6%)
남자	27,819 (17.1%)	13,102	7,759	2,447	1,224	438	266	95	156	10,091
여자	134,763 (82.9%)	46,355	14,493	40,945	12,725	11,531	4,254	4,657	2,338	11,958

〈도표 3-2〉 거주 지역별 현황

계	경기	서울	경남	인천	충남*	경북	부산	전남
160,713	46,762	27,828	10,506	10,609	9,377	8,013	7,372	6,647
	전북	대구	충북	강원	대전	광주	울산	제주
	5,989	5,475	5,258	3,709	3,423	3,594	3,499	2,652

* 세종특별자치시 757명 포함

〈도표 4〉 외국인 유학생 연도별 증감 추이 (단위: 명)

연도	2014년	2015년	2016년	2017년	2018년	'18년 6월	'19년 6월
합계	86,410	96,357	115,927	135,087	160,671	145,298	171,714
유학(D-2)	61,257	66,334	76,040	86,875	102,690	92,943	110,696
한국어연수(D-4·1)	25,138	30,017	39,873	48,208	57,971	52,346	61,006
12외국어연수(D-4 7)	15	6	14	4	10	9	12
전년대비 증감률	5.6%	11.5%	20.3%	16.5%	18.9%	-	18.2%

〈도표 5〉 난민 상황 (단위: 명)

〈도표 5-1〉 연도별 난민 현황 (1994.1.1.- 2019.6.30. 현재, 단위: 건)

구분 연도	신청	철회	심사 결정 종료
총계	55,543	8,026	25,347
1994-2012년	5,069	833	2,900
2013년	1,574	331	586
2014년	2,896	363	2,376
2015년	5,711	280	2,123
2016년	7,541	731	5,321
2017년	9,942	1,200	6,021
2018년	16,173	2,029	3,879
2019년 1-6월	6,637	2,259	2,141

※ 심사 중 22,170명

〈도표 5-2〉 사유별 난민 인정(보호) 신청 현황 (2019.6.30. 현재, 단위: 건)

구분	계	종교	정치적 사유	특정 사회집단 구성원	인종	국적	기타
총 누계	55,543	13,738	10,428	5,849	3,513	219	21,796
당해년도	6,637	1,770	906	630	332	26	2,973

3. 이민 정책

이민은 출생, 사망과 더불어 인구 규모의 변화에 영향을 미치는 인구 이동(migration) 가운데 국가의 경계를 넘는 인구 이동, 즉, 국제 인구 이동을 말한다. 1998년 UN의 기준에 의하면, 1년 이상 국경을 넘어 거주지를 옮기는 것을 장기 이동으로, 3개월 이상 1년 미만은 단기 이동으로 구분하고 있다. 따라서 이민 정책이라고 할 때 '외국인 노동자 정책'으로만 생각할 것이 아니라 우리 국민에 대한 정책과 외국인에 대한 정책을 모두 포함하는 정책임을 알아야 한다.[2] 1998년 UN은 "이민 정책은 국가가 내국인과 외국인의 이출과 이입을 관리함으로써 인구 이동의 양과 질을 통제하려는 정책이다"라고 정의하고 있다.[3]

우리나라는 80년대 말을 기점으로 '이민 송출국'에서 '이민 유입국'으로 변했다. 그러나 최근 세계화의 추세를 따라 조기 유학, 해외 취업 등 우리 국민의 해외 이주와 함께 결혼 이민자, 유학생 등 외국인 유입도 증가하며 다양해지고 있다. 정부 이민 정책의 시작은 2007년에 제정된 '재한

---

[2] IOM 이민 정책 선임연구위원인 정기선은 현재 한국정부가 추진하고 있는 외국인 및 이민 관련 정책 현상을 정확하게 표현하는 정책 명칭으로 '외국인 이민 정책'이 적합하다고 했다(정기선, "외국인 정책 정책용어 개념논란과 이해", IOM MRTC Issue Brief, No. 2016-08).

[3] 이혜경, "한국 이민 정책사", 『한국 이민 정책의 이해』 (서울: 백산서당, 2011), 21.

외국인처우기본법' 제정에서 시작되었다고 할 수 있다. 외국인 주무 부처인 법무부는 기본법에 근거하여 '외국인정책위원회'를 국무총리 산하에 설치하고, 5년마다 '외국인정책기본계획'을 제시하고 있다. 여성가족부도 '다문화가족정책위원회'를 설치하고 매 5년 단위의 5개년 계획을 수립하고 있으며 고용노동부도 '외국인인력정책위원회'를 설치하고 있어 업무 중복의 현상이 나타나고 있다.

정부의 일관된 이민 정책은 국경 관리, 체류 관리, 사회 통합의 세 가지가 정책의 기조를 이루고 있다. 국경 관리 정책은 국민들과 외국인의 출입국 관련 사증 조사, 마약사범, 범죄자, 전염병 등과 관련한 정책을, 체류 관리 정책은 이주민들의 체류 자격상의 체류 기간, 체류 목적, 체류 자격 변경 등에 관해 그리고 사회 통합 정책은 국민과 이주민의 정착과 주류사회 진출 관련 사회 통합 정책 전반을 다룬다. 이주로 인한 다인종·다문화 현상은 다양성을 창출하며 보이지 않게 우리 사회에서 지속적인 영향을 미치고 있다. 현재 정부 차원에서도 이주민들을 위해 안정적인 삶을 지원하고, 효율적인 사회 적응과 문화 적응을 돕고자 하는 각종 법과 제도적 장치들을 조금씩 마련해 가는 중이다.[4] 다음은 그동안 주요 이민 정책의 법제화 과정이다.[5]

---

4 강성열 외 3인, 『다문화 사회와 한국교회』(서울: 한들출판사, 2010), 13-14.
5 이는 법무부 위주의 조사 내용으로 앞으로 여성가족부, 외교부, 노동부의 법제화 과정이 보완되어야 할 것이다.

<도표 6> 이민 정책의 법제화 과정

일 시	법제화 내용
1991.11.	해외 투자 업체 산업연수생 제도 도입
1992.12.	난민의 지위에 관한 협약과 난민 의정서 가입
1993.11.	외국인 산업연수제 도입 (07년 전면 폐지)
1999.9.2.	재외동포의 출입국과 법적 지위에 관한 법률 제정 (재외동포법)
2002.4.8.	영주권 제도 신설 (출입국 관리법 시행령 개정)
2004.8.17.	외국인 고용허가제 도입
2005.8.	외국인에게 지자체 선거권 부여 (공직선거법 15조 2항 3호 개정); 체류 자격 3년 경과한 19세 이상, 거주 지방자치단체장 및 지방의원 선거권 부여
2005	총리실 산하 외국인 정책위원회 설립
2007.3.	동포방문 취업제 시행 (H-2) (국내 연고 동포입국 자율화 및 취업업종 대폭 확대)
2007.5.	재한 외국인 처우 기본법 제정, 세계인의 날 제정 5월 20일 (국가 기념일)
2008.3.	다문화 가족 지원법 제정
2009.3.	사회 통합프로그램 시범 실시 (전국 20곳)
2010.3.	사회 통합프로그램 시범 실시 (2019. 현재, 전국 311곳)
2010	결혼중개업의 관리에 관한 법률 제정 (약칭 결혼중개법)
2010.5.	이중 국적(복수국적) 제도
2013	난민법 제정
2014.4.	국민배우자 초청제도 강화 (배우자 간 기초적 언어 대화 수준 가능, 주거, 경제 등 요건)
2015	계절근로자 제도* 시범 실시

*계절근로자 제도는 2019년에 신설한 5개월 체류 가능한 E-8 비자로, 농촌에서 일손이 필요한 것을 감안한 조치이다.

위 도표에 나타난 이민 정책 법제화 과정에서 이주 노동자들과 다문화 가정을 위한 그동안 정부의 정책 중 가장 두드러진 고용허가제와 이민 통합 업무의 내용을 좀 더 자세히 들여다보기로 하자.

1) 고용허가제

(1) 고용허가제 제정 배경

고용허가제 이전 정부의 이주 노동자 정책은 이중 정책의 성격이었다. 외국 인력의 불법 체류를 묵인 방조하여 우리 노동 시장으로 끌어들인 점이 있기 때문이다. 산업연수제도로 인한 인권 문제로 NGO 단체들과의 갈등도 컸다.[6] 특히 미등록(불법 체류) 이주 노동자 문제에 대해 일정 기간 동안 특정한 산업 분야에 출국 유예 기간을 부여하거나, 자진 신고를 통한 한정 기간 동안의 체류 자격을 부여하는 방법과 강력한 단속 추방 정책으로 대처해 왔다. 하지만, 결과는 일정 기간이 지나면 다시 미등록 이주 노동자가 증가하는 현상이 일어나곤 했다.

고용허가제는 1980년대 후반부터 나타나기 시작한 중소기업의 인력난 문제를 위해 정부가 '외국인산업기술연수생제도'(1991)를 마련한 이후로 계속 문제 해결이 되지 않자 2004년 8월 17일 산업연수제도와 병행하여 실시하는 조건으로 내놓은 외국 인력 제도이다.[7] 그 후 산업연수생 제도와 병행 실시에 따른 문제점이 나타남에 따라 정부는 2006년 7월 27일 기존 산업연수생 제도를 폐지하고 2007년 1월 1일부터 고용허가제로 일원화시켰다.[8] 고용허가제는 계약 주체가 정부가 되며 16개국이 송출 국가로 선정되었다. 베트남, 필리핀, 태국, 몽골, 인니, 스리랑카, 중국, 우즈베키스탄, 파키스탄, 캄보디아, 네팔, 미얀마, 키르기스스탄, 방글라데시, 티모르, 라오스 국가 등이다.

---

[6] 강명옥, 「외국인 노동자 보호 대책에 관한 연구」, 숭실대학교 노사관계대학원 석사 학위 논문, 1995, 80.
[7] 정부는 고용허가제 실시를 위해 2003.9.1.부터 11.29.까지 불법 체류 4년 미만 근로자에 한해 합법화 등록을 하도록 했다. 그것은 당시 4년 미만의 불법 체류자가 22만 7천만 명이나 되었기 때문이다.
[8] 연수생 제도를 폐지한 이유는 인권 문제가 심각해지기 시작해, 그 결과 연수생들이 공장을 이탈하여 불법 체류자가 되는 사례가 속출했기 때문이다.

이에 앞서 특례 고용허가제로 1997년 3월 방문 취업제가 시행되면서 동포 정책의 큰 변화가 있었다. 그 내용은 국내 연고 동포 및 무연고 동포에 대해서 취업 기회를 확대(제조업, 서비스업 등 34개 업종 취업 허용)했으며, 방문 취업(H-2) 체류 자격을 신설, 5년 유효한 복수 사증을 발급받도록 해 준 것이다. 그렇게 해서 25세 이상 중국, 구소련 지역 동포에 대해 5년 유효의 복수 사증으로 고국을 자유롭게 방문, 취업이 가능하게 되었다. 복수 사증의 방문 취업 비자는 국내 체류 등 일시 출국 시 재입국 허가를 받지 않고 자유로운 출입국이 가능하다.

(2) 고용허가제 평가

고용허가제 실시 이후 이주 노동자들에 대한 체계적인 관리가 비교적 꾸준히 이루어져 왔다. 고용허가 제도는 국제 사회 일반이 도입하고 있는 외국 인력 제도라는 점에서 산업연수 제도와 비교가 되지 않고, 노동권과 인권 보호의 측면에서도 의미 있는 제도라고 평가된다. 그러나 고용허가제 1년 뒤에 한국국제노동재단(Korea Int'l Labour Foundation)이 펴낸 연구 보고서는 다음의 문제점을 분석하고 있다.

첫째, 먼저 명목상의 산업연수생 제도로 인해 합법적 제도가 오히려 미등록 노동자를 양산하는 메커니즘을 형성한 점
둘째, 사업장 이동의 자유를 제한함으로써 시장의 임금 결정 기능을 살리지 못한 점
셋째, 외국 인력 정책이 단순 기능의 외국 인력 조달 정책이었을 뿐, 이주 노동 정책으로 접근하지 않아 장기 체류 미등록 노동자들의 인권을 외면하고 있는 점[9]

---

9 "고용허가제 1년, 외국 인력 정책 및 취업 교육 평가와 개선 방향", 한국국제노동재단, 2005, 72-78.

그동안 정부가 합리적인 고용허가제도를 추진한 결과 현재 E-9 비전문 취업자는 성실근로자 제도[10]를 통해 최장 10년 가까이 국내에서 일을 할 수 있다. 그럼에도 최저임금이 오르면서 불법 체류자가 많아졌다.[11]

이에 대해 신상록은 계약 주체를 해당 국가 정부에서 지방 정부(지자체)로 교체해야 한다고 제안한다. 상대 정부의 송출 비리를 발견했을 때 우리 정부(고용노동부)가 해당 국가 정부를 관리 제재할 수단이 없고, 국가 간의 외교 문제로 확대될 우려가 높다는 이유다.[12] 그는 또 현재 16개국의 송출 국가가 아시아 국가들로 편중된 것을 유럽이나 아프리카와 남미까지 포함해 국가의 외교 역량을 더욱 키워야 한다고 주장한다.[13]

송출 국가 문제에 대해 박영범은 16개국 송출 국가들 가운데 국내 현장에 적합하지 않은 무더운 나라 출신의 근로자들의 경우, 종종 국내 고용 현장에 적응하지 못하고 고용주들도 불만이어서 갈등이 일어나고 있음을 지적했다.[14] 그는 또 E-9 비자의 저숙련 외국 인력 정책을 재검토해야 한다며 5년 기한의 H-2 입국사증을 받는 동포 외국 인력과의 차별화된 시스템을 허무는 것을 심각하게 고민해야 할 것이라고 했다.[15] 저숙련 이주 노동자들의 정주를 원천적으로 방지해 온 정부의 외국인 정책을 수정하고 이민 정책을 적극적으로 펼쳐야 한다는 말이다.

---

10 '성실근로자 제도'란 4년 10개월간 한 회사에서 이동하지 않고 근로한 노동자를 단기 출국시킨 후 3개월 뒤에 재고용하여 4년 10개월을 일할 수 있도록 기회를 주는 제도이다.
11 불법 체류가 증가된 이유를 단지 최저임금이 올라서라고 단정하기는 어렵다. 관광 비자로 들어왔으나 눌러앉아 일을 하거나 어학연수생들의 이탈, 난민 신청 등의 경우가 있고, 특히 2017년 이후 태국, 카자흐스탄, 러시아 등과 맺은 무비자 협정으로 불법 체류자가 양산되었다는 지적이 있다.
12 신상록, "문제 많은 고용허가 제도 근본부터 바꿔야", 「경기일보」, 2020.1.28., 22.
13 신상록, 「경기일보」, 2020.1.28, 22.
14 박영범, "저숙련 외국인 근로자 정책 재설계해야", 「국민일보」, 2020.2.20., 26.
15 동포 외국 인력은 국내 고용주와의 계약 없이 입국해 일자리를 찾을 수 있고, 비자를 다시 받는 것도 가능하다.

장기 체류를 영주권 취득과 연계하는 의견에 대한 반대 의견도 있다. 이 규용은 저숙련 외국 인력이 한국에 정착하더라도 노동 시장 은퇴 후에 취약 계층으로 전락할 가능성이 크기 때문에 순환 정책의 지속 가능성과 이민 정책과의 상호 정합적인 지점을 찾는 연구가 필요하다고 말한다.[16] 고용허가제 실시 16년이 되는 지금, 고용허가제와 관련된 이런 의견들을 참조하며 면밀히 재검토해 볼 때이다.

분명한 것은 21세기 전 지구촌 사회에서 이제 이민은 세계화 경향으로 더욱 보편화되고 있는 현상이라는 점이다. 그래서 이민 관리(통합)는 21세기 국가의 중요한 기능이 되었다. 법무부 외국인 정책과의 한 사무관은 '한국의 이민 정책과 다문화 사회 선교 방향'이란 제목의 포럼에서 "인구 감소에 대비하고 성장의 선순환과 사회적 역동성을 제고하려면 단순 노동력이 아닌 영주권, 시민권을 취득한 정주 인구 확대가 필요하다"[17]라고 밝힌 바 있다. 이에 따라 앞으로 우리 사회가 더욱 다문화·다인종 사회로 나아갈 전망이다.

2) 이민 통합 업무

정부의 이민 정책 중 고용허가제가 가장 괄목할 만한 업적의 정책이라면, 법무부 출입국관리소 소관의 이민 통합 업무는 이주민들이 국내에 정착하는 데 또 하나의 획기적인 정책으로 자리를 잡은 것으로 평가된다. 이민 통합 업무는 크게 세 가지로 나뉜다. 사회 통합 프로그램(Korea Immigration Integration Program. 이하 KIIP), 조기 적응 프로그램, 국제결혼 안내 프로그램이 그것이다.

---

16 이규용, "외국인 정책", 『한국 이민 정책의 이해』 (서울: 백산서당), 2011.
17 김수남, "한국의 외국인 정책과 방향", 제5회 국제이주자선교포럼 <한국의 이민 정책과 다문화 사회 선교 방향>, 명성교회, 2012.5.21., 37.

(1) 사회 통합 프로그램

사회 통합 프로그램(KIIP)은 이주민들에게 한국어와 한국 사회에 대해 교육을 하는 프로그램이다. 사회 통합 프로그램은 2009년에 시작된 이래 이주 노동자들과 다문화 가정의 결혼 이주 여성들 및 유학생에 이르기까지 이주민 누구에게나 기회를 주고 있다. 심지어 한국에 들어오기 전에 기본적인 회화를 하도록 유도해 현지에서도 자연스럽게 한국어 붐이 일고 있다.

아래 <도표 6-1>에서 볼 수 있듯이 사회 통합 프로그램 수강자는 꾸준히 늘어가고 있다. 더구나 KIIP 한국어 교육에는 외국인들이 많은 교회와 선교 단체가 일반 운영 기관으로 선정된 경우가 많아 이주민 선교에 매우 유용한 도구가 되고 있다. KIIP를 이수한 이민자들에게는 영주권 신청이나 귀화 신청 시 필기 시험과 면접 시험이 면제되는 혜택과 각종 체류 자격 변경 시에도 인센티브가 주어지기 때문에 이민자들 스스로 운영 기관을 찾고 있다.[18]

〈도표 6-1〉 이민자 사회 통합 프로그램 참여자 현황 (2019.6.30. 현재, 단위: 명)

연도 구분	총계	2009-2012	2013	2014	2015	2016	2017	2018	'19 1-6월
참여자	243,933	24,723	14,014	22,361	25,795	30,515	41,700	50,639	34,386

(2) 조기 적응 프로그램

조기 적응 프로그램은 국내에 입국하는 모든 장기 체류 이민자를 대상으로 한국 사회 적응에 필요한 기초법과 제도, 기초 생활 정보를 제공하는 프로그램이다. 교육 장소는 전국 68개 교육장이 있으며 본인 거주지에서

---

18 단지 KIIP의 목적이 국민과 이주민과의 사회 통합임에도 이주민들이 체류 자격을 얻으려고만 하는 모습을 보이고 있어 보완책이 필요해 보인다.

가장 가까운 교육장을 선택하면 된다. 강의 내용은 준법의식, 생활 법률, 체류·영주 허가 제도, 국적 취득 등이다.

참여 대상자 자격은 외국인 유학생, 밀집 지역 외국인, 외국인 연예인, 결혼 이민자, 중도 입국 자녀, H-2, F-4의 외국 국적 동포 등이며 방문 취업(H-2) 외국 국적 동포, 호텔 유흥(E-6-2) 외국인 연예인은 조기 적응 프로그램을 이수하지 않으면 외국인 등록이 불가하다. 강의 언어는 한국어를 포함해 총 13개 언어[19]로 제공하고 있다.

〈도표 6-2〉 이민자 조기 적응 프로그램 참여자 현황 (2019.6.30. 현재, 단위: 명)

연도 구분	총계	2009- 2012	2013	2014	2015	2016	2017	2018	'19 1-6월
참여자	362,201	13,237	6,420	34,290	47,845	60,358	91,938	79,656	28,457

(3) 국제결혼 안내 프로그램

1980년대 말부터 이주 노동자 문제가 사회의제가 되었다면 2000년대 중반부터 다문화 가정을 중심한 다문화 열풍이 거세다.[20] 국제결혼 안내 프로그램은 국제결혼을 준비하는 한국인에게 국제결혼 관련 법령, 현지국가의 제도와 문화 등을 소개함으로써 국제결혼자가 다른 문화와 환경에서 성장한 배우자를 잘 이해하고 행복한 가정을 형성할 수 있도록 지원하는 사전 안내 프로그램을 말한다. 상대 배우자가 중국, 베트남, 필리핀, 캄보디아, 몽골, 우즈베키스탄, 태국 등 7개국 출신이거나 이미 국제결혼을 한 상태에서 외국인 배우자를 초청하려고 하는 사람이 그 대상자가 된다.

---

19 한국어, 중국어, 베트남어, 영어, 러시아어, 몽골어, 타갈로그어, 일본어, 캄보디아어, 태국어, 인도네시아어, 불어, 네팔어 등.
20 인구 통계상 결혼 이민자가 차지하는 비율은 15% 정도인데 반해 높은 관심을 갖게 되는 이유는, 이들은 이주 노동자들과 달리 한국인과 결혼해 합법적인 주민이 되어 사회, 정치, 문화적으로 영향을 끼치기 때문이다.

여성가족부가 매년 실시하고 있는 '결혼 이주 예정자를 위한 현지 사전 교육'은 기본 과정 1일, 심화 과정이 2일이다. 기본 과정은 8시간이며 커리큘럼은 한국 이주자 현황과 다문화 사회, 한국 생활 정보, 체류 개요, 성과 임신, 건강 지키기 및 양성 평등, 결혼 이주 여성 지원 기관 및 복지 제도, 여성폭력 대처 방안 등이다. 최근에 국제결혼 안내 프로그램을 놓고 교육 대상 국가 및 이수 시간을 확대해야 한다는 목소리가 높아 여성가족부가 개선책을 위해 노력 중인 것으로 알려졌다.[21] 참고로 올해(2019년) 다문화가족지원 센터는 총 218개로 전국 어디서나 다문화 가정을 위한 다양한 서비스가 가능하다.

〈도표 6-3〉 국제결혼 안내 프로그램 참여자 현황 (2019.6.30. 현재, 단위: 명)

연도 구분	총계	2010-2012	2013	2014	2015	2016	2017	2018	'19 1-6월
참여자	90,692	35,005	11,706	8,103	7,057	7,330	7,784	8,821	4,886

(4) 미등록자 문제

미등록 이주 노동자 곧 불법 체류자 문제는 한국 사회의 이주 노동자 문제와 관련하여 매우 비중이 있는 문제이다. 2020년 9월 4일 법무부가 펴낸 「출입국외국인정책 통계월보」에 따르면 6월 기준 불법 체류자는 40만 명에 육박하는 39만 8,518명으로 사상 최고치를 기록했다. 한국이 다른 나라에 비해 코로나19 안전 국가라는 인식에다, 국내 최저임금 등을 고려할 때 불법 체류자들이 한국을 떠날 이유가 적기 때문으로 풀이된다. 한편 이들은 의료보험이나 사회 복지의 사각지대에 놓여 있고, 범죄에 연루될 가능성이 높다. 약 2만여 명으로 추산되는 불법 체류자 자녀들도 마찬가지다. 이에 대해 신상록은 부모들이 자녀들을 데리고 돌아가거나 출입국

---

21 「국민일보」, 쿠키건강 H7, 2020.5.11.

에서 매년 2회 정도 기간으로 실시하는 자발적 귀국 기회를 활용할 것을 제안한다.[22] 자발적 귀국의 경우 다시 입국할 기회가 있다.

불법 체류 이주 노동자 문제는 근본적으로 정부가 이들을 외국인 정책의 대상으로만 볼 뿐, 정주화(定住化) 금지 정책을 고수하려는 데 있다. 한국의 노동력 부족을 해외 노동 시장에서 도입하여 활용하지만, 노동력을 제공하는 이주 노동자들에 대한 정주는 한국 사회의 부작용을 우려하여 원천적으로 방지하겠다는 것이다. 하지만, 세계화 시대에 이주 노동 시장이 급속히 확대되고 있는 현실을 감안할 때, 지금까지의 정주화 금지정책으로부터 적어도 정주화 통제정책으로 전환할 필요가 있다. 더구나 한국은 저출산 고령화 사회가 되어 인구감소 문제가 있는 데다가, 국제결혼이 많아지면서 20년 전인 2000년부터 이미 이주 노동자들의 정주화 현상이 나타나고 있다.

한국교회 역시 미등록 외국인들을 가볍게 봐서는 안 된다. 교회는 외국인들의 체류신분 여하를 막론하고 그들에게 복음을 전하며 외국인 나그네에 대한 사랑을 실천해야 하기 때문이다. 사실 이주 노동자 선교는 이러한 미등록 이주 노동자들의 인권 문제에 관심을 가지면서 시작되었다. 그들은 열악한 작업 환경은 물론, 인권 사각지대에서 자신들이 당하고 있는 현실적인 고통을 해결하기 위해 스스로 교회를 찾았고, 교회는 불법 체류의 낮은 신분인 그들과 함께하면서 이 선교가 시작되었고 오늘에 이른 것이다.

---

22 신상록, "이민 정책으로 보는 한국교회의 이주민 선교", <2019년 호남다문화연구소 추계학회>, 호남다문화연구소, 14.

〈도표 6-4〉 미등록자 현황

연도	총체류자	불법 체류자				불법 체류율
		소계	등록	거소	단기	
2008년	1,158,866	200,489	93,461	542	106,486	17.3%
2009년	1,168,477	177,955	83,729	613	93,613	15.2%
2010년	1,261,415	168,515	78,545	732	89,238	13.4%
2011년	1,395,077	167,780	82,848	578	84,354	12.0%
2012년	1,445,103	177,854	92,562	1,579	83,713	12.3%
2013년	1,576,034	183,106	95,637	1,533	85,936	11.6%
2014년	1,797,618	208,778	93,924	2,066	112,788	11.6%
2015년	1,899,519	214,168	84,969	1,114	128,085	11.3%
2016년	2,049,441	208,971	75,241	941	132,789	10.2%
2017년	2,180,498	251,041	82,837	1,064	167,140	11.5%
2018년	2,367,607	355,126	90,067	1,015	264,044	15.0%
2018년 6월	2,291,653	323,267	86,690	1,160	235,417	14.1%
2019년 6월	**2,416,503**	**366,566**	**93,170**	**1,088**	**272,308**	**15.2%**
전년대비 증감률	5.4%	13.4%	7.5%	-6.2%	15.7%	

4. 국제 이주

국경을 넘나드는 민족이동의 역사는 국가들이 생기게 된 역사만큼이나 오래되었다. 그러나 역사적으로 1980년대 후반기에 들어오면서 이렇게 빈번하게 국제적 이주가 이루어진 적은 없었다. 국내에서는 88 올림픽을 계기로 한국경제가 세계에 알려지면서 외국인 노동자 유입이 있는 것으로 보지만, 국제 이주는 이미 세계적인 큰 흐름이었다. 세계 인구는 2008년을 기준으로 약 70억 명이며 이주민 숫자는 약 2억 명이었다(현재는 2억

3천만 명, UN 통계) 이는 전 세계 인구의 약 3%에 달하는 수치이다.[23] 이 같은 이주 현상은 인종, 문화, 언어, 종교, 민족적 다양성의 증가를 가져오게 된다. 예컨대, 미국은 처음부터 다양성을 지닌 국가였다. 반면 호주나 일본 그리고 한국의 경우, 더 좋은 경제적 기회를 희망하는 많은 사람이 유입되면서 이러한 다양성이 증가하고 있다.

1) 국제 이주의 요인들

위에서 언급한 대로 오늘날 국내 이주 현상은 그동안 진행되어 온 전지구화의 거대한 흐름이다. 아마도르 레미지오 주니어(Amador Remigio, Jr)는 세계화 과정은 거침없는 이주가 특징이라고 말했다.[24] 오늘날의 세계는 글로벌화(globalization)의 영향으로 자원과 기술은 물론, 사람들의 이동과 교류가 빈번하다. 더 나은 삶을 위해 이민자들이 늘어나고 유학이나 비즈니스, 나아가 자연재해나 전쟁, 또는 기후 변화(지구 온난화) 등으로 타국에 이주하여 사는 사람들이 많아졌다.

최근에는 은퇴 이주, 다른 생활 방식을 찾기 위한 이주, 순환 이주 같은 새로운 유형의 이주가 생겨나고 있으며 이주와 여행의 경계가 점차 모호해지면서 잠재적인 이주대상국을 조사하기 위해 관광 여행을 통해 정착민이 되는 사례도 있다.[25] 특히 국가 간 교역 규모의 확대와 세계화로 인해 전 세계적으로 노동력의 국제 이동이 급격히 확대되어 가고 있으며 앞으로도 계속 가속화될 것으로 보인다. 무엇보다 빈국과 부국 간 부의 불평등이 더욱 확대되므로 더 나은 생활 수준을 찾아 계속해서 이동할 것이기 때

---

23 제임스 뱅크스(James A. Banks), 『다문화 교육 입문』, 모경환 외 역 (파주: 아카데미프레스, 2016), 45 재인용
24 아마도르 레미지오 주니어, "21세기의 세계화, 디아스포라, 도시화 그리고 다원주의는 하나님의 선교를 위해 거부할 수 없는 현실인가?", 『디아스포라 선교학』, 52.
25 카슬, 밀러, 『이주의 시대』, 29.

문이다. 다음으로, 정치적 환경과 인구학적 압력으로 많은 사람이 자신의 모국 밖에서 피난처를 찾을 것이다.

많은 지역의 정치적 불안정 또는 종족 갈등이 향후 대규모 이주사태로 이어질 수 있다. 실제로 그동안 수백만 명의 난민이 발생해 왔다.[26] 그리고 새로운 자유무역 지역이 생성되어 관련 국가들의 의도와 무관하게 노동의 이동이 촉진될 것이다.

이주의 주원인은 무엇보다 경제적 변화이다. 정보통신의 발전으로 세계화가 이루어지면서 더 잘 살기 위한 목적으로 이주의 현상이 가속화된 점도 주요 원인이 된다. 경제적 불안전성뿐 아니라 인구학적 압력 때문에 새로운 기회를 찾아 난민의 신분으로 이주하기도 하고, 지구 온난화로 인한 기후 난민들도 수천만에 이르고 있다.

이주의 형태도 다양해져 이전의 미국, 캐나다, 호주처럼 이민 국가가 따로 있는 것이 아니다. 북·서유럽 국가는 1945년 이후 외국 출신 노동자가 이민을 와서 정착하는 지역이 되었고, 1980년대 이후에는 과거 이주자 송출국이던 그리스, 이탈리아, 스페인 등 남유럽 국가들도 이주자 유입국이 되었다. 걸프 산유국들의 정치적 혼란으로 많은 난민이 발생하기도 했다.[27]

UN에 의하면, 현재 이 세상에는 고향을 떠나 이주민으로 사는 사람이 약 2억 3천만 명에 이른다고 한다. 1993년 이후로 이주의 전지구화가 급속히 진행되어 왔고, 앞으로도 경제적 변동과 성장에 의해 이주의 시대는 지속적으로 이어질 전망이다.[28] 다음 도표는 2008년 UN에서 발표한 이주자 추이 및 전망이다.

---

26 2018년 제주도에는 예멘출신 난민 500여 명이 들어와 난민 우려 현상이 나타난 적이 있다. 한국 사회에서 난민문제는 심각하다. C-3 단기비자를 가지고 입국한 이들이 난민 신청을 하고 있고, E-9의 경우도 일자리연장을 위해 난민 신청을 하는 등 난민법을 남용하는 사례가 많다.
27 카슬, 밀러, 『이주의 시대』, 33.
28 김수남, "한국의 외국인 정책과 방향", 제5회 국제이주자선교포럼, 32 재인용.

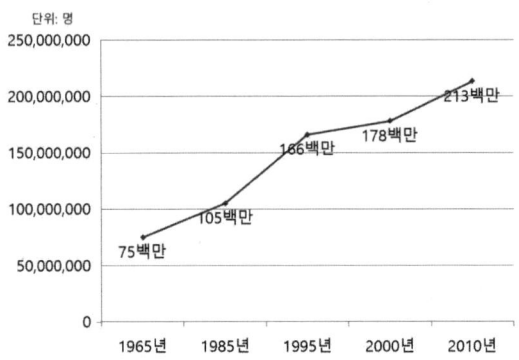

〈도표 7〉 이주자 추이 및 전망

2) 국제 이주의 역사

인류의 역사는 부분적으로 개인, 가족 그리고 전체 공동체의 이주로 정의된다. 사실은 태고부터 다른 요소와 더불어 천재지변, 경제적 필요, 무력분쟁, 정치적-종교적 핍박, 인종적-문화적 소외 등으로 국가나 인종의 경계선을 넘나들며 새롭게 정착했던 곳을 떠나 다른 곳에 재정착하는 재배치가 발생했다.

이주(디아스포라)에 대해 방대한 자료를 담은 도서 『이주의 시대』(스티븐 카슬, 마크 J. 밀러 공저)는 국제 이주를 일컬어 "전 세계의 사회와 정치를 재편하는 초국가적 혁명의 한 부분"이라고 정의했다. 책은 또 세계적으로 오래된 이민 유형과 경제적, 정치적, 문화적 변화와 폭력적 갈등에 대한 대응으로서 새로운 이민 흐름이 지속되고 있음을 상기시키며 그런 다양성 속에서 발견되는 일반적인 경향을 다음의 여섯 가지로 설명하고 있다.

첫째, 이주의 전 지구화
둘째, 이주의 가속화

셋째, 이주의 차별화
넷째, 이주의 여성화
다섯째, 이주의 정치화
여섯째, 이주 변천의 확산

'이주의 전 지구화'는 말 그대로 점점 더 많은 국가가 이주 흐름에 의해 영향을 받고 있음을 뜻하며, '이주의 가속화'는 현재 거의 모든 주요 국가에서 국제 이주의 규모가 커지고 있어 정부의 정책이 필요함을 보여 주고 있다. '이주의 차별화'란 대부분 국가가 노동이주, 난민이주, 영주이주 등과 같은 여러 이주 유형을 동시에 겪고 있는 것을 말한다. 그리고 이주의 여성화는 다양한 이주 유형에서 여성이 다수를 차지해 그 특수성이 더 부각됨을 뜻한다. 이주의 정치화는 국내정치와 함께 전 세계 많은 국가의 안보 정책이 국제 이주의 영향을 점점 더 많이 받는 사실을 보여 준다. 이주 변천의 확산은 전통적인 이민 송출국이 경유국이나 어떤 유입국으로 전환될 때 나타나는 현상이다.[29]

역사적으로 이주의 규모가 가장 컸던 시기는 유럽에서 북아메리카로 대규모 이주가 이루어진 19세기 중반부터 제1차 세계대전 사이이다. 또한, 1850-1914년에 '대서양 횡단이주'가 이루어졌고, 1945년 이후에 시작되어 1980년대 이후 급격히 이주 현상이 전 세계의 거의 모든 지역을 망라하고 있다. 이런 이주의 시대는 앞으로도 지속될 것이다. 빈국과 부국 간에 부의 불평등이 확대되고 정치적 환경이나 종족 갈등이 끊이지 않고 있기 때문이다.

저출산 고령화가 급속하게 진행되고 있는 한국의 경우, 장기적, 체계적 이민 정책 로드맵이 시급하다. 이를 위해 21세기 국가 정책에서 이민 정

---

[29] M. 다니엘 캐럴, R. (로다스), "구약성경의 디아스포라와 선교", 『디아스포라 선교학』, 38-39 참조.

책의 중요성을 충분히 인식해야 한다. 21세기 전지구촌 사회에서 이제 이민이란 '문제'(problem)가 아니라 세계화 경향으로 더욱 보편화되고 있는 '정상적인'(normal)인 현상이기 때문이다.

이런 점에서 이민이란 타인 또는 외국인의 문제가 아니라, 바로 우리의 문제란 점을 분명히 인식해야 한다.[30]

3) 이주민들을 향한 자세

이주자의 정착이 많은 사회는 종족 다양성이 증가되고 그것은 더 광범위한 사회적, 문화적, 정치적 발전을 가져올 기회가 된다. 따라서 다문화 사회는 시민들의 다양성을 수용하면서 가치관이나 목표를 공유할 수 있는 통일성을 가지므로 통합의 국가로 나아가야 하는 과제가 있다. 제임스 뱅크스(James A. Banks)는 이러한 다양성과 통일성 간에 균형을 이루는 것이 민주 국가의 핵심 목표가 되어야 한다고 말한다. 다양성이 결여된 통일성은 중국의 문화혁명이나 소련의 경우처럼 문화적 억압으로 귀결되고, 통일성을 배제한 다양성은 이라크 전쟁의 경우처럼 국민 국가의 분파주의와 분열을 초래할 것이다.[31]

정치 분야뿐만 아니라 글로벌 시대의 다문화 사회에서 다양한 문화권의 사람들과 함께 일을 하려 할 때, 어떻게 문화적 충격을 최소화하며 함께 어울려 할 수 있는지에 대한 연구가 필요하다. 그것은 글로벌 시대의 새로운 경쟁력이 될 것이다. 브룩스 피터슨(Brooks Peterson)은 그런 경쟁력을 문화 지능(cultural intelligence)이라고 말하며 문화 지능에 대해 다음과 같은 정의를 내렸다.

---

30 이혜경, "한국 이민 정책사", 45.
31 뱅크스, 『다문화 교육 입문』, 50.

문화 지능은 자신과 교류하는 상대의 문화적인 가치 기준과 태도에 적절하게 반응할 수 있는 기술, 예를 들어 언어 능력이나 대인 관계 기술과 자질, 모호함을 견뎌 낼 수 있는 정도나 융통성 등을 발휘해 행동할 수 있는 능력을 말한다.[32]

그러므로 우리가 글로벌 시대의 다문화 사회에 적응하는 능력을 키우는 것은 매우 중요하다. 거기서 중요한 것은 물론 문화 간의 협력 문제이다. 헤르트 홉스테드(Geert Hofstede)는 문화 간의 협력이 인류의 생존을 위한 가장 중요한 조건이라고 말하며, 비록 그것이 쉽지 않지만 반드시 공동 대처해야 함을 강조했다.[33] 사실은 그 이전에 기본적으로 우리가 모두 같은 사회에서 살고 있다는 공동체 의식을 가지는 것이 필요하다. 이제는 한국도 단일 민족 이데올로기에서 벗어나 외국인과 더불어 살 수 있는 이른바 다문화주의, 다민족주의를 바르게 이해해야 하는 것이다.

유엔인종차별철폐위원회(CERD)가 2007년에 벌써 우리 사회가 '단일 민족'이라는 개념을 극복하라고 권고하는 보고서를 내놓은 바 있다. 위원회는 무엇보다 정부가 나서서 다른 인종, 국가 출신에 대한 차별 근절에 앞장서야 한다고 강조했다. 다른 인종, 국가 출신에 대한 인권 의식을 높이기 위해서는 이들의 역사와 문화에 관한 정보를 초중등 교과서에 포함시키라고 제안했다. 또 외국인 여성 배우자 문제와 관련해 별거, 이혼 시 법적 거주 지위를 보장하고 국제결혼 중개 기관 활동을 규제해야 한다고 밝혔다.[34]

반기문 전 유엔 사무총장도 최근 한 포럼에서 한국이 단일 민족 신화에서 벗어나 글로벌한 나라가 되어야 한다며 생물학적 유전자 검사에서 이미 중국인과 피가 섞여 있음을 지적한 바 있다. 그는 또 우리나라가 글로

---

[32] 브룩스 피터슨, 『문화 지능』, 현대경제연구원 역 (서울: 청림출판, 2006), 142.
[33] Geert Hofstede and Gert Jan Hofstede, *Cultures and Organizations* (New York, McGraw-Hill, 2005), 371-372.
[34] 동아일보 2007.8.20.

벌한 나라로 나아가기 위해서 다문화 가정 어린이들을 잘 육성해서 세계 시민 정신을 가진 지도자로 키워야 한다고 강조했다.[35]

여기에 다문화 교육의 필요성이 제기된다. 다문화 교육은 이주민이나 학생들에 한정될 것이 아니라 전 국민의 인식 변화를 이끌어내어 사회 통합을 이루어야 한다. 이를 위해 정부는 적극적으로 다문화 사회를 위한 이민 정책과 교육정책을 발전시키고, 인권이 보호될 수 있도록 법적, 제도적 장치를 마련해야 한다.[36] 또한, 고정된 관념과 관습을 버리고 다문화를 수용하며 공유 가치를 추구, 공동체 사회 가치 구현을 위한 노력으로 사회 발전을 꾀해야 한다.[37]

그렇다면 이 시대 한국교회는 얼마나 더 주변의 이주민들을 이해하며 더불어 살려고 노력해야 하는지 가늠해 볼 수 있다. 나아가 교회가 다양한 문화를 그리스도 안에서 역동성이 있는 것으로 재창출해야 하는 임무를 자각해야 할 때이다.

---

[35] 반기문, "미래를 여는 사회 통합 교육 시행 10년, 성과와 과제", 제5회 다문화 교육 포럼, 포천반월아트홀 소극장, 2019.6.14.
[36] 서종남, 『다문화 교육』 (서울: 학지사, 2010), 48.
[37] 김용백, "다양하고 유연한 사회로 나아가야", 「국민일보」, 2018.12.26.

토의 및 적용 문제

1. 1990년대 들어와 국내에 체류 외국인이 계속 많아지고 있는 이유는 무엇인가?
2. 국제 이주는 전 지구화의 거대한 흐름이다.
   국제 이주의 요소에는 어떤 것들이 있는가?
3. 정부의 이주민 정책인 고용허가제와 이민 통합 업무(사회 통합 프로그램[KIIP], 조기 적응 프로그램, 국제결혼 안내 프로그램)를 간략히 설명해 보라.
4. 우리 사회에 미등록자(불법 체류자) 수가 늘어가고 있다. 교회는 그들을 어떻게 대해야 하는지 생각해 보자.
5. 다문화 교육의 필요성이 제기되고 있다.
   그것은 왜 중요하며 그 대상은 누가 되어야 하는가?

제5장

이주민 선교의 현황과 과제

1. 이주민 선교 현황

1) 역사

　이주 노동자 선교는 1990년 11월 중국어문선교회가 전도단을 구성해 인천항과 서울역, 남대문 등을 다니며 교포들에게 복음을 전하면서 시작되었다. 그들은 매주 월요일 CCC 회관에서 '중국 교포 초청 전도 집회'를 가졌다. 또한 중국교포선교협의회가 91년 2월 초부터 서울역 전도팀을 구성하여 주로 대중 집회, 양육 집회 형식으로 12차례에 걸쳐 시도했고, 신림동에 사랑의 집을 운영, 공동 생활을 하며 양육을 시켰다.

　1991년에는 성남에 주민교회가, 1992년 4월에는 안산선교교회가 설립되었으며, 6월에 성남에 재한외국인선교교회가 설립되었다. 같은 해 7월 희년선교회가 구로공단의 필리핀인을 중심으로 영어예배를 시작하면서 인권 상담과 의료 지원 활동 및 쉼터 사역을 시작했고, 12월에는 갈릴리교회(인명진 목사)와 외국인노동자피난처(대표 김재오)가 각기 설립되었다.

　1992년 11월 27일. 개신교 최초로 한국기독교교회협의회(NCCK)가 '한국교회외국인노동자선교위원회'를 설립해 사무실을 서울 구로구 구로동 갈릴리교회에 두었다. 그즈음 기존 노동 상담소에서도 이주 노동자들을 대상으로 상담 활동을 시작해 인권실태조사 작업을 벌였다. 이주 노동자 지원 단체가 가장 많이 설립된 때는 1994-1997년으로, 국내 기업들이 중소기업협동조합중앙회를 통해 외국인 산업기술연수생을 유입해 옴에 따라 외국인 노동자의 수가 급증한 때였다. 외국인 노동자 문제가 점차 사회적 쟁점이 되면서 1996-1997년에는 부산, 대구, 광주, 창원 등 지방 주요 도시에서도 본격적인 이주 노동자 지원 활동이 시작되었다.[1]

1994년부터는 산업연수 제도가 확대 실시되면서 외국인 노동자들의 인권 문제가 심각해졌고, 그 결과 수도권 지역에서 외국인 노동자 상담소가 많이 생겨났다. 특히 1994년 4월 성남 외국인노동자의집(소장: 김해성 목사)과 10월 안산외국인노동자센터(소장: 박천응 목사)가 설립되면서 NGO 형태의 인권 선교가 활발하게 되었다.[2]

단일 국적 대상의 선교로는 새문안교회가 1993년도에 베트남 선교를 시작한 데 이어 1996년 6월에 서울조선족교회(서경석 목사)가 창립되었고, 1997년에 몽골인 선교를 시작한 게르방교회(함덕신 목사)가 있다. 또한 1996년 서울 충현교회와 주안장로교회 그리고 2000년 명성교회 등 대형교회들도 이주 노동자 선교 활동에 나섰다. 온누리교회의 경우, 1993년 이주 노동자들의 인권 문제를 돕다가 본격적인 사역을 위해 2005년 이주 노동자 집중 지역인 안산에 센터를 세우고 이어 김포, 화성, 평택 및 남양주에도 센터를 세움으로 대표적인 이주민 선교교회가 되었다.

초창기 1990년대부터 한국교회는 주로 외국인 노동자 대상의 선교를 했고, 특히 형편이 어려운 불법 체류자들을 돕는 사회봉사 차원의 선교 사역을 했다. 그러나 지금은 외국인 노동자뿐만 아니라 결혼 이주 여성이나 다문화 가정을 넘어 외국인 유학생 혹은 외국인 지식인들까지도 선교해야 한다는 의식으로 진일보했다. 이런 이유로 이주민, 또는 이주민 선교라는

---

1 정연수, 「통전적 선교 관점에서 본 국내 이주 노동자 선교」, 장로회신학대학원 석사 학위 논문, 2007, 79.
2 박천응, "외국인 노동자 실태와 제언", 「월간 교회성장」 통권 121, 2003.7.1., 147.

개념을 가지게 되었다. 즉, 이주민 선교는 이주 노동자, 결혼 이주 여성, 유학생 등의 외국인 대상을 포함하고 있다.

2) 현황

기록에 의하면 1995년 전국적으로 40여 곳에서 이주 노동자 선교 사역을 한 것으로 되어 있다. 이듬해인 1996년에는 50여 개 정도로 늘어났다.[3] 그 후 한국기독교사회문제연구원에서 2000년 9-10월에 걸쳐 조사된 이주 노동자 지원 단체는 모두 90개이며, 2003년 11월 한국국제노동재단이 실시한 '외국인 노동자 실태 및 지원 서비스 수요 조사'에 의하면 155개로 늘어났다. 이는 시민운동단체나 개신교 외의 타 종교 단체를 포함한 숫자이다. 정노화의 논문에는 2003년 10월 개신교 주요 교단의 총 참여 교회가 96개로 표기되어 있으며[4] 5년 후인 2008년 4월 김영애의 논문에는 199개 교회로 집계되어 있다.[5]

이처럼 이주 노동자 선교 단체는 고용허가제가 시작되고 4-5년 동안 폭발적으로 늘어났다. 그 후 한국교회 희망 봉사단이 2012년 5월부터 9월에 실시한 전국단위 이주민 선교 조사 대상 교회와 관련 기관은 270여 곳이었다.[6] 이주민 선교 30주년을 맞이하면서 지금은 이주 노동자뿐 아니라 2000년대에 들어와 활발해지기 시작한 다문화 가정, 유학생, 난민 선교 그리고 다음 세대를 포함한 이주민들 270만여 명이 거주하고 있어 현재 그들을 대상으로

---

[3] 임수경, 「외국인 노동자 현황과 목회 사역의 방향」, 아세아연합신학연구원 석사 학위 논문, 1996, 102.
[4] 정노화, 「이주 노동자 선교 전략 개발: 현장과 간증을 중심으로」, 고신대학교 선교대학원 석사 학위 논문, 2004, 21.
[5] 김영애, 「이주 노동자 선교의 신학적 고찰 및 활성화 방안」, 리폼드신대원 다문화 목회학 박사 학위 논문, 2008, 87.
[6] 황홍렬 외 4인, 『이주민 선교 기초조사 보고서』(서울: 꿈꾸는터, 2013), 105-127.

하는 사역 기관은 교회와 단체를 합쳐 1천여 곳으로 추산된다.[7]

이주민들이 지속적으로 많아지면서 점차 자기들만의 공동체를 위한 조직을 갖춘 것을 본다. 1992년 필리핀을 시작으로 1993년에는 네팔, 미얀마 및 방글라데시가, 1997년에는 스리랑카 그리고 1998년에 인도네시아 등의 국가가 자체적인 조직을 갖추었다. 이들의 조직은 주로 종교 단체 중심이거나 본국의 정치 상황이 주요 동기가 되어 만들어진다. 자신들의 목소리를 내려는 언론까지 등장했다. 광주광역시에는 고려인 공동체에 나눔방송이 생긴 데 이어, 글로벌 시대 다양한 세계 문화를 즐기며 소통하는 공익채널 다문화TV까지 등장했다.[8]

특히 지역적으로 또는 언어권별 연합체가 조직되어 이주민 선교가 활발해지기 시작했다. 1993년경 최초로 인천 외국인선교협의회가 결성되었다. 2019년 12월 경북, 서부 경남, 부산에 이주민선교연합회가 있으며 호남 지역은 광주다문화교회협의회가 있다. 특히 광주에는 호남다문화연구소가 있어서 이주민 선교에 대한 학술 포럼을 열고 있다. 2016년 5월 경기 북부 지역에는 한국이주민선교협의회(한이협)가 결성되었고 거의 비슷한 시기에 열방선교네트워크가 생겼다. 언어권별 연합체로는 캄보디아, 네팔, 러시아, 태국 등이 있으며 필리핀 사역자들의 모임이 있고, 열방 무슬림을 위한 한국 교회 사역자들 60명으로 구성된 열무김치 모임(M-network)이 있다.

한편 이주 노동자들의 장기 체류 현상과 함께 주로 수도권 공단 주변에 집단 거주 현상이 나타나고 있다. 외국인 집단 거주지로는 인천광역시와 영등포구, 구로구, 금천구, 종로구, 중구, 용산구(이상 서울), 안산시, 시흥시, 포천시, 김포시, 화성시, 안성시, 평택시(이상 경기도), 아산시 (충남), 음성군, 진천군(이상 충북), 남구(부산), 거제시, 고령군, 의령군, 울주군(이상 경남), 광

7　허명호, "선교 현장이 된 대한민국", 112.
8　그동안에도 시민 참여 방송인 RTV의 <이주 노동자 세상>과 이주 노동자 인터넷 방송국(www.migrantsinkorea.net), 대구의 성서공동체, FM 라디오 방송국(www.scnfm.or.kr) 등이 있었다.

산구(광주광역시), 목포시, 영암군(이상 전남) 등이다.[9] 이런 집촌 현상의 게토 (ghetto)화는 지역 사회에서 자연히 갈등을 일으키게 되어 지역교회의 적극적인 선교적 관심이 요구되고 있다.[10] 다음은 2019년 12월 현재 초교파를 제외한 한국 교회 주요 교단의 이주민 선교 참여 교회 현황이다.[11]

〈도표 8〉 주요 교단 참여 교회 현황 (2019.12. 현재)

교단명	단체 수	교단명	단체 수
예장통합	105	성결교(기성)	33
예장합동	100	성결교(예성)	20
고신	40	백석	50
기장	23	순복음	25
감리교	50	합신	5
침례교	20	대한예수교복음교회	4
계			475

교단들의 이주민 선교 참여 현황을 조사해 본 결과, 작은 규모의 교회들은 아직 리스트에 들어가지도 못하고 있다. 몇몇 교단은 해외 파송 선교사 외에 이주민 선교 참여 교회들에 대해서는 아직 별다른 지원을 하지 못하고 있는 것으로 드러났다.[12] 하지만 갈수록 이주민 선교의 중요성이 강

---

9 구체적인 예로 광주광역시 광산구 월곡동은 '고려인마을'이라는 이름으로 고려인들이 집단 거주하면서 고려인들의 상권이 형성되어 있다. 다문화 가정 어린이를 대상으로 한 새날학교도 있다. 경기도 부천시 심곡본동에는 중국 동포들의 상권이 들어서면서 제2의 차이나타운이 형성되고 있다. 러시아인들은 인천 연수구 함박마을과 남동구 논현동에 많이 있고, 태국인들은 경기도 포천시 송우리 지역 그리고 아프리카 지역에서 온 가나, 나이지리아, 우간다, 케냐, 카메룬인들은 대부분 같은 경기도 내 동두천이나 파주 지역에 집단 거주하고 있다.
10 박천응, 『이주민 신학과 국경 없는 마을 실천』 (서울: 국경없는마을, 2006), 311-312 참조.
11 확인 결과 예장 기장 외의 교단들은 모두 대략적으로 대답했다. 예장 기장만이 참여 교회 그룹 카톡을 소유하고 있음이 확인되었다.
12 한 열악한 상황의 이주민 선교 사역자가 말하기를 큰 교단이라면 자기와 같은 처지의 사역자에게 이렇게 무심하지 않을 거라며 자신이 속한 교단의 무관심을 아쉬워했다. 그러나 이주민 선교교회는 이처럼 열악한 경우가 많고, 교단이 크다고 직접적인 도움을

조되는 가운데 현지 선교와 같이 선교사 파송 제도를 두는 교단들도 있다. 예장 합동을 시작으로 현재 고신, 성결교(기성, 예성)가 이주민 선교사 파송 제도를 도입한 상태다.

(1) 설문 조사에 나타난 이주민 선교 현황

필자가 올해(2019) 설문 조사를 실시한 97개 교회와 선교 단체 대상의 설문 결과는 다음과 같다.[13] 설문의 목적은 한국교회의 이주민 선교의 현 주소를 알아보며 더욱 효과적인 이주민 선교 전략을 모색해 보려는 취지이다(부록 4 "이주민 선교 단체 설문 조사" 참조).

<문항 1> 이주민 선교 사역 연수 (2019.1. 현재)

사역 기간	응답 수	비율	사역 기간	응답 수	비율
0 - 5년	16	16%	16 - 19년	20	21%
6 - 10년	28	29%	21 - 29년	19	20%
11 - 15년	12	12%	30년 이상	2	2%
계				97	100%

이주민 선교 사역 연수가 가장 많은 것은 10년 미만이었다. 이는 최근 10년 사이에 이주민 교회(선교 단체)들이 가장 많이 생겼다는 말이다. 반면 사역 연수 11-15년 사이가 저조한 것으로 나타난 것은 이 시기가 다문화 가정 선교와 유학생 선교가 급증한 2000년대 중반 이후이고 보면 상대

주는 경우도 별로 없는 상태이다.
13 설문에 응답한 97개 교회(선교 단체)는 올해(2019년) 1월말 기초조사보고서(2013년 조사, 2014년 3-4월 발간)에 수록된 주소들을 토대로 실시했으며, 응답자 수가 적어 한 차례 더 실시한 결과 51개를 얻었으며, 그 후 국제이주자포럼(5.28.), GMS 다민족사역 연합체(5.30.) 등에서 추가로 46개를 받은 결과이다. 이는 이주민 선교와 관계된 교회, 단체 및 기관 1,000여 곳의 10분의 1에 해당하는 수치이나 주로 교회(선교 단체)의 대표 사역자가 응답한 설문이어서 한국교회 이주민 선교 현황을 대략 알아볼 수 있는 수치이다.

적으로 이주 노동자 선교 부문이 정체되거나 감소하고, 다른 부문으로 확장하거나 전환된 것으로 추정된다. 한편 16년 이상-30년 이상이 전체의 43%를 차지함으로써 이주민 선교가 초기부터 비교적 꾸준히 진행되어 온 것을 볼 수가 있다.

<문항 2> 현재 참석 중인 외국인들의 국가, 인원 수 및 예배 참석 인원 수

외국인 재적 인원	응답 수	예배 참석 인원	응답 수	선교 대상 국가 수	응답 수
1 - 10명	10	1 - 10명	18	1 - 2개국	26
11 - 30명	21	11 - 30명	29	3 - 5개국	32
31 - 60명	24	31 - 60명	22	6 - 10개국	17
61 - 100명	21	61 - 100명	15	11개국 이상	6
101 - 199명	10	101 - 199명	8		
200명 이상	7	200명 이상	3		
계	93	계	95	계	81

예배 참석 인원 수는 11-30명이 29단체(31%)로 가장 많고, 31-60명(23%), 1-10명(19%), 61-100명(16%), 101-199명(8%) 그리고 200명 이상 3단체(3%) 순이다. 이로써 이주민 선교의 대부분이 100명 이하의 규모인 것을 볼 수가 있다. 선교 대상 국가 수는 3-5개국이 가장 많고(40%), 1-2개국(32%), 6-10개국(21%) 그리고 11개국 이상이 6개 단체(7%)이다. 이주민 선교는 이처럼 대부분 다민족 형태로 이루어지고 있다. 시작부터 다민족 형태가 이루어졌고 꾸준히 지속되어 다민족 형태가 이주민 선교의 두드러진 특징이 된 것을 본다.[14]

선교 대상 국가들은 필리핀, 베트남, 페루, 캄보디아, 네팔, 인도네시아, 인도, 태국, 몽골, 우간다, 미얀마, 스리랑카, 러시아, 카자흐스탄, 우즈베키스탄, 키르기즈스탄, 중국, 미국, 방글라데시, 파키스탄, 이집트, 알제

---

14 황홍렬 외, 『이주민 선교 기초조사 보고서』, 12 참조.

리, 에디오피아, 터키, 카메룬, 일본, 라오스, 이란, 가나, 나이지리아, 우간다, 도미니카, 남아프리카 공화국, 리베리아, 짐바브웨, 우크라이나, 콜롬비아, 도고 등 총 38개국이다.

<문항 3> 실무자 수와 자원봉사자 수

사역자*	응답 수	전임사역자	응답 수	자원봉사자	응답 수
1-2명	51	1명	47	1-5명	26
3-6명	29	2-3명	25	6-10명	25
7-10명	8	4-5명	8	11-20명	9
11-35명	3	6-10명	5	21-50명	5
36명 이상	1	11명 이상	4	51명 이상	1
계	92	계	89	계	66

* 사역자는 전임사역자와 파트사역자를 합한 숫자이다.

각 교회(선교 단체)의 전임사역자는 1명이 47 교회(선교 단체), 53%로 절대적으로 많다. 그다음이 2-3명(28%), 4-5명(9%), 6-10명(6%) 그리고 11명 이상인 경우가 4%이다. 전임사역자와 파트사역자를 포함한 경우도 전임사역자 인원 수와 크게 차이가 나지 않는다. 그러나 전임사역자가 4-5명인 중형 규모가 9%, 6명 이상인 대형 규모가 10%로 그동안 이주민 선교의 규모가 커진 것을 볼 수가 있다.

실무자(전임사역자)가 1명 혹은 2명인 교회나 선교 단체가 많은 이유는 이주민 사역을 시작한 개척교회가 많이 있다는 것을 보여 준다. 이주민 선교가 1990년대 후반부터 본격화된 것으로 볼 때 지속적으로 이주민 선교를 하던 교회들이 이주민 교회로 자리를 잡았거나 대형교회들이 참여하면서 실무자가 증가한 경우, 또는 정부의 이주민 센터를 위탁받음으로써 실무자 숫자가 늘어난 것으로 추정된다.[15] 자원봉사자는 사역의 형태에 따라 교회가 하는 경우가 많은데 사역 연수와도 관계가 있어 보인다.

---

[15] 황홍렬 외, 『이주민 선교 기초조사 보고서』, 13 참조.

<문항 4> 이주민 선교에서 참여하고 있는 해당 분야 (복수 체크 가능)

내용	단체 수	비율
이주 노동자	80	82%
결혼 이민 여성	55	57%
다문화 가정 자녀	49	51%
유학생	41	42%
난민	20	21%
계	97	

이주민 선교 참여도를 분야별로 살펴볼 때 이주 노동자(82%), 결혼 이민 여성(57%), 다문화 자녀(51%), 유학생(42%) 그리고 난민(21%) 순으로 나타났다. 초기 이주 노동자에 이어 2000년대에 들어와 시작된 결혼 이민 여성(다문화 가정) 대상의 선교는 시간이 지나면서 그들에게 자녀들이 생기고 그 숫자도 증가해 다문화 가정 자녀가 이주민 선교의 새로운 분야로 떠오른 것을 본다. 실제로 사역에서 다문화 가정과 그 어린이들을 획일적으로 한데 묶기는 어려운 점이 있다. 아울러 함께 급증하고 있는 유학생과 난민 대상의 선교 역시 이주민 선교의 새로운 분야가 되었다.

<문항 5> 사역의 형태 (복수 체크 포함)

내용	단체 수	비율
이주민 교회	32	33%
이주민 선교 기관/센터	28	29%
복합 형태(교회+선교 기관)	25	26%
이주민 기관(법인, 비영리)	22	23%
교회 부설	16	16%
독립외국인교회(외국인 사역자)	15	15%
기타	4	4%

※ 기타는 독립외국인교회(한국인 사역자), 유학생 교회, 지역 아동센터, 일반 목회라고 응답했다.

사역의 형태는 노회 가입이 가능한 이주민 교회가 28%로 가장 많고, 다음으로 이주민 선교 기관/센터(20%)와 복합 형태(교회+선교 기관, 18%) 순이다. 교회 부설은 11%로 나타났다. 참고로 이 조사의 6년 전(2013년) 기초조사보고서에 의하면 교회 부설(28%)이 가장 많았고, 이주민 기관(법인, 비영리, 17%), 복합 형태(교회+선교 기관, 16%) 그리고 이주민 교회는 10%에 불과했다.[16]

교회 부설 형태는 이주민 선교가 시간이 지나면서 점차 다양한 형태로 진행되었음을 볼 수가 있다.[17] 이는 효율적인 선교를 위해 교회가 그 특성인 모달리티에서 소달리티, 곧 선교적 구조를 계속 살려 나간 데 따른 것이다. 무엇보다 이주민 기관(법인, 비영리)이 많아진 것이 눈에 띈다. 이는 중앙정부와 지자체의 이주민 센터를 위탁하거나 정부의 지원을 받기 위해서 법인 형태로 전환한 이주민 선교 기관이 많다는 것을 보여 준다.[18] 한편 이주민 선교에서 독립적인 이주민 교회들이 많아짐에 따라 한국교회의 노회들과 어떻게 관계를 가져야 할지도 연구 과제이다.[19]

대형교회가 이주민 선교하는 경우, 단점은 아무래도 이주민들을 이방인이나 나그네로 생각해 차별할 수가 있다는 점이다. 한편 장점은 예배나 성경 공부를 할 수 있는 장소가 가능하며 장시간 선교 활동이 가능하다. 또한 다양한 프로그램이 이미 진행되고 있어서 이주민들이 적합한 프로그램에 참여하게 할 수도 있다. 영적인 돌봄뿐만 아니라 사회 복지를 운영할 수 있는 부서가 이미 있어서 이주민들을 곧바로 도와줄 수가 있는 장점도 있다.

---

16 참고로 2006년도 조사에서는 개교회가 외국인 노동자 선교부를 운영하는 경우(43%)와 외국인 독립 교회(40%)가 주를 이루었다(「암미뉴스레터」 18호, 2006.6.30, 3.).
17 황홍렬 외, 『이주민 선교 기초조사 보고서』, 7.
18 2000년대 중반 이후, 정부 기관과 기업들의 다문화 기관들에 대한 지원 조건 중 하나가 법인 형태인 경우가 많았다.
19 황홍렬 외, 『이주민 선교 기초조사 보고서』, 8.

<문항 6> 예산의 규모 (단위: 만 원)

예산 규모	교회(단체) 수	비율	예산 규모	교회(단체) 수	비율
500 미만	17	18%	3,000-4,000	7	7%
500-1,000	10	11%	4,000-5,000	7	7%
1,000-2,000	11	12%	5,000-1억	17	18%
2,000-3,000	10	11%	1억 이상	15	16%
계				94	무응답 3

연 예산의 규모는 500만 원 미만과 5,000만-1억 원이 각기 18%로 가장 많았다. 다음으로 1억 이상(16%), 1,000-2,000만 원(12%) 순이다. 500만-1,000만 원과 2,000-3,000만 원은 각기 11%인 것으로 나타났다. 또한 3,000-4,000만 원 및 4,000-5,000만 원은 각기 7%였다. 이로써 연 예산 규모의 평균은 5,000-6,000만 원 정도이다. 예산이 500만 원 미만인 경우(18%)와 1억 이상(16%)인 경우의 비율이 별 차이가 없는 것을 보면 그동안 이주민 선교를 안정되게 이끌어 온 교회와 선교 단체가 적지 않고, 작은 규모로 이제 막 시작하는 경우도 적지 않은 것을 가늠해 볼 수가 있다.

<문항 7> 재정 후원 상황 (복수 체크 가능)

후원 방식	교회(단체) 수	비율	후원 방식	교회(단체) 수	비율
개인 후원	63	65%	기업 후원	12	12%
교회 후원	70	72%	중앙 정부 지원	7	7%
노회 후원	12	12%	지자체 지원	7	7%
총회 후원	0	0%	교회헌금 (자체조달)	4	4%
계				97	100%

재정 후원은 교회 후원(72%)과 개인 후원(65%)이 가장 많다. 그다음으로 노회 후원이나 기업 후원이 각 12%이며, 중앙정부 지원과 지자체 지원이 7%이다. 외부 후원 없이 자체적으로 교회가 하는 경우는 4%에 불과하다. 결국 이주민 선교는 외부 후원에 의해 이루어지고 있음을 볼 수가 있으며

주로 교회와 관련된 후원이다. 중앙정부 지원과 지자체 지원은 <문항 5>에서 언급한 대로 그들이 이주민 센터나 다문화 기관들에 위탁하고 지원해 주는 경우이다.

<문항 8> 구성원이 다민족인 경우 사역 형태

내용	교회(단체) 수	비율
같이 모여 다국적 예배를 드린다	46	47%
국가 공동체별로 운영되고 있다	34	35%
국가 공동체별로 운영되고 있다	25	26%

다민족이 모이는 경우 사역 형태를 묻는 말에 다 같이 모여 다국적 예배를 드리는 경우가 47%로 가장 많고, 국가 공동체별로 운영되는 경우가 35%를 차지했다. 기타란에는 언어권별 예배를 포함해 25개의 다양한 응답이 나왔다.[20]

<문항 9> 다국적 예배인 경우 공통 언어

내용	단체 수	비율	내용	단체 수	비율
한국어	37	47%	영어	12	15%
한국어와 영어	23	29%	기타	7	9%
계				95	100%

※ 기타 내용은 부분적으로 통역(2단체), 언어권별로 3개 언어권(러시아어, 중국어, 영어), 한국어와 터키어, 우즈베키스탄어, 한국어로 설교와 동시통역(태국어, 중국어, 캄보디아어), 한국어와 몽골어, 언어별로 성경 공부(따갈로그어, 영어), '나라별 통역자 있음' 등이다.

---

[20] 기타 25개 내용을 보면 영어와 한국어 교육, 미얀마와 우즈베키스탄어로 순차 통역, 일반 11시 30분, 외국인 오후 4시 예배, 국가별 또는 연합, GTC(영어권)교회에는 필리핀 목회자 중심으로 필리핀인이 대부분이고 인도, 나이지리아 등 다양함, 1:1 소그룹 성경 공부와 심방, 성경 읽기와 음식 나누기 모임, 예배는 같이, 분반 공부는 나라별로, 월 1회 연합예배, 이주 여성과 자녀들을 위한 교육 프로그램 진행, 한국예배를 같이 드림, 이주 노동자 자녀들을 위한 대안학교(홈스쿨링) 등이다.

예배 시 사용 언어는 한국어(47%), 한국어와 영어(29%) 그리고 영어(15%) 순이다. 이로써 다민족 예배의 공용어는 한국어와 영어인 것을 보게 된다. 기타란에 표기된 내용도 한국어가 주 언어인 것을 볼 수가 있다. 이주민 선교 초창기에는 영어가 중요했지만, 시간이 지나면서 한국어로 바뀐 것이 눈에 띈다. 이는 2009년 사회 통합 프로그램(KIIP)이 시범적으로 실시되고부터 이주민들이 한국어 공부에 힘쓴 공로가 크다. 한국어 교육이 이주민 선교에 유용한 도구로 쓰임을 받는 것이다. 기타 7가지 형태는 각기 전문 사역자가 있어서 현지 언어를 고려한 예배 형태들이다.

<문항 10> 사역의 특성을 잘 나타내고 있는 문항 (복수 체크 가능)

내용	단체 수
예배와 성경 공부	63
외국인 리더 훈련 및 사역자 양성	43
세계 선교	41
인권, 복지 및 상담 활동	37
전문 사역자(언어 가능한 현지인 사역자나 한국인 선교사) 중심의 선교	26
사회 통합 프로그램(KIIP)을 통한 전도	21
기타	6

※ 기타는 BAM(비즈니스를 통한 선교), 세계 터키어권(터키와 중앙아시아 튀르크어권만 전담), 다문화 가정 자녀 지도, 무슬림과 성경 읽기, 취업과 구제, 현지교회 개척 사역 등이다.

사역의 특성 곧, 사역에서 강조되는 내용은 예배와 성경 공부(65%), 외국인 리더 훈련 및 사역자 양성(44%), 세계 선교(42%), 인권, 복지 및 상담 활동(38%), 전문 사역자 중심(27%) 그리고 사회 통합 프로그램(KIIP)을 통한 전도(22%) 순으로 나타났다. 이 가운데 인권, 복지 및 상담 활동이 중간 수준인 것을 볼 때, 이주민 선교의 초기와 달리 이제는 이주민 선교가 타문화권 선교로 자리매김이 되어 가고 있음을 보게 된다. 기타란 6가지 응답도 각기 의미 있는 사역의 특성들이다.

<문항 11> 현재 하고 있는 활동 (해당 사항 모두 체크)

내용	단체 수	내용	단체 수
각종 행사(체육대회, 수련회 등)	53	KIIP	23
의료 진료	49	결혼식(또는 합동 결혼식)	24
임금 체불 등 상담	44	신문, 소식지 발간	12
법률 구제 활동	39	컴퓨터 교실	6
쉼터 운영	36	집단 행동	5
이·미용 봉사	35	기타	9

※ 기타는 매주 현지 식사 제공(터키, 우즈벡), 직업 교육과 일자리 제공, 엄마와 아이들을 위한 작은 도서관 운영, 긴급 의료비 및 생계비 지원, 마을 공동체 사업, 대안학교(홈스쿨링), 영어 심리상담, 한국어 공부, BAM(Business as Mission) 등이다.

이주민 교회(선교 단체)의 활동을 묻는 말에는 각종 행사(55%), 의료진료(51%), 상담(45%), 법률 구제 활동(40%), 쉼터 운영(37%), 이·미용 봉사(36%), 결혼식(또는 합동 결혼식)(25%), KIIP(24%), 신문, 소식지 발간(12%), 컴퓨터 교실(6%), 집단 행동(5%) 순으로 나타났다. 기타란의 9가지 응답 가운데 이주민들의 필요를 채워 주며 삶의 질을 높이는 선교 활동들이 눈에 띄고 있다.

<문항 12> 사역 현장의 어려운 문제점들 (복수 체크 가능)

내용	단체 수	내용	단체 수
양육의 한계	43	성적(性的)인 문란	14
다문화 가정 문제	40	난민 신청 문제	12
귀국자 관리	20	무면허 운전, 음주, 도박 등 범죄 문제	8
회교권 선교의 어려움	19	기타	9

※ 기타는 교회의 관심 및 참여 부족, 평일 접촉의 어려움(대부분 노동자), 언어 소통 문제, 불법 신분의 문제, 전문 사역자 부족, 직장 알선, G1 비자, 비자 연장, 예배 장소 등이다.

사역 현장에서 일어나는 제반 문제점은 양육의 한계(44%), 다문화 가정 문제(40%), 귀국자 관리(20%), 회교권 선교의 어려움(19%), 성적인 문란(14%), 난민 신청 문제(12%), 무면허 운전, 음주, 도박 등 범죄 문제(8%) 순으로 나타났다. 기타란의 9가지 응답들 역시 이주민 선교의 어려움을 잘 나타내 보여 주는 항목들이다. 이주민 선교는 복음 전파뿐 아니라 그들의 삶의 문제점들에 대한 지속적인 관심과 상담이 필요한 것을 볼 수가 있다. 특히 다문화 가정 문제의 심각성을 고려해 교회가 나서서 다문화 가정의 이주 여성을 존중하는 문화를 만들어 사회에 확산시킬 수 있도록 각 교단 신학교에 다문화학을 설치하는 방안을 검토해야 할 것으로 보인다.[21]

<문항 13> 주요 행사 (복수 체크 가능)

내용	단체 수	내용	단체 수
문화 행사	49	체육대회	25
전도 집회	36	국가별 기념 행사	16
관광	31	기타	20

※ 기타 20가지는 비즈니스 사업체 사업 설명회, 노무 상담, 귀국자 심방 행사(지역별로 직접 방문해서 케어), 야유회, 다문화 가정 탐방, 심리 상담, 성탄 송년의 밤, 매주 토요일 아랍 음식 해 먹기, 설 명절 사랑 축제, 본 교회와 연합 행사, 영상 베트남 현지 가족 만남, 영상 편지와 선물 전달, 부활절 행사, 한국어 교사 양성 과정, 학업 지도, 언어 적응, 식사 제공, 문화 활동, 풋살대회, 신학교 및 대안 학교 운영, 마을 섬기기(마을 부엌, 벽화 그리기, 공동체 참여하기) 등이다.

이주민 선교교회(선교 단체)들이 현재 하고 있는 주요 행사는 문화 행사 (51%), 전도 집회(37%), 관광(32%), 체육대회(26%), 국가별 기념 행사(16%) 순으로 응답했다. 의외로 관광과 국가별 기념 행사가 많은 것이 특기 사항이다. 이주민들에게 쉼을 제공하며 그들의 국가 사랑과 관습을 이해해 주는 좋은 시도로 보이나 복음과 연결이 되지 않을 경우 자칫 풍선효과가 되기 쉬운 점을 고려해야 할 것이다. 기타란의 다양한 활동을 보면 이주민 선교가 어느새 토착화되어 가고 있음을 볼 수가 있다.

---

21 "교회, 이주 여성 존중하는 문화 조성에 힘써야", 「국민일보」, 2019.7.10.

<문항 14> 선교를 위해 개발한 프로그램

√ 일일수련회 √ 구정, 추석 수련회 √ 국가기도회 √ 이주민 전도 선교 학교 √ 새 신자 교육(다국어) √ 각국 언어로 된 일대일 양육 √ 귀국자 현지 수련회 √ BAM √ 기도회(연합) √ 성경 통독 훈련 √ 다문화 평생교육원 √ 쌀 전도 √ 다문화 학교 √ 창업 교육 √ 심리상담 √ 한국 문화 체험 √ 설·추석 고향 음식 축제 √ 선교 포럼 √ 절기 전도 집회 √ 역 파송 선교 훈련(사역자 양성 및 훈련) √ 엄마나라 언어 학교 √ 다문화 가정 요리 교실과 부부 초청 행사 √ 아버지 학교 √ 어머니학교 √ 구역예배 개척 √ 방과 후 돌봄 교실 외 √ 무슬림 선교 훈련 프로그램 √ 거리 청소하기 √ 기타 30,[22] 총 58.

그동안 이주민 선교를 위해 개발한 프로그램은 총 58개로 매우 다양하다. 다민족 형태가 많은 이주민 선교는 다양한 전략이 필요한데 어디까지나 타문화권 선교임을 기억하고 복음의 본질을 훼손하지 않으면서 선교지 상황이 고려되는 사역이어야 한다. 이를테면 복음을 유연하게 전파해야 하는 것이다. 이런 점에서 그동안 개발한 다양한 프로그램을 이주민들이 잘 적응할 수 있는 것인지를 점검해 볼 일이다. 장기적으로는 쌀 전도, 구역예배 개척 등 토착화 시도도 필요하고, 현지 언어 설교, 엄마 나라 언어 학교 등의 프로그램은 당장 시급해 보인다. 양자를 다 염두에 두며 전략적 프로그램을 개발해야 할 것이다.

<문항 15> 다민족 선교의 장점

√ 타문화에 대한 이해 √ 나라별 선교(복음)에 대한 이해 √ 다양한 민족을 선교할 수 있음 √ 협업(서로 돕는 활동을 하면서 교회 공동체를 세워 나감): 역동성(시너지) √ 사회 통합에 유익 √ 열방 선교를 위한 기도 √ 한국에서 미전도 종족 선교 가능 √ 교회의 체질 개선(다문화 시대 모델 가능) √ 한국 성도들의 인식 전환 √ 열린

---

22 기타 30개 프로그램을 열거하면 결혼 이민자 고향마을에 자원봉사 미션 트립, 각국 전통놀이 경연, 귀화자 선교대회 (캄보디아), 해외 선교사들과 국내이주사역자 네트워크 (GMS 메콩강지역 선교부-2018.6. MOU 체결), 주말학교, 공예교실, 다문화가정 요리 교실과 부부 초청행사, 주일예배 후 축구경기, SAT를 활용한 미국 검정고시 참여가능, 이주 노동자 소개와 안내로 베트남 현지 아동들 일대일 자매결혼 후원사역, 엄마나라 언어 학교, 교우중심 가정 심방 전도, 외국인 선교를 담당할 내국인 성도와 훈련, 지역교회 방문, 4개국 언어로 성경 읽기, 영어, 중국어 찬양 배우기, 선교사 파송과 협력, 작은 일터, 다문화교육 공동체, 아열대 채소 농장 운영, 해외 한국어학원 설립, 원예 치료를 통한 선교, 온라인 양육, 기숙사 양육, HUG festival, CCM(City Campus Mission) 등이다.

마음(세계화) √ 복음의 접촉점이 많음 √ 교회의 본질 회복 √ 다양성 √ 각 나라의 문화를 배울 수 있음 √ KIIP와 교육을 통한 선교 √ 회교권 접근 용이 √ 국내에서 선교의 자유 √ 한국어로 선교 가능 √ 현지인 교회 개척 √ 기타 43,[23] 총 62.

응답자들은 단일 국적이 아닌 다민족 선교의 장점을 매우 다양하게 제시했다. 특히 주목되는 것으로 회교권 접근 용이, 지교회 개척 수월, KIIP 교육을 통한 한국어 선교, 다양한 민족을 선교할 수 있음, 세계 선교에 효율적, 각 나라의 문화를 배울 수 있음 등이다. 이 중에 회교권 접근 용이 하나만 본다고 해도 세계 선교에 있어 이주민 선교가 전략적으로 얼마나 중요한 위치에 있음을 보게 된다. 다민족 선교의 장점은 무엇보다 거기에 역동성과 시너지 효과가 있다는 점이다.

<문항 16> 다민족 선교의 경우 어려운 점

내용	단체 수	비율	내용	단체 수	비율
재정 부족	20	27%	무슬림 전도의 어려움	3	4%
언어와 문화 차이 한계	15	21%	통일성, 연합성 추구하기에 시간이 많이 걸림	2	3%
전문 사역자 부족	12	16%	삶의 가치관 차이	2	3%
동역자, 봉사자 찾기 어려움	7	10%	기타	7	10%
지역교회의 무관심	5	7%	계	73	100%

---

[23] 기타 43개 응답을 보면 교육 선교(몽골학교 설립 및 운영을 통한 현지 교육 선교), 적은 비용으로 문제를 도와주며 쉽게 접촉이 가능, 공동체 생활, 지역교회와 연결, 현지인 지도자 훈련 및 파송, 한국어 학교, 문화 행사, 다민족 통합 지수, 하나님의 선교를 이해함, 교회의 본질 이해, 다국적의 많은 인원 참여로 예배의 활성화, 소수의 다민족이 좋음, 많은 나라의 선교 인원 확보, 현지인 지도자 신학 훈련을 통해 파송, 경제적, 전략적 선교(현지인 파송), 순수성, 서로 격려됨, 저비용 고효율 선교, 기독교에 대한 경계 완화, 지역교회와의 연대, 회교권 접근 용이, 현지교회 개척 수월, 한국어로 선교 가능, 본인들이 찾아옴, KIIP와 교육을 통한 선교, 각 나라의 문화를 배울 수 있음, 이주민 자녀 돌봄, 유학생 선교, 시대적 변화 적응, 세계 선교에 효율적, 선교의 확장성, 현지 원주민 대상 2세 교육(선교사 파송), 다양한 민족을 선교할 수 있음 등이다.

※ 기타 내용은 성경 공부 교재, 서로 다른 종교 배경으로 인해 음식 준비 어려움, 파송 시 후원 발굴, 목회자 선정, 현지인 사역자 양성의 어려움(비자 문제, 경제적 문제), 예배 효율성이 떨어짐(많은 비용), 갑작스러운 보호 요청 등이다.

한편 다민족 선교의 단점으로 먼저 재정 부족(27%)을 꼽았으며 언어와 문화 차이 한계 (21%), 전문 사역자 부족(16%), 동역자와 봉사자 찾기 어려움(10%), 지역교회의 무관심 (7%), 회교권 선교의 어려움(4%), 통일성, 연합성 추구하기에 시간이 많이 걸림(3%), 삶의 가치관 차이(3%) 등으로 나타났다. 기타란 항목도 각기 절실한 문제점들이다.

다민족 선교에 있어 재정 문제가 있고 통일성, 연합성 추구에 시간이 많이 걸린다는 응답은 서로 연속성이 있다. 전자의 경우, 언어 문제를 비롯해 다민족 선교가 갖는 문제점일 수 있으나 시간이 지나면서 다양성이 살아난 암미선교회의 경우처럼 하나의 과정으로 이해할 필요가 있다. 후자의 경우도 교회의 특징인 통일성과 다양성을 잘 이해할 필요가 있다. 교회가 단번에 세워지는 것이 아니라 계속 세워져 가는 것처럼 다민족 간 연합도 일정 기간에 되는 것이 아니라 계속 세워져 가는 것이기 때문이다.

<문항 17> 현재 이주민 선교가 당면하고 있는 가장 큰 문제점 3가지 (복수 체크)

내용	단체 수	비율	내용	단체 수	비율
전문 사역자 부족	76	78%	이주민 선교 신학의 정립	17	18%
이주민 선교의 인식 부족	68	70%	물량 선교가 되는 점	12	12%
협력(연합) 선교의 부족	47	48%	기타	6	6%

※ 기타 내용은 영적 준비와 사명감 있는 지도자 양성 시급(2), 이주민 교회 간의 경쟁과 비협력, 난립, 타 종교에 대한 배려 부족, 현지인 지도자 훈련 부실, 실천하는 교회 부재, 이주민 선교 기관의 재정적 자립 문제 등이다.

현재 이주민 선교가 당면하고 있는 문제점은 전문 사역자 부족(78%), 이주민 선교의 인식 부족(70%), 협력(또는 연합) 선교의 부족(48%), 이주민 선교 신학의 정립(18%), 물량 선교가 되는 점(12%) 순으로 나타났다. 각기 한국교회의 이주민 선교의 중요 과제들이다. 마지막 응답인 물량 선교 문제도 주시할 필요가 있다. 물량 선교가 되는 주된 이유는 일차적으로 선교의 내용이 빈곤하거나 전략이 없는 경우이다. 또한 많은 지역교회가 선교의 장애 요인으로 재정의 부족을 꼽는데, 그것은 돈이 있어야 선교를 할 수 있다는 생각으로 자칫 선교를 '돈 선교'(Money Mission)로 몰고 갈 위험이 있다.[24] 기타란의 '타 종교에 대한 배려 부족'은 선교에서 타 종교에 대한 이해 부족의 문제점을 말하는 것인지 혹은 다원주의 시각인지 분명치가 않다. 만일 후자라면 진정한 선교라고 말하기 어렵다.

<문항 18> 협력 선교나 연합 운동이 필요하다고 생각되는 부분 2가지

내용	단체 수
귀국자에게 현지 교회나 선교사를 연결하는 문제	59
다양한 정보	38
외국인들의 복지 및 인권 문제	33
기타	10

※ 기타 내용은 지역교회와의 협력, 지역별 이주민 교회 사역자 연합기도회, 실천 가능한 양육 프로그램, 선교센터 같은 구심점이 되는 사역 지원 센터 필요, 이주민 선교 신학 세미나, 전도 자료 공유, 이주민 선교 전문 사역자 양성 기관 필요, 난민들에 대한 사회 통합 과정(교육, 문화 적응 등) 필요, 교회의 인적 자원 찾아 협력하기, 교회가 연합하여 현지인 지도자를 훈련해 국내 이주민 사역의 핵심 사역으로 전환 필요 등이다.

협력 선교나 연합 운동이 필요하다고 생각되는 분야는 귀국자에게 현지 교회나 선교사들을 연결하는 문제(61%), 다양한 정보(39%), 외국인들의 복지 및 인권 문제(34%) 순이다. 기타란의 내용 중에 지역교회와의 협력 문제를 가장 많이 언급한 것 역시 중요 이슈이다. 이주민 선교는 지역교회와 협력 없이 불가능하기 때문이다. 지역교회는 해외 현지 선교뿐 아니라 이주민 선교 역시 그 모판이 된다. 기타란에 나오는 지역별 이주민 교회 사

---

24 돈 선교의 문제점은 전호진, 『한국교회 선교: 과거의 유산, 미래의 방향』 (서울: 성광문화사, 1993), 184-193을 참조할 것.

역자 연합기도회는 그래서 절실한 문제이다. 제각기의 선교가 아니라 한마음으로 하나님의 나라를 위해 수고하며 서로 격려할 때 더 성숙한 선교가 이루어질 것이다.

(2) 설문 조사 결과 분석

- 설문에 응답한 이주민 선교교회(단체)의 사역 연수 평균치는 대략 15년 정도이며 선교 대상 국가들은 총 38개국으로 나타났다(문항 1, 2).
- 사역의 대상 국가는 단일 국가보다 다국적(다민족) 형태가 압도적으로 많은 것으로 나타나 다민족 형태가 이주민 선교의 중요한 특징임을 볼 수가 있다(문항 2).

- 전임사역자는 주로 1명이 많은데 4명 이상도 적지 않아 그동안 이주민 선교의 규모가 커진 것을 볼 수가 있다(문항 3).
- 초창기 이주민 선교는 이주 노동자가 그 대상이었으나 2000년대 다문화 가정이 등장한 데 이어 다문화 가정 자녀, 유학생 및 난민까지 확대된 것을 본다(문항 4).
- 사역의 형태는 교회 부설보다 이주민 교회(노회 가입 가능)나 기관/센터가 많은 것으로 나타났다. 교회와 이주민 선교 기관을 동시에 운영하는 교회들이 많은 점도 눈에 띈다(문항 5).
- 예산의 규모는 교회 부설인 경우보다 이주민 독립 교회나 기관/센터인 경우가 큰 것으로 나타났다(문항 6).
- 재정 후원은 주로 교회 후원이나 개인 후원이며 노회나 기업 후원 그리고 중앙정부나 지자체 지원도 있는 것으로 나타났다(문항 7).
- 다민족이 함께 예배를 드리는 경우 공통적인 언어는 '한국어-한국어와 영어-영어' 순으로 나타났다(문항 9).
- 이주민 선교의 사역 형태는 예배와 성경 공부, 외국인 리더 훈련 및

사역자 양성, 세계 선교, 인권, 복지 및 상담 활동, 전문 사역자 중심 (언어 가능한) 그리고 사회 통합 프로그램(KIIP)을 통한 전도 등으로 다양하다. 각 교회(선교 단체)에 어떤 형태가 적합할지, 또한 어떻게 총체적인 선교로 발전해 갈 수 있는지 연구가 필요하다(문항 10).

- 사역 현장에서 일어나는 어려운 문제로 양육의 한계와 다문화 가정 문제가 가장 큰 것으로 나타났다(문항 12). 전자는 전문 사역자 부족 문제에 해당되며, 다문화 가정의 경우 그 구성원, 특히 그들의 자녀들이 우리 사회에서 복합적인 어려움 가운데 처해 있기 때문이다.
- 그동안 이주민 선교가 특별히 개발한 프로그램이 58가지나 되나 효과적인 전략을 위한 연구가 필요한 것으로 드러났다(문항 14, 18).
- 다국적 선교의 장점(62개)이 단점(15개)을 크게 앞지르고 있는 것으로 나타나 이에 대한 연구가 필요한 것으로 드러났다(문항 15, 16).
- 현재 이주민 선교의 최대 당면 과제는 전문 사역자 부족, 이주민 선교의 인식 부족 및 협력(또는 연합) 선교의 부족 순으로 드러났다(문항 17).

이상의 연구 결과들에 근거하여 필자는 다음의 핵심적인 결론들을 제시한다.

첫째, 이주민 선교가 햇수를 거듭하면서 대상 국가나 전임사역자가 많이 늘어났는데 사역의 대상 국가가 주로 다국적(다민족) 형태여서 이에 대한 연구가 필요하다.

둘째, 초창기 선교는 이주 노동자가 대상이었고 그 후(2000년대) 다문화 가정이었는데 이제는 다문화 가정 자녀, 유학생 및 난민까지 확대된 이주민 선교 개념 이해가 요구된다.

셋째, 사역의 형태가 교회 부설보다 이주민 교회나 기관(또는 센터)이 많아 각 교회(선교 단체)에 어떤 형태가 적합할지, 또 어떻게 총체적인 선교로 발전해 갈 수 있는지 연구가 필요하다.

넷째, 독립된 이주민 교회나 기관(또는 센터) 형태가 교회 부설보다 많으나 재정 후원은 주로 교회 후원이나 개인 후원에 의존하고 있어 재정적 어려움을 상상할 수 있다.

다섯째, 그동안 이주민 선교가 개발한 프로그램이 58가지나 되고 있어 효과적인 전략을 위한 연구 분석이 필요하다.

(3) 다민족 선교 현황

여기서 이주민 선교의 두드러진 특징이 되는 다민족 선교의 현황을 살펴보기로 하자. 이미 다문화 사회가 되어 있는 미국에서 다문화, 다민족 운동의 선봉에 있는 리더들은 모든 교회가 다민족, 다문화 사역으로 가야 한다고 주장한다.[25] 국내 이주민들의 형태 역시 이주 노동자, 다문화 가정, 유학생, 난민 등으로 세분화되면서 자연스레 모자이크 모습의 다민족교회가 되어 가고 있다.[26] 다민족 선교 현황은 먼저 국내외 다민족교회의 사례를 살펴보고, 필자가 섬기는 암미선교회가 어떻게 다민족교회가 되었는지 분석해 봄으로 부분적으로나마 그 현황을 살펴보기로 한다.

① 국내외 다민족교회의 예

다민족 선교 현황을 알려고 하면 실제로 우리가 다민족교회를 자세히 들여다보는 시도가 필요하다. 거기서 다양한 양상의 다민족교회의 모습을 볼 수가 있고 아울러 공통점을 찾아볼 수 있기 때문이다. 여기에 소개되는 국내외 다민족교회의 다섯 가지 사례를 설명하자면 두 개 교회는 국내에, 다른 한 교회는 미국에 소재한 디아스포라 한인교회 그리고 나머지 두 개 교회는 각기 미국과 영국의 다민족교회이다.

---

[25] Chandler Im, Billy Graham Institute 재인용.
[26] 다민족교회는 단일 민족이 교회 구성원의 80% 이상을 차지하지 않는 교회를 말한다(프랜시스 챈, 프레스턴 스프링클, 『지옥은 없다?』, 이상준 역 [서울: 두란노서원, 2011], 130).

㉮ 양주 빛오름선교교회[27]

빛오름선교교회는 이형노 목사가 2006년 2월 경기도 양주시 광적면 가납리에서 자신과 사모 단 2명으로 내국인 사역을 개척한 후, 2009년 1월부터 이주 노동자들 중심의 다문화 선교교회로 사역의 방향을 전환했다. 현재 네팔을 포함한 16개국 대상의 이주민(이주 노동자와 다문화 가정) 선교가 이루어지고 있다. 시작부터 외국인들을 위한 한글학교를 시작했으며 후에는 사회 통합 프로그램(KIIP) 참여자 100여 명과 관계를 가지며 선교의 접촉점을 찾고 있다. 예컨대, 30-40분 간식 시간을 예배실에서 가지며 한국 노래를 가르치는 시간으로 삼아 목사가 그들과 밀접한 관계를 가지는 전략이다.

외국인 선교를 지향하고 있으나 국내교회와 똑같이 주일예배, 수요예배, 금요기도회, 새벽기도회, 성경 공부 등 내국인 사역을 하고 있다. 내국인은 주일 출석 교인이 50여 명으로 이들이 이주민들을 섬기도록 하게 하고 있다. 그들은 이방인 선교사라는 마인드를 가지고 빛오름네팔교회, 빛오름베트남교회, 빛오름캄보디아교회 등 국가별 공동체의 섬김이로 봉사하고 있다.

다음은 빛오름선교교회가 중점적으로 하는 사역 프로그램이다.

> 한국어 및 한국 문화교육(사회 통합 프로그램), 의료서비스 및 이·미용 서비스, 한국의 산하 체험(봄, 여름, 가을) 및 한국 문화 체험 행사, 한마음 체육대회(현재 10회까지 진행), 국가별 커뮤니티 구성 지원 실시, 무료 쉼터 운영, 다문화 음식 축제 행사, 취약 계층 다문화 이주민 돕기(생계형 창업 지원 등), 출입국 및 기타 비자 관련 고충 상담, 체불 임금 및 산업 현장에서의 갈등 문제 상담, 추수감사절 축제, 성탄절 이브 축제, 국가별 친구 초청 잔치(예, 네팔의 날 등), 국가별 현지 목사님 초청 부흥회 개최 등

---

[27] 빛오름선교교회 이형노 목사 인터뷰, 2020.6.10.

빛오름선교교회는 이처럼 한국인 목회를 기본적으로 하면서, 어디까지나 그들이 이주민들을 섬기도록 하는 선교교회이다. 또한 각 나라 공동체를 세워 가면서 한편으로 다민족 선교공동체로서 하나가 되어 가는 것을 지향하고 있다. 특히 추수감사절에 갖는 다문화 음식 축제가 아주 성대한 것이 특징인데 그 자리에 양주시장이나 국회의원까지 방문하고 있다.

④ 울산 시티센터교회[28]

시티센터교회(City Center Church)는 신치헌 목사가 2019년 1월부터 울산의 도시 한복판에서 울산과 열방을 위한 선교 센터의 사명을 가지고 교회를 개척함으로 시작되었다. 신 목사는 이 교회가 최초의 다문화, 다인종, 다언어 신앙 공동체였던 안디옥교회(행 11:19-26)처럼 쓰임 받기를 꿈꾸며 '소속하기, 믿기, 축복하기'(Belonging, Believing, Blessing)라는 세 개의 비전을 가지고 다문화(multicultural) 선교 공동체를 세워 가고 있다.

신 목사는 국가, 인종, 언어, 피부색, 성별, 직업 등이 서로 다르기 때문에 불편한 점도 있지만, 다양성 속의 일치(unity in diversity)를 이루는 모습이 하나님 나라의 모습일 것으로 생각하고 있다. 사람들은 이 교회를 '외국인교회' 또는 '이주민 교회'라고 생각할지 모르나 사실은 그렇지 않다. '한국인과 이주민 모두가 함께하는 그리스도인의 교회'가 정확한 표현이다. 유대인도 헬라인도 아닌 '그리스도인'의 공동체였던 안디옥교회처럼 말이다.

2019년 12월 한국, 필리핀, 미국, 캐나다, 남아공, 뉴질랜드, 방글라데시 등 7개국에서 온 성인들과 자녀들을 포함해 매주 50-60명이 모여 예배를 드리고 있다. 주일예배는 영어와 한국어를 사용하고, 주중에는 언어권별로 성경을 공부하고 삶을 나누는 라이프그룹(life group) 모임을 통해 누구

---

[28] 「기독교보」 송년특집 3 (2019.12.28.) 및 울산시티센터교회 신치헌 목사 인터뷰, 2020.6.11.

나 소속될 수 있는 다문화 공동체를 세워 가고 있다. 더디더라도 함께 가는 '더함' 공동체를 지향하고 있다.

시티센터교회는 울산에 들어와 있는 열방인 2만여 명의 외국인을 섬기는 선교적(missional) 공동체이다. 한국인은 선교의 주체이고 외국인들은 선교의 대상이 아니라, 한국인이나 외국인이나 구별 없이 함께 선교의 주체로 울산 복음화와 세계 선교를 목표로 하고 있다. 그래서 시티센터교회는 봉사자들이 아닌 참된 예배자들을 찾고 있다. 또 모이기에만 힘쓰는 교회가 아니라, 흩어져 울산의 각 지역과 영역 속에서 선교적 삶을 살아감으로써 세상을 축복하는(blessing) 선교 공동체를 지향하고 있다. 전형적인 다민족교회의 케이스다.

㉰ 필라안디옥교회[29]

필라안디옥교회는 호성기 목사가 1993년 미국 필라델피아에서 한인 이민 가정을 대상으로 개척하면서 시작되었다. 교회의 핵심 목회 철학을 '모든 세대, 다양한 민족이 함께하는 예배'에 두고 '지금 여기서'(here & now)와 '세대를 잇는 선교'(generation to generation)이다. 호 목사는 교회의 존재 이유를 영혼을 구령하고 복음을 전하는 선교에 있다고 보고 교회는 오직 예수 사랑으로 세대와 성별, 종족을 초월해 하나가 되는, 예수 안에서 하나가 되는 'OICC'(One In Christ Church)가 되어야 한다고 주장한다.

이런 목회 철학에 따라 주일대예배인 OICC 가족예배 때는 어린이부터 장년까지 한국인, 미국인, 히스패닉 등이 한자리에 모인다. 자녀들을 위한 5분 영어 설교 후 교회학교 학생들과 히스패닉 성도들은 각각 자신의 예배 처소로 이동한다. 필라안디옥교회는 지교회로 영어권 성도가 모이는 안디옥영어교회, 히스패닉 성도들이 모이는 안디옥스패니시교회, 다민족

---

[29] "인종, 세대 초월 '예수 안에서 하나' 되는 교회" (16), 필라안디옥교회, 「국민일보」 2020.6.16, 34.

을 대상으로 전도해 개척한 안디옥올네이션스교회, 20-30대 청년과 직장인 및 젊은 부부를 대상으로 하는 안디옥시티교회를 두고 있다.

필라안디옥교회는 98년 평신도와 목회자 전문인 선교 훈련 및 파송 단체로 세계전문인선교회(Professionals for Global Missions, PGM)를 설립했다. 전 세계에 흩어진 한인 디아스포라를 전문인 선교사로 동원, 양육, 훈련해 복음의 증인으로 살도록 하기 위해서다. 현재 28개국 242명의 전문인 선교사가 파송되어 있다.

호 목사는 선교하면 아프리카나 오지 선교를 먼저 떠올리는데 절대 그렇지 않고 선교는 "여기, 지금부터 해야 한다. 집을 나서는 순간부터 선교지가 되며, 삶이 선교가 되어야 한다"고 주장한다. 또한 목회자가 쉽게 들어갈 수 없는 창의적 접근 지역이나 이민자가 많은 국가나 도시에 목회자가 아닌 평신도가 선교 과업을 완수할 주체이며 그래서 교회는 평신도를 발굴·훈련·파송하는 데 집중해야 한다고 강조한다.

㉔ 브라이어우드장로교회[30]

브라이어우드장로교회는 1960년 미국 앨라배마주 버밍햄에서 설립되었다. 브라이어우드교회는 특히 버밍햄에 이주해 온 외국인들에 대한 사역에 매우 적극적이다. 브라이어우드교회 내에 외국인선교회(Briarwood International Out-reach)를 통해 다음과 같은 비전을 가지고 외국인 사역을 하고 있다.

> 버밍햄 지역에 임시로 또는 영구적으로 사는 타국에서 온 사람들이 그리스도를 알게 할 수 있도록 하기 위해 버밍햄에 있는 외국인들과 친구가 되고 그들을 전도하고 제자 삼고 구비시킨다. 그리고 버밍햄 지역에 있는 다

---

30 이순홍, 『지교회의 자국 내 외국인 선교 전략』(파주: 한국학술정보, 2009), 179-201 참조.

른 교회들로 외국인 사역을 확장시켜 가도록 한다.

그리고 외국인 사역을 통해 크게 4가지 목적을 이루고자 한다.

첫째, 외국인 학생들과 친구가 되고, 그들을 전도하고, 제자 삼고, 구비시킨다.
둘째, 다른 교회들을 통해 외국인 공동체를 위한 사역을 증가시킨다.
셋째, 버밍햄에 있는 신자들을 외국인들에게 나아갈 수 있도록 동력화시킨다.
넷째, 외국인들이 모국어로 예배드리고 훈련받을 수 있도록 촉진한다.

브라이어우드교회의 외국인 사역은 1979년에 시작되었으며 한 무리의 캄보디아 난민들이 정착했을 때 여러 지역교회와 함께 그들을 도운 것이 계기가 되었다. 교회 자원봉사자들이 집과 직장을 마련해 주며 그들에게 영어를 가르쳐 주고, 쉬운 영어로 가르치는 외국인 주일 모임을 만들어 주변의 다른 캄보디아인들을 초청하였다. 자원봉사자들은 어른과 어린이들에게 여러 가지 시청각 도구들을 사용하여 말씀을 전했고, 점차 한국과 일본에서 온 다른 외국인들도 참석하였다.

앨라배마버밍햄대학교(UAB)에서 주일 모임에 참석하는 유학생들을 위해 차량 운행을 시작했고, 참석자가 점차 늘어나 다른 언어와 문화를 가진 16개 다른 나라에서 온 80여 명이 참석하게 되었다. 특히 참석자들을 언어와 문화에 따라 그룹 짓지 않고 미혼자 그룹, 젊은 부부 그룹, 자녀들이 있는 부부 그룹, 나이가 든 사람 그룹 등으로 그룹을 지었다. 그리고 외국인 주일 모임에서 훈련을 받고 사역자가 되어 모국에 파송을 받는 일을 했다.

또한 외국인 학생 사역을 위해 앨라배마버밍햄대학교 근처에 아파트 한 채를 임대하여 파티도 하고, 주일 저녁에 식탁 교제를 하고, 특별 강사를 초청해서 모임도 가진다. 주말에는 가끔 수련회를 가는데 이러한 활동을 통해 많은 외국인이 그리스도를 영접하고 세례를 받았다. 브라이어우드 외국인 선교회는 현재 총 5명의 스태프와 20여 명의 자원봉사자가 섬기고 있다.

모국어 예배 공동체 브라이어우드교회 안에는 일본어, 한국어 그리고 스페인어를 사용하는 세 개의 모국어 예배 공동체가 있으며, 각 예배를 담당하는 목회자들이 있다. 각 예배 공동체는 각각 하나의 교회와 같은 기능을 하고 있다. 예를 들어 한인 공동체의 경우 '브라이어우드한인교회'로 명명하여 주일낮예배, 주일 장년 성경 공부, 화요 캠퍼스 성경 공부, 새벽 기도회, 찬양대, 어린이 교회학교, 중고등부 예배, 금요 제자반 그리고 한글학교 등을 운영하고 있다. 기능적으로는 독립된 교회 같지만, 모국어 예배 공동체의 헌금과 예산, 사역자 사례비 등은 브라이어우드교회에서 통합적으로 관리 지급된다.

브라이어우드교회는 월요일 오전과 수요일 저녁에 ESL(English as a Second Language Classes) 곧 외국인 영어 교육 프로그램을 가진다. 스낵과 음료수가 무료로 제공되며, 아이들이 함께 올 경우 무료로 돌봐 준다. 프로그램 안에는 짧은 성경 공부가 포함되어 있다. 영어 공부인 ESL 사역은 교실 안에서만 이루어지지 않는다. 교사들은 학생들의 교실 밖에서의 삶에 대해서도 관심을 갖고, 때로는 교사가 학생들을 집으로 초대해 식사를 하기도 한다.

브라이어우드교회는 본 예배와는 별도로 영어가 모국어가 아닌 외국인들을 위한 외국인 주일 모임을 운영하고 있다. 이 모임 안에서 외국인들은 영어로 찬양하고 교제하며, 성경 공부에 참여한다. 이 모임은 ESL에 참석하는 외국인 중 신자들을 교회로 인도하여 바른 신앙 생활을 하게 할 뿐만 아니라 불신자들이 그리스도를 만나고 성장할 수 있도록 돕는다. 주변 앨라배마버밍햄대학교와 협력하여 외국 유학생들을 교회 성도 가정으로 초대하고, 교제를 나누는 프로그램도 있다. 이런 프로그램을 통해 서로의 문화를 배우기도 하고, 자연스럽게 교회 소개가 되고 복음을 전할 기회도 얻게 된다.

특별 행사로는 여름철에 단체로 해변 리트릿을 가고, 호숫가로 피크닉을 가기도 하고, 수영장 또는 테니스 코트에서 함께 운동을 하기도 한다. 또한 크리스마스 파티와 때때로 금요일 저녁 식사 파티, 주말 야외 파티 등도 가진다. 또한 인터내셔널자료센터(International Resource Center)를 운영하여 영어와 모국어로 된 성경, 신앙 서적, 비디오테이프 등을 구비하고 있다. 외국인들이 쇼핑을 하거나 공항을 가야 할 때, 집을 이사할 때에 차량 지원을 해 주기도 한다.

㉮ 사우스홀침례교회[31]

영국은 과거 수많은 선교사를 세계에 파송하며 세계 선교를 주도하던 나라였다. 그러나 지금 영국은 많은 교회가 문을 닫고, 교회 건물이 팔려서 카페, 주점, 클럽, 심지어 이슬람교 사원으로 변해 버린 경우가 허다하다. 영국교회가 이렇게 힘을 잃어 가는 동안 세계 각국으로부터 이주민들이 영국에 들어왔고 기독교 강대국이었던 영국은 세계 각국에서 들어온 다양한 종교의 전시장과 같이 되어 버렸다.

영국 안에서도 특히 이러한 세계 종교들이 서로 힘겨루기를 하는 각축장과 같은 곳이 있다. 런던 서부에 위치한 사우스홀(Southall)이라는 곳이다. 사우스홀은 지역 인구의 90% 이상이 인도, 파키스탄, 소말리아, 중동, 미얀마 등의 60여 개국에서 온 이주민들로 구성된 다민족, 다종교 지역이다.

사우스홀침례교회(Southall Baptist Church)는 이러한 사우스홀에 위치한 다국적, 다민족교회이다. 사우스홀침례교회는 사우스홀 지역의 이주민들이 세운 다양한 종교 사원들에 둘러싸여 있다. 세계에서 두 번째로 큰 시크교 사원을 포함하여 이슬람교의 모스크, 힌두교 사원, 불교 포교원 들이 사우스홀침례교회 주변에 자리 잡고 있다. 지난 30년간 사우스홀침례교회

---

[31] 영국 사우스홀침례교회 자료는 그곳에서 직접 1년 반 동안 선교 영어를 훈련받은 이원기 전도사(현 암미선교회 전임사역자)의 증언과 그 교회의 홈피를 참조했다.

는 이러한 지역적 환경 속에서 다양한 종교 배경을 가진 이주민들에게 복음을 전하는 사역을 감당하고 있다.

1894년, 처음 설립되었을 때 사우스홀침례교회는 일반적인 영국인 교회였다. 하지만 시간이 흐르며 사우스홀 지역에 이주민들이 점점 늘어 갔고, 현재 담임목사인 보이드 윌리엄스 목사(Pastor Boyd Williams) 부임 이후 이러한 지역 환경에 맞춰 사우스홀침례교회를 다국적 선교교회로 바꾸어 갔다. 이러한 변화를 시도했던 초기에는 영국인 교인들이 이에 반대하고 불편하게 여겨 교회를 옮기는 일들도 있었다. 하지만 브라질 선교사 출신이었던 보이드 목사는 다국적 선교의 비전을 가지고 영어 어학원과 선교사 교육 과정을 시작하는 등 더 많은 외국인이 사우스홀침례교회에 올 수 있도록 교회를 바꾸어 갔다.

이러한 변화 속에서 사우스홀침례교회는 점점 외국인 성도의 수가 늘어 갔고, 반대로 영국인 성도 수는 줄어 갔다. 그래서 현재 사우스홀침례교회는 소수의 영국인과 20여 개국 국가에서 온 다양한 국적의 성도들이 함께 모여 예배하고 있다. 사우스홀침례교회의 외국인 성도들은 그 지역에 정착한 이주민부터 유학생, 선교사 훈련생 등 그 구성이 다양하다. 출신 국가도 인도, 파키스탄, 한국 등의 아시아계와 브라질, 아르헨티나, 베네수엘라 등의 남미, 헝가리, 프랑스, 스페인 등의 유럽 그리고 케냐, 나이지리아, 가나 등의 아프리카와 미국까지 다양한 국적의 구성을 이루고 있다.

예배는 주일 오전 11시에 영어로 진행되며, 오후에는 한국인 그룹, 스리랑카 그룹 등이 자국어로 드리는 예배 모임이 있다. 또 저녁 6시에는 영어, 우르두어, 힌디어로 하는 교회학교 예배가 있다. 교회의 사역자는 담임목사 외에 한국인 선교사와 미국인 선교사가 협력 목사로 사역을 하고 있다. 교회 사역은 교회 안의 예배와 모임에만 국한되지 않고 가정방문 전도, 노방전도, 노숙자 전도 및 제자훈련 등 교회 밖 지역 사회에서도 지속적으로 이루어지고 있다. 한국교회의 구역처럼 가까운 곳에 사는 성도끼리 셀을 이루어 주중 저녁 시간에 모임을 갖기도 한다. 셀 리더 또한 영국인, 이주민 가리지 않고 국적에 상관없이 신앙적 역량에 따라 세워진다.

주중에 교회 건물에서는 영어 어학 과정과 선교사 교육 과정이 진행된다. 어학 과정의 학생은 단순히 영어를 배우고 싶어 온 유학생뿐만 아니라 해외 선교를 위해 영어를 공부하러 온 선교사, 목회자도 있다. 다른 한편으로는 영주권, 비자 등을 목적으로 영어를 공부하는 장기 체류 이주민들도 있다. 특히 영주권, 비자를 목적으로 어학원에 온 이주민들은 소말리아 등 아프리카에서 온 무슬림 난민이 많다. 그래서 한 반 안에 기독교인, 무슬림, 힌두교도, 기독교 선교사까지 함께 공부하는 독특한 환경이 조성된다.

사우스홀침례교회는 이러한 어학 과정의 특별한 환경을 통해서 무슬림과 힌두교 학생들에게 복음이 전해질 수 있도록 기도하며 노력하고 있다. 예를 들어 영어 향상을 위한 연습을 이유로 들어 주일예배나 셀 모임에 초청하거나, 소그룹이나 일대일 영어 성경 공부를 하자고 권하기도 한다. 이러한 노력을 통해 예수를 믿지 않았던 학생들이 영어를 배우러 왔다가 교회에 출석하게 되고 예수님을 영접하게 되는 열매들이 나오고 있다.

사우스홀침례교회는 영국교회도 아니고, 이주민 교회도 아니다. 사우스홀침례교회 안에서는 누가 영국인이고 누가 외국인인가에 대한 구별이나 구분이 없기 때문이다. 소수의 영국 성도들이 있지만, 세계 각국에서 온 다양한 나라 사람들이 모여 있기 때문에 어느 나라 사람이 와도 잘 받아들여지고, 그렇기에 또 잘 적응한다. 서로 대하고 바라볼 때 '어느 나라 사람'이라는 것을 생각하기보다 한 개인과 개인으로서 만나고 교제를 나눈다.

이상 언급된 5개의 다민족교회의 공통점은 무엇일까?

첫째, 다민족교회에 대한 담임목사의 목회 철학이 분명하다.

둘째, 기존 교회가 하는 경우 교회 내에 선교회 또는 선교회의 성격을 지니는 구조가 있다.

셋째, 특정 국가나 문화권이 주류를 이루지 않아 누구든지 쉽게 발을 들이고 공동체의 일원이 될 수 있다.

넷째, 다양한 민족을 위한 다문화 팀 사역(multicultural team ministry)이 이루어지고 있어 자신의 언어와 문화가 용납되는 그룹에 소속할 수 있다. **다섯째**, 이주민들을 위한 언어 교실(영어나 한국어)을 강화시켜 복음의 접촉점으로 삼고 있다.

마지막으로 공통점은 아니지만 브라이어우드교회의 외국인 사역의 목적에 주변 다른 교회들을 통해 외국인 공동체를 위한 사역을 증가시킨다는 연합 정신이 돋보인다.

② 암미선교회

암미선교회는 다민족 선교교회로 첫 모임인 1995년 12월 24일 성탄 이브에 방글라데시인 3명과 필리핀인 2명이 참석한 데 이어 지금까지 계속 다국적 형태로 이어져 왔다. 2019년 12월 현재 필리핀, 페루, 온두라스, 캄보디아, 네팔, 베트남 몽골 등 7개국 선교가 이루어지고 있으며 주일예배는 평균 80-90명이 모인다. 예배 공식 언어는 영어와 한국어이다. 암미선교회는 몇몇 주변 지역교회들의 협력으로 시작된 선교회로 올해(2020년)로 25년이 되고 있다. 공식 명칭은 암미선교회(또는 암미다문화센터)이며 외국인들에게는 암미선교교회로 알려져 있다.

암미선교회의 특징은 어느 국적의 사람이 와도 쉽게 적응할 수 있는 가족적인 분위기라는 점이다. 암미선교회가 현재의 다민족교회가 된 배경은 우선 필자의 다민족 선교에 대한 관심이라고 볼 수가 있다. 필자는 선교 시작부터 다국적 현상이 계속되는 것에 주목하고 지속적인 관심을 가졌다.[32] 또한 선교회로서 제한된 인적, 재정적 자원 문제로 국가별 독립이 어려웠다. 한번은 전문 사역자가 있는 페루 그룹을 독립시켜 봤는데 페루

---

[32] 필자는 2004년 10월부터 2005년 9월 말까지 수도권을 중심으로 한 초교파 70개 교회와 선교 단체의 외국인 노동자 선교 현황을 조사한 바 있다. 결과는 다국적 선교를 하고 있는 경우가 65%로 단일 국적 대상 선교(35%)를 훨씬 상회하고 있었다.

그룹 외에는 전체가 아주 약해진 것을 보고 다시 합친 적이 있다.

이주민 선교 초창기만 해도 사실 다국적 선교는 전략적으로 바람직하지 않다는 회의적인 시각이 있었다.[33] 하지만 암미선교회의 경우, 시간이 지나면서 사역 현장에서 다국적 선교의 역동성이 살아나기에 의도적으로 다민족 선교의 분위기를 살려 나갔다. 다음은 암미선교회가 오늘의 다민족 교회가 되게 된 중요 요소이다.

첫째, 1995년 12월 시작 당시 주변 가구공단 지역에 이주 노동자들이 많았음에도 아무 교회도 손길을 뻗치지 않고 있기에, 필자는 이 선교에 큰 부담을 안고 국적과 상관없는 다민족 선교를 생각하게 되었다.

둘째, 세계 선교에 초점을 맞추고 선교 교육을 통해 월드 크리스천(World Christian)의 비전을 갖도록 도전했다. 초창기부터 시작한 해외 가난한 어린이들을 돕는 피기(저금통) 운동이 잘 정착된 것도 이런 선교 교육의 한 열매라고 하겠다.

셋째, 다국적이라고 해도 주류 국가에 비중을 두어 선교의 효율성을 높였다. 이제까지 주류 국가는 인도, 페루 그리고 현재(2019) 필리핀 3국의 순이었으며 각기 이 3국 그룹에서는 열매들이 많이 나왔고 사역자들이 나와 현재 본국에서 사역 중이다.

넷째, 전략적으로 다국적 분위기 속에서 현지 선교가 어려운 이슬람권 사역에 힘을 쏟았고 열매가 있었다. 물론 개인적인 접근으로 그들의 문제를 도와주면서 복음을 접하게 했다. 만일 암미선교회가 다민족 선교가 아니었다면 그것은 불가능했을 것이다.

---

[33] 이주민 선교 초창기 1997.6.15. 발간 「청년학생 선교저널」 11호는 특집으로 국내 외국인 노동자 선교를 다루면서 단일 국가와 다국적의 장단점을 분석했다. 단일 국가의 경우 장점이 6개, 단점이 단지 하나(타 민족과 배타성 우려)인데 반해 다국적은 장점이 4개, 단점은 8개나 되었다. 하지만 시간이 지남에 따라 다국적의 장점이 더 많이 발견된 것을 볼 수가 있다.

다섯째, 다민족 선교에 역동성이 살아나도록 하는 프로그램을 꾸준히 개발했다. 예컨대, 구정과 추석 수련회의 다국적 페스티벌, 맥추감사절과 추수감사절의 감사 페스티벌, 성탄절 축하 페스티벌, 일일수련회, 함께 모여 해당 국가들을 위해 서로 합심으로 기도하는 국가 기도회 등이다.

여섯째, 예배 후에 국가별 소그룹 모임을 가져 그들의 언어와 문화로 말씀을 나누며 개인 상담도 이루어지게 하고 있다. 전문 사역자(필리핀 목사)가 있는 필리핀 그룹은 주일 오후나 주중에도 양육을 위한 모임을 갖고 있다.

일곱째, KIIP가 생기고 기존의 영어에 한국어가 예배 공용어로 등장하자 더 많은 국적의 외국인들(다문화 가정 포함)이 예배에 출석하여 교회의 속성인 다양성이 살아나고 있다.

여덟째, 10여 년 전부터 필리핀이 주류 국가 되면서 찬양과 예배를 통한 영적 분위기가 활기를 띠게 되었다. 특히 3년 전 필리핀 그룹 리더로 필리핀 목사가 오면서 다문화 팀 사역(multicultural team ministry)이 강화되니 한층 더 다민족교회다운 모습이 되었다.

아홉째, 암미선교회의 한국인 사역자와 봉사자가 총 10-15명 정도여서 주도적인 모습보다는 그저 한 그룹으로 형성되어 있는 모양새이다. 실제로도 섬기는 일 외에는 한 그룹이 되고 있다.

열째, 마지막 요소는 초교파 협력 선교이다. 암미선교회 초창기에 특정 교회에 의존했을 때 어떤 문제가 생길 경우 선교를 중단해야 하는 경우들이 생겨났다. 그래서 이후로는 교파를 초월하여 선교에 관심이 있는 교회들과 성도들을 연결해 나갔다. 사역자 스태프진도 교단에 매이지 않았다.

여기서 암미선교회의 외국인들을 대상으로 한 설문 조사를 통해 그들이 보는 다민족 선교의 견해를 알아보기로 하자.[34] 지면 관계상 멤버들의 종

---

[34] 암미선교회의 외국인 설문 조사는 2019년 4월 세 차례에 걸쳐서 이루어졌다. 나중 두 차례는 결석자들을 포함시키려는 의도였으며 총 97명의 응답을 받았다.

교 배경과 다민족 선교에 관계된 질문 외에 기타 질문은 생략하고 설문 조사 응답 결과만을 개괄적으로 밝힌다.

암미선교회 외국인 멤버 응답자는 총 97명(남자 65명, 여자 32명. 이하 괄호 안 단위 생략)이다. 평균 나이는 약 35세이며, 결혼 여부는 결혼(51), 미혼(33), 이혼(8), 사별(3), 동거(1), 무응답(1)으로 나뉘었다. 국가는 필리핀, 페루, 온두라스, 캄보디아, 베트남, 네팔, 태국, 몽골 등 총 8개국이다. 암미선교회의 외국인들이 한국을 선호하는 이유(복수 응답)는 경제 사정(47), 교통편(36), 날씨(33), 교회들이 많음(30), 외국인 지원 센터가 있음(25), 기타(7) 등으로 나타났다. 암미선교회를 좋아하는 이유(복수 응답)는 찬양과 예배(65), 성경 공부와 기도회(51), 한국어 교실(42), 의료 진료와 헤어 커트 봉사(32), 좋은 곳에 가는 것(23), 맛있는 음식(14)과 편리한 건물(14) 순이다. 다음은 한국에 오기 전과 후의 종교 상황이다.

한국에 오기 전후의 종교 상황 (단위: 명)

구분	개신교	가톨릭	불교	이슬람	힌두교	기타
한국 오기 전	23	34	29	2	7	2
한국 온 후	68	5	12	1	6	5

표에서 볼 수 있듯이 암미선교회의 외국인들은 한국에 와서 예수를 믿게 된 경우가 많다. 특히 가톨릭권에서 개신교로 돌아온 경우가 절대적이다. 다음으로, 다민족 선교의 장단점을 두 가지씩 묻는 말에 대한 응답의 특기 사항은 설문지에 유독, 이 질문에 대해서 상당수 무응답자가 나왔다는 점이다. 그들은 단일 국적이나 다국적 형태나 별 큰 차이가 없는 것으로 이해하고 있는 것으로 보인다. 또한 실제 응답 결과를 보면 오히려 다국적 형태를 선호하고 있음을 알 수가 있다.

단점	장점
- 언어 차이에 따른 소통의 어려움(11) - 문화 차이로 인한 갈등(5) - 음식 문화가 다름으로 인한 불편함(2) - 기타(8)	- 타문화를 이해할 수 있음(23) - 다양한 국적의 친구를 사귈 수 있음(13) - 다른 언어를 배울 수 있는 기회가 있음(7) - 여러 나라 음식을 맛볼 수 있음(3) - 재미있고 외롭지 않음(3) - 기타(7)

이와 같이 다민족 선교에 대한 시각은 시간이 흐르면서 초창기의 부정적 시각이 긍정적으로 많이 바뀐 것을 본다.[35] 앞장에서 살펴본 이주민 선교 단체 설문 조사 결과, 곧 이주민 선교 사역자들뿐 아니라 외국인들, 적어도 암미선교회의 외국인들은 다국적 선교에 대해 긍정적으로 생각하는 경우가 많은 것으로 나타났다(부록 1 "이주민 선교, 사역과 그 열매" 참조).

③ 다민족 선교 기본 전략

이주민 선교로 인한 국제교회(다민족교회) 이전에도 역사적으로, 특히 21세기에 접어들면서 국제 이주가 많아짐에 따라 다민족교회들이 이미 있었다. 다민족교회는 주로 다양한 나라와 교회의 배경을 가진 외국인을 섬기는 교회로 선교의 비전을 가지고 있다. 다민족교회는 고대 시리아에서 고국을 떠나온 유대인의 모임으로 시작되었다.[36] 이러한 다민족교회들은 인접 제한 국가에서 사역하는 선교사들에게 힘이 되어 주며, 정치적 혼란 가운데서도 다양한 역할로 위기 대응을 할 수가 있다. 여기서 국내 이주민들

---

[35] 1997.6.15. 발간된 「청년학생 선교저널」 11호는 다국적 선교의 장점을 단기적인 운영에 효율적, 문화적 교류가 쉬움, 외국인 상호 정보 교환에 용이함 등으로 보았다. 그런데 단점이 더욱 많아 타율적으로 참여, 소그룹 공부 등 교육이 어려움, 문화적 배타성 우려, 경비나 규모가 커서 장기적으로 관리가 어려움, 전 문화된 선교 수준으로 발전하기 어려운 점 등을 들었다.

[36] 유대인은 그리스와 로마 이방인을 그들의 문화를 충분히 고려하여 교차 문화적으로 환영했다. 그다음 유대인과 이방인 성도는 전 세계에 있는 원주민에게 복음을 전했다(위렌 리브[Warren Reeve], "국제 교회를 통해 지상명령의 잠재성을 불러 일으키기", 『디아스포라 선교학』, 52.).

로 구성된 다민족 선교의 기본 전략을 생각해 보기로 한다.

㉮ 선교 교육

다민족 선교의 기본 전략은 우선 다민족 선교를 선교 교육의 기회로 삼을 수가 있다는 점이다. 아무래도 다민족의 분위기라 선교 교육이 자연스럽게 이루어질 수 있기 때문이다. 서로 다른 언어와 문화를 접하며 또 그런 장벽들을 넘어 복음이 증거될 때, 언어와 국적은 달라도 복음의 능력을 경험할 수 있을 뿐 아니라, 그리스도 안에 하나가 됨을 체험할 수가 있다. 그렇게 되면 거기에 역동성이 생기게 되어 이주민 대상의 선교는 세계 선교의 확장으로 이어지게 된다.

선교 교육은 결과적으로 다양한 국적의 멤버들을 이른바 '월드 크리스천'으로 세울 수 있는 기회가 되며 그렇게 될 때, 그리스도 중심의 연합 안에서 다양성을 실천할 기회도 된다. 사도행전 11장에 처음으로 '그리스도인'이라는 말이 나오는데 그것은 바울과 바나바가 안디옥교회에서 일 년간 큰 무리를 가르친 결과였다. 안디옥교회는 유대인과 헬라인이 섞여 있는 국제교회였다. 따라서 안디옥교회 교인들로 인해 처음으로 그리스도인이라는 말이 나왔다면 그리스도인이란 기본적으로 그리스도 안에서의 연합을 위해 다양성을 인정하고 실천하는 신앙인이라고 정의해 볼 수가 있다.[37]

실제 설문 조사에서 암미선교회의 외국인들은 다민족 선교에서 단점보다 장점을 더 꼽고 있음을 본다. 암미선교회 초창기에 있었던 사례로 필리핀 그룹이 인도인들의 예배 매너가 나쁘다며 자기들만의 독립적인 예배 공동체를 요구한 적이 있었다. 지금도 마찬가지지만 당시 형편은 더 어려워 설교를 통해 선교 교육을 시키며 그들이 인도인들을 용납하도록 했고 그들은 순종했다. 또 선교 센터를 짓고 다문화 가정들이 생기기 시작하자 그들만의 한국어 예배를 따로 가져 봤는데 별 성장이 없기에 전체 예배에

---

[37] Bruce Milne, *Dynamic Diversity* (Downers Grove, Il: Inter Varity Press, 2007), 46-47.

흡수시켜 각자 자기 나라 또는 다른 나라 사람들과 어울리게 했다. 그런 결과들이 암미선교회로 하여금 오늘의 다민족교회를 형성시킨 계기가 된 것을 본다.

㉬ 여러 사람에게 여러 모양

다민족 선교 사역은 기본적으로 바울이 사용한 '여러 사람에게 여러 모양'의 전략을 기억해야 한다(고전 9:19-22). 바울은 모든 사람에게 자유했지만 더 많은 사람을 얻고자 스스로 모든 사람에게 종이 되었다고 했다. 당시 세계를 주도하던 문화, 곧 헬라 사상이나 로마의 법률 등 다양한 문화적 상황 가운데 바울은 탁월한 유연성을 발휘해 가장 적합한 표현이나 제도들을 복음 전파의 수단으로 활용했다.[38] 다문화의 상황에서 적절하게 복음을 상황화해서 전파한 것이다. 이처럼 우리가 다민족 대상의 선교를 할 때, 기본적으로 그들의 다양한 문화를 이해하는 것이 중요하다.

예컨대 무슬림들에게는 돼지고기가 금기 사항이며 인도, 네팔 등 회교권은 소고기를 먹지 않는다. 필리핀인들은 항상 농담을 즐기며 생일 축하를 포함해 축제 분위기를 즐긴다. 이렇게 해당 국가의 문화를 이해하는 것은 매우 중요하다.[39] 다양한 국가 구성원으로 형성된 다민족 교회는 그 다양성을 잘 조화시키며 유기적 관계 속에서 활동하도록 해야 한다. 특히 무슬림들에 대한 태도가 세밀해야 한다. 빨리 복음을 전하려 하기보다 먼저 인격적으로 좋은 관계를 쌓아야 한다. 여러 사람에게 여러 모양이 되는 것

---

38 김선배, "다문화를 복음 전파에 활용한 바울처럼…", 「국민일보」, 2020. 1. 11, 11.
39 좀 더 예를 든다면, 한국에서는 음식을 먹을 때 어른들이 먼저인데 필리핀에서는 아이가 먼저이다. 태국인들은 성인이나 어린아이의 머리를 쓰다듬지 않는다. 모든 복이 머리카락을 통해 전달된다고 믿기 때문이다. 베트남은 조상신에게 큰절을 하고 살아 있는 사람에게는 안 한다. 그런데 한국에 시집을 와서 시부모님께 큰절을 하라고 하는 것은 큰 문화 충격이 된다. 우즈베키스탄인들은 이사할 때 새 집에 고양이를 먼저 들여보내고 그다음 가구, 주인 순으로 들어간다. 그 이유는 집 안에 있던 귀신이 고양이를 보고 먼저 도망가는 것으로 믿기 때문이다.

은 그래서 대단한 인내와 연구를 요구한다.

'여러 사람에게 여러 모양'은 맥가브란(D. A. McGavran)이 주창한 교회 성장의 원리인 동질성(homogeneous) 원리와 일맥상통한다. 지역교회(local church)에도 서로 다른 동질 그룹, 예컨대 교육 환경이나 연령층에 따른 동질 그룹들이 다수 존재하면서 전체적으로 통일성을 이루고 있다. 하물며 다민족 선교는 최소한의 기본 동질 그룹이라고 할 수 있는 국가별 소그룹이 있어야 한다. 성별이나 지역적 분류 등을 통해 더 다양한 셀(cell) 그룹이 형성되게 할 수도 있다. 중요한 것은 그들이 언어나 관습의 제약 없이 서로 어울릴 수 있는 분위기를 잘 조성해 주는 것이다.

㉤ 다문화 팀 사역(Multicultural Team Ministry)

다민족 선교에서 중요한 전략은 팀 사역이다. 사실 다양성은 그 이전 교회의 중요한 속성이다. 다민족 선교를 팀으로 사역해야 한다는 뜻은 우리가 하나가 되어 가야 한다는 의미로 이는 십자가를 지시기 전 예수님이 하신 기도에도 잘 나타나 있다.

> 아버지여, 아버지께서 내 안에, 내가 아버지 안에 있는 것 같이 그들도 다 하나가 되어 우리 안에 있게 하사 세상으로 아버지께서 나를 보내신 것을 믿게 하옵소서(요 17:21).

우리는 다양한 은사를 발견하고 사용하므로 하나가 되어 교회를 섬겨야 한다. 웨인 코디로(Wayne Cordeiro)는 C로 시작하는 건강한 교회의 세 가지 요소로 '교회의 존재 이유로서 원인(Cause), 공동체(Community), 재정 관리(Corporate finances)'를 말했다. 교회의 존재 이유는 복음 전파로서 거기에 교회적으로 다양한 은사와 각자의 역할이 있어야 한다. 공동체는 자유로운 의사소통, 열린 교제 그리고 사람들을 결합시키는 순수한 관계를 의미한다. 또한, 청지기적 자세로 건강한 재정 상태를 유지해야 한다.[40] 여기에 또 교회의 속성인 다양성과 통일성을 위한 팀 사역의 중요성이 제기된다.

팀 사역은 바울의 선교 사역에 잘 나타나 있다. 로마서 16장에는 그의 많은 동역자의 이름이 열거되고 있어 그의 팀 사역이 광범위했음을 보여준다. 특히 브리스길라와 아굴라 그리고 에라스도와의 협력은 매우 요긴한 것이었다.[41] 바울의 팀 사역에서 겉으로 드러나지 않았지만, 누가, 두기고 및 에바브라처럼 비공식 리더십을 가지고 흩어져 전도자의 사명을 한 이들도 있다. 그런 사람들이 없었다면 바울은 혼자 그 많은 교회를 효율적으로 돌볼 수가 없었을 것이다(골 4:12-14; 엡 6:21-22).[42]

다민족 선교(또는 목회)에서는 어떻게 리더십이 형성되며 그것은 왜 필요한가?

우리는 쉽게 단일 민족적인 편견에 입각해 이주민들을 대하는 경향이 있다. 그저 도와준다고 한국어와 한국 문화를 가르치는 데 급급하고 그들의 문화를 이해하거나 배우려는 자세가 부족하다. 그렇게 되면 올바른 선교 사역이 되기 어렵고, 사회 복지적 지원 차원의 선교로 끝나버릴 확률이 높다. 각기 고유한 문화를 지닌 이주민들을 대상으로 그들의 문화에 적합한 선교를 추진해야 하며 이를 위해 타문화 선교 교육과 사역자 양성이 필수다.

임희모는 우리가 단일 민족으로 자문화중심주의를 벗어나는 연습이 필요함을 지적했다. 그는 이를 위해 선교적 사명을 가지고 사는 기독교인들이 다문화 가정을 주목하고, 특히 다문화 교육 현장에서 경계 초월 경험을 수없이 반복하는 다문화 가정 자녀들과 함께 경계 초월의 비전, 글로벌 비전을 나

---

40 웨인 코디로, 『팀으로 이끄는 교회』, 김경섭 역 (서울: 프리셉트, 2001), 238-243.
41 롬 16:23에 나오는 에라스도의 경우 '성의 재무관'으로 소개되는데 그는 로마 세계에서 가장 번성한 도시 중 하나인 고린도의 재정을 관리하는 사람이었다. 브리스길라와 아굴라 부부처럼 그도 복음 전파를 위해 재정과 시간 그리고 자신의 집을 제공했으며 바울 팀의 일원으로 고린도를 떠났다.
42 '비공식 리더십'은 라이언 로크스모(Ryan Lokkesmoe), 『팀메이트』(Paul and His Team), 정병준 역 (서울: 한국장로교출판사, 2018), 68-96 참조할 것.

누는 것이 필요하다고 말한다.[43] 다문화 가정의 사는 모습을 가까이서 보고 관찰하므로 우리가 자문화중심주의를 벗어나는 훈련을 해야 한다는 것이다. 이런 점에서 우리가 다문화 가정의 어려운 사정에만 초점을 맞출 것이 아니라 그들의 삶을 보며 타문화를 익히는 좋은 기회로 삼을 수 있다.

기본적으로 문화가 서로 다른 데서 오는 문화 충격의 극복 방안은 먼저 상대방을 친구로 삼는 것이다. 또한 유연성을 가지고 문화 환경에 따라 적절한 선택을 할 수 있다. 무엇보다 우리 자신이 누구인지를 이해하고 그리스도의 능력 속에서 변화될 필요가 있음을 인정할 때, 우리 문화 관습에 연연하지 않고 현지 문화를 기꺼이 수용하며 양쪽을 모두 누리는 자유를 즐길 수가 있게 된다.[44] 그렇게 되면 비로소 타문화권 선교 사역이 가능해진다. 바로 이주민 선교가 성공적으로 되어질 수 있다는 말이다.

여기서 팀 사역으로서 다문화 팀 사역(multicultural team ministry)을 생각해 보자. 우리의 현실에서는 아직 생소한지 몰라도 서구교회나 선교 단체에는 스태프의 구성원들이 다민족으로 되어 있는 경우들이 많다. 스태프 간에 문화 차이로 인한 갈등이나 소통 문제 등이 발생할 수 있지만, 그것은 어느 공동체에서나 사랑으로 극복해야 할 과제이다(엡 4:11-14). 그런데 다문화, 다민족 사역 팀은 함께 새로운 문화 상황에서 일하기를 배우는 것뿐 아니라 서로의 문화를 이해하기 위해 노력하는 추가적 책임이 뒤따른다.[45]

이 점에 대해 『성경적 다문화 팀』(Biblical Multicultural Team)의 저자 셰릴 실저(Sheryl T. Silzer)는 먼저 우리가 하나님의 형상대로 지음을 받았다는 사실의 의미가 무엇인지 상기시킨다. 하나님의 진리에 기초해 우리가 하나님의 뜻을 따르며 성령의 인도를 받는다면 성령의 열매로 우리의 삶과 그

---

[43] 임희모, "한국의 다문화 상황과 다중다문화선교 리더십", 「신학논단」, 2015, 292.
[44] 주디스 E. 링겐펠터, 셔우드 G. 링겐펠터, 『타문화 사역과 교육』, 김만태 역 (서울: CLC, 2013), 164-165.
[45] Lianne Roembke, Building Credible Multicultural Teams (Pasadena, Cal.: William Carey Library, 2000), 135.

리스도의 몸인 교회의 기능이 조화롭게 이루어질 수 있다는 것이다. 이를 위해 우리는 성경의 진리들을 문화 차이에 적용하는 법에 대해 연구하며 하나님께 질문해야 한다.[46]

웨인 코디로(Wayne Cordeiro)는 공동체를 자신의 일부처럼 느끼며 공동체 안에서 최선을 다하는 것이 하나님의 계획이라며 팀은 기술이 아니라 마음으로 만들어지는 것이라고 말한다. 이 마음은 이기적이지 않으며, 신실한 마음이고, 오직 하나님의 선하심을 바라는 것이다. 그것은 끊임없이 질문한다.

어떻게 하면 다른 사람들을 포용할 수 있을까?[47]

안타깝게도 한국교회 선교 방식에 대해 파트너십이나 협력과 거리가 멀다는 해외 전문가들의 지적이 이어지고 있다. 세계 선교는 한 나라가, 한 교단이 혼자 할 수 있는 일이 아니다. 처음부터 세계 선교는 세계의 모든 민족이 동행하며 이뤄 나가야 하는 하나님의 킹덤(Kingdom) 프로젝트로서 좋은 파트너십과 협력은 진정한 하나님 나라, 킹덤 선교의 특징이다.[48] 규모가 크든지 작든지 팀 선교, 특히 다문화 팀 선교는 그래서 중요하다.

2. 이주민 선교의 과제

여기서 설문 조사를 통해 얻은 이주민 선교(다민족 선교 포함) 현황 분석을 기초로 하여 현재 한국교회 이주민 선교가 앞으로 풀어 나가야 할 선교 과제들을 정리해 보기로 하자. 한국교회 선교가 다음에 열거된 10가지 과

---

46 S. T. Silzer, *Biblical Multicultural Teams* (Pasadena, Cal.: William Carey Int'l University Press, 2011), 9-14, 146-147.
47 코디로, 『팀으로 이끄는 교회』, 207.
48 오석환, "성장 강조하는 한국교회와 선교, 이젠 되돌아볼 때", 「국민일보」, 2020.6.20, 11.

제들을 연구하며 발전시켜 나갈 때 그만큼 이주민 선교는 성숙해질 것이며 많은 열매를 기대할 수 있을 것이다.

1) 이주민 선교 인식

앞의 설문 조사에 의하면, 이주민 선교가 당면하고 있는 가장 큰 문제는 전문 사역자 부족(76)이고 그다음은 이주민 선교의 인식 부족(68)이다. 이 두 가지 문제점 중 보다 근본적인 문제는 지역교회의 이주민 선교에 대한 인식 부족이라고 할 수 있다.[49] 선교에서 지역교회는 전문 사역자를 비롯한 인적 자원은 물론, 나아가 영적 자원(기도)과 재정적 자원의 근원지이기 때문이다.

이주민 선교가 90년대 초부터 시작되었음에도 현재 이주민 선교 대상이 전체 체류 외국인의 3% 정도에만 미치고 있는 것을 봐도 한국교회가 이주민 선교에 대한 인식이 얼마나 부족한지를 볼 수가 있다. 선교사 출신으로 현재 선교 지향적인 교회를 꿈꾸며 목회를 하고 있는 김진홍 목사는 대부분의 교회가 이주민 사역의 필요성을 알지 못하고 그들을 대상으로 선교하는 방법도 잘 모르고 있다고 말했다.[50] 17년 전 이주 노동자로 한국에 왔다가 목사가 되고 현재 필리핀의 목회자 양성을 위해 준비 중인 지미 마반(Jimmy Maban) 목사도 이미 지구촌 수많은 민족이 한국에 들어와 있는데 한국교회 선교가 여전히 밖으로만 초점을 맞추고 있는 모습이 너무 이상하다고 했다.[51]

---

[49] 필자가 2007년에 조사한 바로 이주민 선교가 당면하고 있는 가장 큰 문제점은 이주민 선교의 인식 부족이 36.9%로 가장 많았다. 그다음으로 전문 사역자 부족(27.3%), 협력 선교의 부족(14.5%) 등의 순이었다(「암미뉴스레터」 22호, 2008.7.3., 3.).
[50] 김진홍, 『헌신』(용인: 킹덤북스, 2019), 366.
[51] Jimmy Maban 목사 인터뷰, 2020.9.30.

그 근본적인 이유 중의 하나는 선교 개념 자체에 대한 이해 부족이라고 본다. 교회가 하는 모든 것이 선교라는 개념이 정작 타문화권 선교를 도외시하게 만들어 버린 것이다. 광의적으로 선교를 해석할 때는 하나님의 모든 일이 선교일 수 있지만, 그런 광의적 요소 가운데서도 가장 특징적인 요소는 타문화권에서의 사역임을 알아야 한다.[52] 교회가 타문화권 선교를 도외시하면 결국은 침체되게 되어 있다. 현재 한국교회의 타문화권 선교 참여도는 15%를 웃도는 정도이며 이주민 선교는 그나마 3% 선에 머물러 있다. 참으로 선교적인 교회(Missional Church)로의 전환이 필요하다.

미국에 있는 이민교회들의 경우, 오직 한국인들만의 모임을 고수하는 교회들은 여러 가지 요인으로 침체를 거듭하고 있다. 반면 목회자가 다민족 목회 철학을 가진 교회는 부흥하고 있다. 호주에서 다문화 목회에 힘쓰고 있는 양명득 목사는 한국 사회에서 이주민 선교 또는 이주민 목회라고 하기보다 '다문화 목회'라는 단어를 적극적으로 사용할 것을 권한다. 왜냐하면 이주민 선교나 목회는 대상이 선주민을 제외한 이주민으로만 확정되기 때문이라는 것이다. 그는 다문화 목회를 "하나님의 창조 세계에서 정의와 평화를 회복하는 선교이고, 보시기에 좋았다는 하나님의 나라를 이 땅에 이루어가는 사역"이라고 했다.[53] 좋은 지적이다. 다만 다문화 목회라고 할 때 자칫 다문화를 강조하는 것으로 보일 수가 있다. 모든 문화는 그리스도 안에서 변화를 필요로 하는 것이다.

이주민 선교 인식을 위해서는 담임목사가 먼저 그 중요성을 인식하고 교회가 이주민들을 섬기도록 해야 한다. 정부 부처가 이주민과 관련된 사업들을 하고 있다고 해도 여전히 우리 사회에는 차별과 편견이 존재하고 있기 때문이다.[54] 한편 이주민 선교교회와 단체들은 지역교회들이 주변 이

---

52 조귀삼, 『전략이 있는 선교』(안양: 세계로미디어, 2014), 23.
53 양명득, "다문화 사회 다문화 교회", 제12회 국제이주자선교포럼 <이민 사회의 심화와 이주자 목회>, 명성교회, 2019.5.27., 37, 42-43.
54 정미경, 「다문화 사회를 향한 한국기독교 이주민 선교의 방향과 과제」, 성결대학교 박

주민들을 향해 문을 열도록 하는 역할을 해야 한다. 지역교회의 선교 인식을 고취시키는 일은 이주민 선교의 활성화는 물론, 한국교회 타문화권 선교의 중흥을 가져오는 길이 된다. 선교를 통해서 선교에 방해물이 되는 교단이나 지역교회 간의 적대관계를 해소하므로 교회 연합 곧, 통일성을 가져올 수도 있다.[55]

2) 전문 사역자 양성

앞의 설문 조사에서 실무자(전임사역자)가 1명 혹은 2명인 교회나 선교단체가 많은 이유는 이주민 사역을 시작한 개척교회들이 많이 있다는 것을 보여 준다. 이주민 선교가 1990년대 후반부터 본격화된 점을 감안할 때, 지속적으로 이주민 선교를 하던 교회들이 이주민 교회로 자리를 잡은 경우와 또는 대형교회들이 참여하면서 실무자가 증가하거나, 정부의 이주민 센터를 위탁받음으로써 실무자 숫자가 늘어난 것으로 추정된다.[56]

하지만 응답자들이 가장 큰 문제로 꼽은 전문 사역자 문제가 전임사역자의 숫자와 일치하는 것은 아니다. 이주민들의 언어와 문화를 이해하며 선교를 목적으로 그들에게 다가갈 수 있는 전문 사역자가 부족하다는 뜻이다. <문항 11>에서 양육의 한계가 이주민 선교의 가장 큰 어려움이라고 답한 것도 이와 관련되는 문제이다. 사실 전문 사역자 부족은 이주민 선교 초기부터 심각한 문제였다. 그래도 그동안 외국인 리더를 키워 내고, 현지인 사역자를 초청하거나 선교사 후보생과 평신도 사역자를 양성하는 등 이 문제에 나름 대처해 왔다. 그러나 여전히 전문 사역자 부족으로 양육의 한계를 실감하고 있는 현실이다.

사 학위 논문, 2010, 160.
55 Byung K. Chung, *That they all may hear: Institute of Christian Culture*, 1992, 379.
56 황홍렬 외, 『이주민 선교 기초조사 보고서』, 13 참조.

안식년 선교사 및 선교사 후보생을 활용하는 방법, 다양한 협력 선교, 예컨대 전문 사역자들의 순회 선교 또는 해당 언어 통역자를 확보하는 일도 현실성이 있는 방법이다. 그동안 법무부 주관의 사회 통합 프로그램(KIIP)이 생겨서 많은 이주민이 한국어를 익히므로 한국어로 선교를 어느 정도 할 수 있게 된 것도 장점이다. 설문 15항에 다민족의 장점에 대해 'KIIP와 교육을 통한 선교'라고 답한 이들이 있었다. 다민족 선교에 나타나고 있는 이주민 선교의 역동성(시너지)을 활용하는 것도 필요하다.

그러나 전문 사역자 문제는 근본적으로 한국교회의 교단 선교부와 신학교 및 전문 선교 단체가 적극적으로 일꾼을 양성하는 것이 중요하다. 전문 사역자뿐만 아니라 이주민 선교는 그 특성상 다양한 평신도 사역자들을 필요로 하기 때문에 교단 차원이나 선교 훈련 기관이, 또는 이주민 교회(선교 단체)의 연합적인 선교 교육 프로그램이 있어서 이주민 선교의 전문화를 시도해야 한다.[57] 여기에 이주민들에게 적합한 훈련 교재 개발이 필요하고, 요즘 같은 코로나 시국에는 새로운 온라인 예배나 적절한 교육 방법론에 대한 연구도 필요하다.

3) 타문화권 선교

이주민 선교는 나그네 선교라고 할 수 있지만, 엄밀히 타문화권 선교이기도 하다. 그러므로 복음의 본질을 훼손하지 않으면서 선교지 상황이 고려되는 사역이 요구된다. 이런 점에서 그동안 이주민 선교를 위해 다양한 프로그램을 개발했는데 그것이 이주민들이 즐겨 적응할 수 있는 것인지를 점검해 볼 필요가 있다. 예컨대, 설문 조사에서 나타난 쌀 전도, 가정 심방 전도, 구역예배 개척 등 토착화의 시도도 좋지만, 현재로선 현지 언어 설교, 다문화 교육 공동체, 엄마나라 언어학교 등의 프로그램이 더 바람직하다(문항 14).

---

[57] 김영애, 「이주 노동자 선교의 신학적 고찰 및 활성화 방안」, 148.

그런 과정에서 상황화 문제 등 이주민 선교 신학도 발전될 것이다.[58]

이주민 선교가 타문화권 선교이므로 기본적으로 그들의 언어와 문화가 고려되어야 한다. 설문 조사에서 예배 시 공용어가 한국어나 영어 또는 한국어와 영어인 것으로 나타났지만, 어디까지나 거기에 그들의 언어와 문화를 도외시하면 안 된다. 그래서 그들만의 모국어로 복음을 듣는 예배, 또는 말씀을 나누는 민족별 소그룹이 반드시 필요하다.

니다(Eugene Nida)는 문화를 "사회적으로 배워서 습득된 모든 행동, 즉, 세대를 통해 전수되어 온 물질적이고 비물질적인 특성들(traits)"이라고 정의했다.[59] 그의 말대로 사람은 누구나 자신도 알지 못하는 사이에 자신의 문화에 익숙해져 있다. 그러므로 우리가 문화를 생각할 때, 성경적인 문화관을 기초로 하는 것이 중요하다. 문화는 존중되어야 하되 성경에 비추어 그릇되고 죄악 된 것일 경우 바르게 교정되어야 하는 것이다.

다음은 윌리엄 테일러(William D. Taylor)가 밝힌 다문화 사역에 도움이 되는 실제적인 지침이다.

첫째, 다문화주의를 결코 부정적으로 보지 말고 긍정적으로 보라. 그것은 복음의 세계성을 가져오며, 기독교 공동체가 화해를 위한 소망의 다리들을 제공하게 된다.

둘째, 아무리 복음으로 하나가 되었다고 해도 문화 차이가 있음을 인정하라. 언어, 사인, 상징, 역사적 전통, 가치 체계 그리고 인지(perceptions) 등을 서로 이해함이 필요하다.

셋째, 예상되는 차이점들을 받아들이라. 우리의 목표(goals)는 인지(이해), 훈련, 소명과 정보 입력 등에 기초되는 것임을 인식하라.

---

58 이주민 선교 현장이 신학 교육과 괴리감이 있다고 응답한 사역자도 있었는데 바로 타문화권 선교에 대한 이해가 없을 때 나올 수 있는 말이다.
59 William D. Taylor, *Kingdom partnerships for Synergy in Missions* (Pasadena, Cal.: William Carey Library, 1994), 52 재인용.

넷째, 기독교의 역사적 발전에 기여한 요한복음 17장을 중요시하라. 성령이 어떻게 교회를 깨뜨리고 미션 구조를 자주 제한하시는지를 보라.[60]

결국 우리가 타문화권의 이주민 선교를 하면서 문화 언어적 차이를 없애려 하기보다 인정하는 자세가 필요하다. 바울이 말한 대로 인류의 모든 족속을 한 혈통으로 지으신 하나님이 주권적으로 일하고 계시기 때문이다. 이러한 시도에서 물론 제한점도 있다. 우리가 다양성은 인정하되 죄악적인 그룹, 예컨대 동성애자 그룹 같은 것은 제외되어야 하는 것이다. 무조건 평등과 일치를 주장하거나 다양성을 인정하려는 에큐메니컬 신학의 위험성이 바로 여기에 있다(부록 2 "그리스도인의 문화관" 참조).

4) 총체적 선교(Holistic Mission)

이주민 선교는 총체적 선교를 지향해야 한다. 저마다 복음이 필요한 이주민들이지만 그들에게는 이 땅에서의 삶도 그만큼 시급하다. 복음 전도 대상으로서 하나님의 형상대로 지음을 받은 인간은 육체와 영혼을 소유한 존재이기 때문에 선교 역시 전인적인 접근이 되어야 한다. 교회가 마땅히 이주민들에게 보호처가 되어 주어야 할 이유이다. 설문 조사에 나타난 바로는 복음 전파 사역이 많은 데 비해 인권, 복지 및 상담 활동을 하는 경우는 37%에 머무르고 있다(문항 10). 이는 설문 조사 대상이 주로 교회(선교단체)이기 때문으로 보인다.

이주민 선교를 하고 있는 교회는 이주민들을 전도의 대상으로만 볼 것이 아니라 장기적으로 우리의 이웃이 될 그들의 삶에 깊은 관심을 가져야 한다. 역사적으로 복음주의 교회들은 전반적으로 복음 전파에는 적극적인 면모를 지니고 있지만, 하나님이 일하시는 세상에 대한 이해를 강조하

---

[60] Taylor, *Kingdom partnerships for Synergy in Missions*, 61-62.

지 않았다. 그 결과 하나님이 통치하시는 세상과 사회 속에서 일어나는 문제들을 적절히 풀 수가 없었다. 반면 에큐메니컬에 속한 교회들은 교회론을 중시하지 않은 결과로 교회의 선교적 힘을 약화시켰다는 비판을 받아왔다. 그러므로 양 진영은 서로의 입장을 이해하며 총체적 선교라는 접촉점을 가지고 해결책을 모색해야 하는 과제가 있다. 총체적 선교에 대해 데이비드 보쉬(David J. Bosch)는 성경을 기초로 다음과 같이 설명했다.

> 복음서 기자들이 예수님이 질병, 귀신 들림과 착취에 대항하신 일을 묘사하기 위해 종교적인 단어들을 사용한다 해서 놀랄 일이 아니다. 그 단어 중의 하나가 우리에게는 전적으로 종교적인 용어가 되어버린 '구원하다'(헬라어 sozein)이다. 그러나 적어도 18곳에서 복음서 기자들은 이 단어를 예수님의 병자 치유와 관련해서 사용한다. 이와 같이 예수님의 사역 속에는 죄에서의 구원과 육체의 질병에서의 구원, 영적인 구원과 사회적인 구원이라는 둘 사이에 결코 긴장이 존재하지 않는다.[61]

존 스토트(John R. W. Stott) 역시 복음 전도와 사회활동(social action)을 동반자로서 서로에게 소속되어 있으면서도 서로 독립적이라고 보았다. 양자는 각기 다른 한편의 수단이거나 그것의 표현도 아닌 것이 각기 그 자체가 하나의 목적이기 때문이라는 것이다.[62] 그러므로 우리가 선교를 단순히 복음 전파로만 볼 것이 아니다. 전 인간을 하나님의 사랑으로 돌보고, 그들의 삶과 고통의 상황에 참여해야 하는 것이다. 예수님도 가르침과 설교뿐 아니라 모든 인간의 고통에 반응하는 데 많은 시간을 쏟으셨다.

문제는 총체적 선교가 중요하다고 원리적으로는 말하지만, 구체적인 수행 방법이 쉽지 않다는 점이다. 각기 은사가 다르고 보는 관점이 같지 않

---

[61] 데이비드 J. 보쉬, 『변화하고 있는 선교』, 김병길, 장훈태 역 (서울: CLC, 1991), 68.
[62] Stott, *Christian Mission in the Modern World* (Downers Grove, Il.: InterVarsity Press, 1975), 27.

기 때문이다. 결국 받은 은사를 따라 팀 사역을 하는 것이 바람직하다. 이를 위해 꾸준히 총체적 선교를 추구하므로 총체적 선교 측면에서 더욱 내용이 있는 이주민 선교가 되도록 해야 할 것이다.[63]

5) 전략적 선교

"지혜 있는 자는 강하고 지식있는 자는 힘을 더하나니 너는 모략으로 싸우라 승리는 모사가 많음에 있느니라"(잠 24:5-6)라는 말씀처럼 선교는 무엇보다 전략이 중요하다. 피터 와그너(Peter Wagner)는 전략을 일컬어 "이미 세워진 목표를 성취시키기 위해 선택된 수단"으로 설명했다.[64] 그는 또 선교 전략의 3대 요소로 성경 중심, 효율성, 적응성이 필요하다고 강조한다.[65] 선교 전략에 대해 조귀삼은 "하나님의 나라를 열방에 건설하기 위한 계획을 수립하고, 이를 위해서 사람들을 동원하고, 조직화하여 목표를 향해 나아가는 작업"이라고 정의했다.[66]

이제 이주민 선교도 전략 개발의 중요성이 제기되고 있다. 더구나 이제는 기존의 이주 노동자나 다문화 가정 대상뿐 아니라 다문화 가정 자녀, 유학생 및 난민의 부류까지 포함하게 되었다. 이를 위해 우선 <문항 11>의 다양한 활동, <문항 13>의 주요 행사들 그리고 <문항 14>의 그동안 개발한 프로그램 가운데 전략적이지 않은 것이 무엇인지 살펴볼 필요가 있다. 또한 각 문화종교 권역별, 국가별, 민족별 선교 전략과 방법을 개발해야 한다. 이주민 선교에 필요한 전략적인 프로그램을 새롭게 개발하는 것도 필요하다. 전략 개발은 선교, 인권, 복지에 대해 총체적으로 접근해야 한다.

---

63 총체적 선교의 좋은 예로 사천다문화통합지원 센터(이정기 목사)는 이주 노동자, 결혼이민자 및 자녀들을 위한 전략으로 각기 탁월한 4단계 로드맵을 정해 놓았다(자료 참조: https://4000migrant.tistory.com/67).
64 Peter Wagner, *Strategies for Church Growth* (Ventural, CA: Regal Books, 1987), 26.
65 Wagner, *Strategies for Church Growth*, 12.
66 조귀삼,『전략이 있는 선교』, 18.

이주민들에게는 우선 한국 생활 적응과 노동법 교육 등이 필요하며 한국 문화에 적응할 수 있는 문화센터가 필요하다. 기본적으로는 복음 전파를 위한 전략적 프로그램을 개발해야 하며 특히 다민족 선교 형태가 많으므로 이에 대한 전략 개발을 서두를 때다. <문항 15>에 나오는 62개의 다민족 선교의 장점을 살려 나가며 거기서 오는 시너지 효과를 찾아내는 것이 중요하다. 다민족 선교는 지상명령 수행에 앞장서는 자세로 그리스도의 제자로서 그들의 언어와 문화 속으로 들어가는 노력이 필요하다. 예수님의 성육신 의미를 모르고 진정한 선교를 하기란 쉽지 않은 것이다.

이주민 선교는 전략적인 면에서 이슬람권을 비롯해 선교가 어려운 지역 출신자들에게 다가가기 위해 다양한 평신도 전문인 선교사들을 필요로 한다. 현재 세계 선교사의 80% 이상이 평신도 전문인 선교사이다. 이런 평신도 전문인 선교 전략은 특히 21세기 마지막 미전도 종족인 이슬람권 선교를 위한 효과적 선교 전략이다. 한편 BAM(business as mission), 즉, 선교를 목적으로 비즈니스를 하는 헌신된 그리스도인들이 나오도록 준비시켜야 한다. 많은 디아스포라가 선천적으로나 경험적으로 기업가적이라는 점을 감안할 필요가 있다.[67]

선교 전략과 관련해 이주민 선교는 또한 현지 선교와 유대관계를 갖도록 해야 한다. 한국에서는 믿음이 좋았어도 귀국 후에 다시 시들어지는 경우가 많다. 그러므로 귀국자 관리가 사역의 일부가 되게 하여 기본적으로 귀국자들을 현지 교회나 선교사들에게 연결해 주는 일이 필요하다. 그런 사역이 쉽지는 않으나 이주민 선교가 연합 운동을 힘쓴다면 가능한 일일 것이다. 이주민 선교가 보다 전략적인 것이 되도록 하기 위해 정규적으로

---

67 요아오 모르도모는 BAM을 정의하기를 "하나님께 영광의 찬양을 올려 드리기 위한 진정한 비즈니스 활동의 전략적 개발과 활용으로 세상에서 접근이 가장 안 되는 사람들과 그 외의 사람들을 영적, 경제적, 사회적 그리고 환경적으로 변화시키기 위한 진정한 사역 기회를 창출하는 것이다"라고 했다(요아오 모르드모, "디아스포라를 향한, 디아스포라 안에서, 디아스포라를 통한 BAM",『디아스포라 선교학』, 357 재인용.).

또는 수시로 세미나, 포럼 등을 갖는 것도 필요하다.

6) 협력(연합) 운동

'선교는 협력'이란 말이 있다. 효과적인 선교를 위해서는 그만큼 협력이 필요하다는 말이다. <문항 17>에 나타나고 있는 대로 현재 이주민 선교 사역자들은 협력 선교의 필요성을, 귀국자를 현지교회나 선교사에게 연결하는 문제(59), 다양한 정보(38), 이주민들의 복지 및 인권 문제(33) 순으로 답하고 있다. 결국 이주민 선교가 현지 선교와 연장 선상에서 이루어져야 하며 정확한 정보와 협력이 필요하다는 말이다.[68]

이주민 선교 현장에서 협력 선교와 연합 운동이 가지는 의미는 매우 크다. 그것은 우선 기초적 조사가 가능하고 그것을 통해 보다 효과적인 선교 전략을 수립할 수가 있게 된다. 선교사들의 협력은 주님이 기뻐하시는 일이며 사역의 효율성을 높일 수 있는 첩경임을 알아야 한다[69] 그런데 협력은 우리가 전심으로 하나님의 일을 구해야 가능한 일이다(빌 2:21). 한마디로 킹덤 마인드(Kingdom Mind)를 소유해야 한다. 연합은 시너지 효과를 극대화해 큰 사명을 감당할 수 있게 하며 무너져가는 교회의 세속화도 막을 수가 있을 것이다.[70]

성경은 성령을 '교제의 영'이라고 부르다(고후 13:13). 그러므로 연합은 성령의 역사로 가능한 일인 것을 알아야 한다. 성경은 또한 그리스도의 십자가로 말미암아 성도들이 성령 안에서 하나님과 화목되었고, 성도들과도 화목되었다고 말씀한다(엡 2:16-19). 이를 보면 성경이 말하는 성도 간의

---

[68] 본 설문 조사의 제한점도 이주민 선교교회(단체)의 정확한 통계를 내기가 어려웠다는 점이다. 각 교단의 선교부조차 교단 내 이주민 선교 참여 교회의 정확한 숫자를 제대로 파악하지 못하고 있는 실정이다.
[69] 성남용, 『선교 현장 리포트』(서울: 생명의말씀사, 2006), 60.
[70] 안사무엘 목사, "도전받는 기독교, 초교파 연합 무너진 교회 바로 세워야",「국민일보」2020.8.1., 11.

연합이나 교회 간의 연합은 이미 실현된 것이다. 요한복음 17장에서 예수님이 연합을 언급하신 것도 이미 나타나 있는 연합이 유지되도록 기도하신 것이다.

그럼에도 연합과 포용심이 부족한 한국인 특성이 안타깝게도 교회와 선교지에 그대로 나타나고 있다. 그래도 소망이 있는 것은 교회의 궁극적인 목적이 선교이고 또 선교지가 국내이기 때문에 이주민 선교가 서로 연합할 수 있는 공통분모가 되고 있다는 점이다. 그 연합이 잘 이루어질 때 선교의 효율성은 물론, 지역교회들에도 영향을 줄 수가 있을 것이다. 그렇게 된다면 지역교회들이 보다 선교적인 교회가 될 수가 있고 그것은 나아가 한국교회가 그만큼 영적으로 건강해지고 서로 연합을 이루어가는 데도 기여하게 될 것이다.

여기에 이주민 선교의 또 다른 사명이 있다. 곧 한국교회에 절실히 요구되는 교회 연합에 기여하는 것이다. 특히 이단이나 동성애 문제를 제외한 '이슬람 세력 확장 저지' 문제는 이주민 선교가 나서서 오히려 선교의 기회로 삼아야 한다고 본다. 그런 소극적 자세에서 적극적인 방법으로 이슬람권 선교에 참여하도록 이끌어 주는 것이다. 이슬람 선교의 구체적인 정보와 함께 그동안의 선교노하우를 한국교회에 알리고 나눈다면 얼마든지 가능한 일이다(부록 3 "이주민 선교와 연합 운동의 발자취" 참조).

7) 다문화 가정 자녀, 유학생, 난민 선교

이주민 선교에서 기존의 이주 노동자나 다문화 가정뿐 아니라 새롭게 떠오른 부류 곧, 다문화 가정 자녀, 유학생 및 난민에 대한 선교의 중요성을 인식해야 한다. 같은 이주민 선교 대상으로서 이들 역시 지속적인 증가 추세에 있기 때문이다.

(1) 다문화 가정 자녀

국내 다문화 가정 인구는 100만 명에 이르고 다문화 가정 3세가 태어나는 상황이다. 다문화 가정 자녀들은 이중 언어가 가능해 이들이 믿음으로 잘 성장한다면 앞으로 다문화 사회의 좋은 리더들이 될 수 있다. 그러나 이들의 현실은 복합적으로 어려운 상황이다. 무엇보다 언어능력 부족으로 학습 부진의 정도가 심각하다. 일상적 의사소통은 가능하다고 해도 독해력과 어휘력 및 작문 능력이 현저히 떨어지고 있다. 정체성의 혼란도 겪고 있다. 어머니의 문화적 정체성과 한국 사회의 그것이 다를 때, 자녀들이 혼란을 경험하게 되는 것이다. 또한 학교 안팎에서 집단 따돌림으로 정서적 충격을 경험하고 있다.

이러한 이주민 자녀들 교육 문제에 대한 선교적 접근은 이주민 선교에서 아주 효과적인 것으로 앞으로 인재 양성 면에서도 중요하다. 현재 다문화 가정의 어린이들을 위한 미션스쿨로는 서울의 재한몽골학교와 광주의 새날학교 그리고 경기도 포천 소재의 다문화국제학교가 있다. 새날학교 교장 이천영 목사는 이와 같은 민족별 학교도 좋지만, 장기적으로는 이주민 자녀들 전체를 대상으로 한 기독교국제학교(영어 또는 한글로 강의)가 대도시를 중심으로 세워져 글로벌 인재들을 키워 내야 한다고 말한다. 또 현재 기존 한국 학생 중심의 기독교 미션스쿨이 이주민 자녀들을 위한 교육 커리큘럼을 도입해서 경쟁력을 키울 것을 제안한다.[71]

이주민 자녀들을 위해 당장 교회가 할 수 있는 일이 있다면 방과 후 학교를 열어 학교에서 뒤처지고 있는 학과를 도와주며 다양한 멘토링을 해 주는 것이다. 영아의 탁아 사업이나 유아원도 필요하다. 국적에 상관없이 아이들에게는 사랑, 용납, 안전 등의 기본적인 필요를 채워 줘야 한다. 특히 이주민 자녀들에게는 학교와 우리 사회에 잘 적응할 수 있도록 돕는 다

---

[71] 이천영, "이주아동의 선교적 접근 방법", 『다문화 사회와 이주자 선교』, 박찬식, 정노화 편, (서울: 기독교산업사회연구소, 2009), 241.

양한 프로그램이 필요하다.

강영택은 우리 사회가 다른 인종, 다른 문화의 다름에 대한 이해와 포용성을 갖춘 사회로 성숙하지 않는다면 다문화 가정의 어려움은 근본적으로 해결되지 못함을 지적했다.[72] 이 일이야말로 교회가 앞장서야 할 일로서 한국교회 이주민 선교의 기본 과제라고 할 수 있다.

(2) 유학생

외국인 유학생도 그 숫자가 급증해 4년(2014-2018년) 만에 67.5%나 증가했다. 현재(2019년) 국내 대학교에는 236개 국가에서 온 160,165명의 외국 학생이 1,045개의 캠퍼스에서 공부 중이다. 우리 주변에 있는 대학이 세계에서 온 유학생으로 인해 선교지가 된 것이다. 그들은 대부분 공산권과 이슬람권, 힌두교권, 무신론, 미전도 종족 등 선교하기가 어려운 지역에서 온 유학생들이어서 선교적 의미가 크다. 동남아와 아프리카 유학생 중에는 단순한 공부 목적의 유학이 아닌 돈을 벌기 위해 오는 경우도 있다.[73] 그들에게 복음을 전하므로 장래 선교의 인적 자원으로 삼는 일은 이주민 선교에서 매우 중요한 과제이다.

그들에게 가장 영향력이 있는 전도자는 대학교 교수로서 전국대학교수선교협의회의 협력 아래 교수들에게 선교 훈련이 시행되고 있다. 2019년 말에 제1기 선교 훈련을 이수한 총 16명의 교수가 전문인 선교사로 파송을 받기도 했다. '중국 유학생의 밤'은 2010년 10월부터 매년 9월 말 10월 초에 열리고 있으며 베트남, 아프리카권 등은 매해 추석 연휴 기간에 수련회를 가지고 있다.

---

[72] 강영택, "다문화 가정의 자녀 교육과 기독교적 실천 과제", 『다문화 사회와 이주자 선교』, 212.
[73] 그 한 예로, 대순진리회가 경기도 포천시에 세운 대진대학교에는 600명의 아프리카 유학생들이 있다. 학교는 그들에게 직장 알선까지 해 주고 있는데 커리큘럼 가운데 대순진리회의 교리를 배우는 시간이 있다.

유학생들에게는 한국어와 영어 향상을 위한 지원 프로그램, 각국 음식의 메뉴 개발 및 기숙사에 취사 시설 완비, 홈스테이 활성화, 진학과 취업 지원 및 멘토링 지원 등이 필요하다. 유학생 선교는 종족, 지역 간 강한 결속(우정과 친척 관계)을 이용하는 것이 좋으며, 가능하다면 전도하려고 시도하는 종족 중에 이미 그리스도인이 된 사람과 동역하는 것이 효과적이다. 교회 밖의 선교 단체(Para-church organization)와 협력하는 것도 좋다.[74]

(3) 난민

본국에서의 정치적인 불안정 등으로 타국으로의 이주를 택한 난민의 경우도 대다수가 미전도 종족이어서 또 다른 중요한 이주민 선교의 기회가 되고 있다. 난민은 전쟁이나 박해로 자신이 태어난 본국으로 돌아가지 못하는 비자발적 이주(강제적) 외국인으로 '국제적 보호'가 필요한 사람을 말한다. 성경에 나오는 많은 난민 사례, 예컨대 아브라함, 이삭, 야곱, 요셉, 모세, 룻 등은 난민 사역을 위한 성경적 근거가 된다. 난민들은 마태복음 2장에 나오는 아기 예수님이 애굽으로 피난 가신 이야기에 공감할 수 있을 것이다.

난민 사역은 총체적 사역, 즉, 그들의 정서적, 육체적, 영적 필요를 제공하는 것이어야 한다. 많은 난민이 이동하고 있으므로 그들을 섬기는 시간이 짧다는 것도 감안해야 한다. 난민에게 다가가기 위해서는 긍휼의 마음과 이해심, 사랑과 보살핌이 필요하다. 그리고 공개적으로 복음을 나누며 가능한 대로 양육도 해야 한다.

2018년 말, 세계적으로 난민 이주자는 7,080만 명이다. 놀랍게도 그중 80%가 무슬림인 것으로 알려졌다. 허보통(가명) 선교사는 이 점에 주목하고 유럽의 난민캠프라 불리는 그리스 레스보스섬에서 난민 사역을 하고

---

[74] 문성주, "주한 국제학생 현황과 글로벌 리더로서 양육 방안", 『우리의 이웃은 누구입니까?』(서울: 가리온, 2015), 166-168, 178 참조.

있다. 그는 47년간 난민 사역을 해 오면서 난민으로 들어오는 무슬림들은 테러범이 아니고 핍박받은 심령이 가난한 자들로서 복음에 마음을 열 준비가 되어 있다고 말한다.[75]

선교가 어려운 지역에서 난민들이 제 발로 한국에도 찾아왔다. 그런데 그들에게 국가가 제공하는 난민지원 센터는 수용 규모가 턱없이 작아 난민들의 피난처인 숙소를 준비 제공하는 일이 시급한 형편이다.[76] 재정착 난민들도 마찬가지이다. 국제난민기구(UNHCR)가 경계협력개발기구(OECD) 회원국들을 중심으로 유엔 난민 임시수용소에서 수년간 수용하고 있는 세계 난민들을 각 국가의 형편에 따라 재정착 난민으로 수용해 줄 것을 권고하자 한국 정부는 2015-2017년까지 태국 유엔 난민 임시수용소에 수용되어 보호받고 있던 미얀마 카렌족을 중심으로 86명을 재정착 난민으로 입국시킨 적이 있다.

앞으로 이주민 선교는 이런 난민들과 선교 접촉점을 찾기 위한 적극적인 관심과 노력이 필요하다. 우선 현실 가능한 방법으로 지역교회와 연결해서 재정착 난민들 대상의 법률 및 의료 지원을 하는 일, 한국어와 한국 사회 이해 교육 그리고 난민 청소년들 대상의 방과 후 학습센터를 운영하는 일등을 고려해 볼 수 있을 것이다.[77]

---

[75] 「국민일보」, 2019.12.19., 38. 이 외에도 난민을 들이면 위험하다는 생각의 비현실성은 스티븐 바우만 외 2인, 『교회, 난민을 품다』, 김종대 역 (서울: 토기장이, 2019), 94-100을 참조할 것.
[76] 현재 국가에서 지원하는 난민 지원 센터는 영종도에 마련한 82명 수용 규모의 시설뿐이다. 서울, 경기도, 제주도 등에 민간에서 운영하는 난민 숙소가 있지만, 소규모라 난민들을 충분히 수요하기가 어렵다(「국민일보」, 2019.10.25., 33).
[77] 송인선 대표(경기글로벌센터), "재정착 난민 선교 접촉점 고찰", KWMA 이주민 속초 포럼, 2019.10., 28-30.

8) 목회적 관점의 선교

이주민 선교가 해를 거듭하면서, 복음을 모르는 외국인들에 대한 선교와 이미 복음을 받은 기존 그리스도인을 증거자로 키워 내는 양육, 이 두 축이 필요하게 되었다. 여기서 자연히 목회적인 이슈들이 생겨나고 있다. 이주민 선교 초창기 행사 중심의 선교에서 이제 교회로서 목회 기능을 살리는 모습으로 바뀌어야 하는 것이다. 그렇게 하므로 선교교회지만 사회적으로도 영향력을 미치고, 나아가 귀국자들로 인해 현지 선교에도 활력을 불어넣는 역할도 감당할 수 있게 된다. 따라서 선교 목회의 분명한 목표와 장단기 계획이 필요하다.

여러 가지 이유로 이주민 선교는 우선 예배 자체도 적잖은 제약을 받고 있다. 전문 사역자 부족으로 언어 소통이 잘 되지 못하는 경우가 많고, 해당 국가가 기독교 예배를 쉽게 받아들이지 않는 경우들도 있다. 그러나 어떤 형태의 선교든 시간이 흐르면서 어느 정도 예배의 모습을 갖추게 된다. 만일 예배 없이 상담 활동이나 봉사 활동만을 한다고 하면, 선교의 방향을 다시금 설정해야 한다. 성경이 우리에게 외국인 나그네를 돌보라는 말씀과 함께 긴요한 지상명령, 곧 모든 족속에게 복음을 전하라고 말씀하고 있기 때문이다.

이주민 선교에서 예배는 얼마나 예배다운 모습이 되어 가고 있는가?
설교는 이주민들의 상황(context)과 관련된 것으로 그들의 문화를 이해하므로 소통이 되는 가운데 회개와 믿음을 일으키고 있는가?
교회에서 정규적인 기도회 모임은 가능한가?
가질 경우, 어떤 형태로 가질 수가 있겠는가?
이주민들에게 어떻게 기도 생활을 가르칠 수 있으며 한국교회 기도의 열정을 접목시킬 방법은 무엇일까?
이주민 선교에서 어떻게 소그룹 모임을 활성화시킬 수가 있을까?
개인 양육이나 심방은 왜 중요한가?

이주민 선교에 적합한 전도 방법은 무엇일까?

믿음이 있는 멤버들을 어떻게 제자로 훈련시켜서 동료들에게나 귀국 시 동족들을 전도하는 비전과 사명을 심어 줄 것인가?

이와 같은 목회적 관점의 질문들에 대한 연구가 필요하다.

이주민들 가운데는 장기 체류자들이 많고, 불법 체류자들이 많아 상당수가 고독이나 향수병 또는 불안감에 시달리고 있다. 본국에 가정을 두고도 이곳에서 끼리끼리 이중으로 결혼 생활을 하는 경우도 있다. 그런 사람들은 내면에 깊은 죄책감을 안고 있을 것이다. 이처럼 이주민들은 문화 충격에서 오는 스트레스 외에도 육체적, 심리적 그리고 영적인 억압 속에 있는 이들이 많다. 이런 복잡한 문제들은 단순히 복음 제시나 설교로만 해결하려고 할 것이 아니라 전문적인 초 문화 상담을 필요로 한다. 따라서 이주민 교회(또는 선교 단체)는 전문 상담 요원이 필요하다.

9) 이슬람 선교

이슬람 선교 과제는 위에서 언급된 타문화권 선교나 다종교 사회의 범주에 들어갈 수가 있다. 여기서 따로 이슬람 선교를 이주민 선교의 한 과제로 삼은 이유는 마지막 땅끝 선교로 불리는 이슬람권 선교가 세계 선교에서 차지하는 비중이 워낙 크고, 전략적인 면에서 국내 이주민 선교가 그만큼 중요하기 때문이다.

이슬람권 이주민들은 전체 이주민의 30% 정도를 차지하고 있으며 이들 가운데는 장기 체류를 하면서 자기들의 생활거점을 중심으로 게토화하는 현상까지 보이고 있다. 아직 한국 사회는 무슬림들과 사회적 거리감이 존재하고 있지만, 한 무슬림 대상의 설문 조사에 의하면 그들의 56%가 한국 여성과 결혼을 원하는 것으로 나타나 상당수 한국에서 결혼하고 살기를

원하고 있는 것을 볼 수가 있다.[78]

이슬람권 현지 선교는 열매를 기대하기가 매우 어려운데 국내는 사정이 다르다. 우리가 이슬람 선교를 그저 난공불락으로만 보아서는 안 되는 이유이다. 성경에는 수많은 무슬림이 주께 돌아온다는 예언이 나와 있다(사 60:6-7). 실제로 지난 1960년부터 2013년까지 약 1,800만 명의 많은 무슬림이 개종한 것으로 나타났다.[79] 국내 이주민 선교에서도 귀한 열매들이 나오고 있다. 경기도 평택 소재의 아가페국제교회의 경우, 2018년 세례식에서 수세자가 46명이 나왔는데 그중에 10여 명이 무슬림이었다. 그 교회 정철원 목사는 무슬림들의 삶의 현장에서 그들의 문제를 돕고 있다.[80]

경기도 의정부에서 무슬림 대상의 선교를 하고 있는 안디옥열방교회(김요셉 선교사)의 경우, 그들을 친구로서 대하며 그들의 고충을 들어 주고 주일이면 고국의 가족과 화상통화를 하도록 돕고, 돼지고기가 없는 음식을 대접한다. 그들의 언어로 찬양과 예배를 드리고 있는데 2017년 현재 29명이 세례를 받고 돌아가는 역사가 있었다.[81]

암미선교회의 다국적 선교 속에서도 은밀하게 무슬림 대상의 선교가 이루어져 왔다. 스스로 기독교에 대해 관심을 표현하는 무슬림들도 있다. 오래전 추석 수련회를 마치고 한 이란인이 내게 다가와 한 말이다. "우리 이슬람은 안 그런데 기독교는 어떻게 이처럼 여러 나라가 하나가 될 수가 있지요?" 그러면서 그는 바로 옆에 비치되어 있던 이란어 신약성경을 한 권집어 드는 것이었다. 후에 그는 종교 망명까지 감행한 암미선교회의 이슬람권 첫 선교 열매가 되었다.

---

78 지종화, "다문화 사회와 한국 무슬림의 적응과 대응", 『한국이슬람학회논총』 제21-2집, 한국이슬람학회, 2011, 78 재인용.
79 유해석, "이슬람권에 부는 새 바람", <4인 4색> 8강, CTS TV, 2020.9.14.
80 "가정보단 출입국사무소로 심방…", 「국민일보」, 2020.1.30., 34.
81 김요셉 선교사(안디옥열방교회), "국내 대 무슬림 근로자 선교", 「선교타임즈」, 2017.7., 83-84.

한때 한국교회는 교회 연합 운동으로 이단 척결, 동성애 반대와 함께 '이슬람 세력 확장 저지'를 내세웠다. 테러나 일부다처제 또는 할랄식품 문화가 가져오는 폐해 등으로 이슬람을 경계하자는 취지였다. 그러나 테러 문제는 일차적으로 정부에 책임이 있는 것으로 교회가 앞장을 선다면 오히려 이슬람 세력의 표적이 될 뿐이다. 교회 본연의 임무는 선교이므로 오히려 우리가 이슬람포비아(Islamophobia, 이슬람 혐오증)를 극복하고 그들도 하나님의 형상으로 지음 받은 우리의 이웃으로 대해야 할 것이다.

국내 무슬림 중에는 그들의 나라에서 재정적 능력, 고학력 등 상당한 특권을 가진 잠재적 미래 지도자들이 상당수 포함되어 있다. 이들이 가난한 노동자의 모습으로 한국 사회에 머물고 있다고 해서 그들에게 소홀히 한다면, 그 결과는 우리에게 엄청난 불이익과 외교적 손실을 가져올 뿐만 아니라, 반한 정서를 만들어 선교 현지에서 엄청난 대가를 치러야 할지 모른다.[82]

10) 종교 다원주의

마지막으로 이주민 선교는 앞으로 전개될 종교 다원주의 시대의 선교를 준비하는 것이 필요하다. 이주민들의 다양한 종교 배경을 따라 우리 사회가 다종교 시대로 진입했기 때문이다. 종교 다원주의란 다양한 종교들이 평화적으로 공존해야 한다는 주장이다. 그래도 우리 사회는 기독교, 불교, 가톨릭으로 대표되는 3대 종교가 서로 갈등은 있어도 비교적 평화적으로 공존하고 있는 셈이다. 그러나 이주민들의 다양한 종교 배경(이슬람권, 힌두교권, 불교권 등)은 그만큼 갈등을 일으킬 소지가 많아 영적 전쟁이 예상된다.

한국이슬람교중앙회에 따르면 모스크 17곳, 무살라(기도처) 123곳이 존재한다(2018년 기준). 국내 이슬람 유입이 늘어나면서 대학가에는 무슬림들

---

[82] 김요셉, "국내 무슬림 근로자 선교 사역 고찰", 「한국선교 KMQ」, 2016 겨울호, 통권 60호, 99.

을 위한 기도실까지 마련되어 있다. 기독교 대학도 예외가 아니다.[83] 2005년에 발표한 '비전 2020'의 7대 전략에 따라 2020년까지 한국 이슬람화를 위한 전략들이 진행되고 있다. 이와 같이 한국은 아시아 이슬람교 포교의 전략적 거점이 되고 있다.[84]

불교 사찰도 '템플 스테이'(Temple Stay)라고 해서 유학생과 다문화 가정을 포함한 이주민 대상의 포교에 적극적이다. 그들은 외국인들의 관심을 끌고자 '동양 문화 체험'이라고 소개하며 포교를 목적으로 며칠 사찰에 머물게 한다. 타 종교들뿐만 아니라 통일교, 안식교 등 이단들의 선교도 적극적이다. 그들은 이주민들의 언어로 된 교육 책자까지 구비하고 있는 상태다.

종교 다원주의는 1960년대 미국과 유럽에서 기독교의 독점 시대가 지나고 많은 동양 종교가 소개되면서 종교 신학이 등장한 데서 비롯되었다. 그 내용은 종교와 문화 등 모든 분야가 다원화 사회가 되었으므로 모든 종교도 평화적 공존을 해야 하지 특정 종교가 배타적 자세에서 절대성을 주장해서는 안 된다는 것이다. 그러나 복음은 선포(proclamation)로서 대화라는 용어와 대립되며(막 1:24) 거기에는 타 종교를 부정하는 의미가 담겨 있다. 저명한 역사학자인 라토렛(K. S. Latourette)은 "기독교가 세계적인 종교가 된 것은 기독교가 다른 종교를 흡수하여 혼합된 것이 아니라 예수 그리스도의 독특성을 확신하고 전도했기 때문이다"라고 말했다.[85] 그렇다고 전도의 방법까지 배타적이어서는 안 된다. 타 종교를 연구해 전략을 세우고, 상대방과 공유할 수 있는 접촉점을 찾으며 변증법적으로 대응하는 것이 필요하다.

이상 10가지 이주민 선교 과제를 살펴보았다. 한 가지 더 생각할 것이 있다면 이주민 선교 사역자들의 세대 교체 문제이다. 현재 많은 이주민 사

---

83 「데일리굿뉴스」, 2019.07.30.
84 구성모, "한국의 다문화 사회 진입에 따른 다종교 상황과 문제", 「선교타임즈」, 2017.5., 74.
85 전호진, 『선교학』(서울: 개혁주의신행협회, 1991), 192-193 재인용.

역자들이 이주민 선교 초창기 주자들로서 노령화 문제가 있는 것이다. 그들의 바통을 이어받아 이주민 선교가 더 전문적인 시대를 열어 갈 수 있는 일꾼들이 준비되는 것이 또 하나의 중요한 과제이다. 이를 위해 앞으로는 체계적인 사역자 재교육이 필요하며 그것이 정기적으로 이루어져야 할 것으로 보인다.[86] 교단적으로나 초교파적인 이주민 사역자 훈련 단체들은 이를 위해 내실이 있는 준비를 해야 할 것이다.

> **토의 및 적용 문제**
>
> 1. 종전의 이주 노동자 및 다문화 가정 선교에서 확대된 이주민 선교 개념이란 무엇을 말하는가?
> 2. 세계적으로 국제 이주가 많아지면서 다민족교회들이 늘어 가고 있다. 다민족 선교의 기본 전략은 무엇이며 다민족교회는 왜 중요할까?
> 3. 10가지 이주민 선교 과제 중에 특히 관심이 있는 분야는 무엇이며 어떻게 그 문제를 풀어 가는 데 일조할 수 있을지 생각해 보자.
> 4. 이주민 선교는 개교회보다 협력 선교로 이루어지는 경우가 많다. 지금 우리 교회가 이주민 선교를 위해 함께 협력할 수 있는 것이 있다면 무엇인가?
> 5. 한국교회 이주민 선교의 발전을 위해 기도하자.

---

86 정노화 목사(부산 외국인노동자선교회 대표) 인터뷰, 2020.8.20.

제6장

지역교회와 이주민 선교

요즘 '선교적 교회'(missional church)라는 용어가 자주 등장한다. 관련 글이나 서적도 계속 나오고 있다. 우리 사회가 다양한 문화가 공존하는 다문화 시대에 돌입해 있어 교회의 선교적 역할이 그만큼 커진 상황에서 스스로 던져보는 질문일 수 있다. 무엇보다 인구 절벽 시대에 양적 성장의 한계를 직시하고 질적 성장 중심으로 패러다임을 전환해야 한다는 목소리가 커지고 있다. 최근 한 교회 성장 포럼에서는 숫자를 중심으로 한 교회 성장 운동이 대형교회 중심의 양극화를 가져왔다며, 그 대안으로 먼저 제자도를 정립하고 교회론보다 선교론이 강조되어야 한다는 진단이 나왔다.[1]

교회의 본질이 무엇이냐 하는 문제는 특히 코로나 시대에 비대면 예배와 사역을 경험하면서 누구나 생각해 보게 되는 중요한 질문이기도 하다. 이 장에서는 교회의 본질이 무엇이며 선교적 교회란 어떤 교회를 말하는 것인지 살펴보고, 아울러 지역교회가 어떻게 이주민 선교에 참여할 수 있는지 구체적인 방안을 모색해 보기로 한다.

---

1 2020.6.2. 예장통합 총회국내선교부 주최 교회성장포럼. "한국교회 양적 성장 한계 직시, 패러다임 전환해야", 「국민일보」 미션라이프, 2020.6.4.

1. 선교적 교회

1) 용어

선교적(missional)이란 용어는 갑자기 생긴 것이 아니다. 지난 10여 년간 '선교적 교회'(missional church) 또는 '선교적 교회 운동'(missional church movement)은 교회갱신 운동의 키워드가 되어 왔다. 이는 '선교적 삶'(missional living), 즉, 복음을 전하기 위해 선교사적 태도, 사고, 행동, 실천을 수용하는 것을 의미한다. 그것은 라틴어 '미시오 데이'(Missio Dei), 즉, '하나님의 보내심'에서부터 온 개념이다. '미시오 데이'란 선교는 하나님 자신의 행위이며, 하나님의 본성에서부터 나온 것이라는 것을 뜻하는 말이다.[2] 부활하신 예수님이 "아버지께서 나를 보내신 것같이 나도 너희를 보내노라"(요 20:21)라고 하셨다.

이 용어가 조직과 관련해 분명하게 사용된 예는 1977년 린드렌과 샤우척(Lindren and Shawchuck)이 쓴 『당신의 교회를 위한 경영론』(Management for Your Church) 책에 나온다. 이 책은 모든 교회가 분명한 사명선언문을 가져야 한다는 점을 강조하기 위해 여러 차례 '미셔널'이라는 단어를 사용하고 있다. 1983년 케논 캘러한(Kennon L. Callahan)은 『효과적인 교회의 12가지 핵심 요소』에서 '미셔널'이란 용어를 쓰면서 그 용어를 다음과 같이 정의했다.

> '미셔널'은 효과적인 선교를 위해 지역교회가 개인적인 상처와 희망뿐만 아니라 제도적인 상처와 희망에도 똑같이 초점을 맞춰야 한다는 사실을 말하는 것이고 … '목표'는 언제 성취되었는지 알 수 있는 것처럼 매우 분

---

2 김영래, "미래교회 트렌드 읽기", 교회영역 포럼 2019 <새로운 교회의 존재 양식>, 할렐루야교회, 2019.7.2., 114.

명하게 진술된 선교적 방향을 의미한다.³

그러므로 이 단어는 교회의 선교와 그 선교를 수행하는 교회의 활동과 연결되는 말이다. 특히 1998년 출판된 『선교적 교회』가 등장하고부터 '미셔널' 곧, 선교적이란 단어가 공통적으로 사용되고 있다. 이 책은 1990년대 중반 '복음과 우리 문화 네트워크'(Gospel and Our Culture Network, GOCN)에 참여한 여섯 명에 의해 시작된 저술 프로젝트의 결과로 나온 책이다.⁴ 이 책의 저자들은 의도적으로 선교학과 교회론을 연결하므로 선교학적 교회론(a missiological ecclesiology), 즉, 선교적 교회에 대한 논의를 불러일으킨 공로가 있다.

역사적으로 교회와 선교의 긴밀한 관계는 IMC(International Missionary Council)와 같은 세계 선교 운동에서도 이미 강조되어 왔다. 예컨대, 1952년 독일 빌링겐 IMC 참가자들은 고백하기를, "그리스도가 하시는 세계 선교에 동참하지 않고는 그리스도와 함께할 수 없다. 그리스도를 통해 세워진 교회는 그리스도를 통해 세계 선교의 사명을 받는다"라고 했다.⁵

그 후 이 역사적인 활동에 반해 교회가 사회변혁의 좋은 도구라고 생각하여 교회와 선교를 동의어로 보는 견해가 등장했다. 대표적인 신학자 호켄다이크(J.C. Hoekendijk)는 그의 책 『밖으로 나가는 교회』(The Church Inside Out)에서 보편적인 교회를 강조하며 지역교회에 대해서는 비판적인 자세를 취해 오직 정치적이며 사회적인 활동을 하는 교회만 인정했다. 그 결과 교회의 본질인 선교가 세속화된 사회운동으로 전락하고 말았다. 그런 상황에서 '교회가 하는 모든 것이 선교'라는 정의가 나왔지만, 거기에는 선

3　크레이그 밴 겔더, 드와이트 J. 샤일리, 『선교적 교회론의 동향과 발전』 최동규 역 (서울: CLC, 2015), 93-94.
4　이 책의 반응으로 폭넓은 교회 지도자들이 다양한 방식으로 '미셔널'이라는 단어를 사용하는 결과를 낳았다 (앞의 책, 25-26.).
5　Charles Van Engen, God's Missionary People, 29 재인용.

교의 핵심이 빠져 있었다. 그래서 니일(Stephen Neil)은 "만일 모든 것이 선교라면 아무것도 선교가 아니다"라는 뼈 있는 말을 남기기도 했다.[6]

그래도 1970년대에 관점의 변화가 생겼다. 교회의 선교에 있어서 지역교회의 역할에 대한 재평가가 있게 된 것이다. 데이빗 와스델(David Wasdell), 윌버트 셍크(Wilbert Shenk), 메디 텅(Mady A. Thung)등은 1960년대에 형성된 초기 선교학적 교회론의 함축된 의미를 재고했다. 또한 1984년 코네티주 하트포드(Hartford)에서 있었던 교회의 존재 목적에 대한 연구에서 데이빗 루젠(David A. Roozlen), 윌리엄 맥키니(William Mckinney) 등이 세상에서 행해지는 교회의 선교에서 지역교회의 핵심적인 역할에 대해 강조했다. 그 후 5년이 지나 뉴비긴(Newbigin)은 그의 책 『다원주의 사회에서의 복음』(The Gospel in a Pluralist Society)에서 지역교회의 중요성을 다음과 같이 설명했다.

> 복음은 십자가에 돌아가신 분에 의해 증거된 것으로 모든 인간사의 해결책이다. 그래서 모든 사람이 믿어야 한다.
> 이 복음이 어떻게 믿을 만한 메시지가 되는가?
> 이 질문에 대한 나의 유일한 대답, 유일한 복음의 해석은 이 복음을 믿고 살아가는 남녀 성도들의 모임인 지역교회뿐이다.[7]

그러므로 교회와 선교는 분리하여 생각할 수 없다. 즉, 교회의 본질을 잘 이해하지 못하고 선교를 말할 수 없으며, 교회의 선교를 무시하면서 교회를 바로 이해할 수 없는 것이다.

---

[6] Stephen Neil, *Creative Tension* (London: Edinburge House, 1959), 81.
[7] Charles Van Engen, *God's Missionary People*, 32.

2) 교회의 본질 '선교'

교회가 존재하는 것은 하나님을 예배하기 위함이다. 예배를 통해 성도들이 하나님의 영광을 보는 것이 예배인 것이다(사 66:18). 그리고 먼 섬들로 가서 하나님의 영광을 모든 나라에 전파하는 것이 선교이다(사 66:19). 요한복음 4장에 나오는 사마리아 여인은 경건한 삶과 거리가 먼 여인이었지만, 주님을 만나고 참예배자로 살면서 사마리아성의 수많은 사람을 주께로 인도했다. 예배와 선교는 이렇게 서로 연결되어 있다. 참된 예배는 사명을 발견하므로 선교적인 삶을 살게 되어 있다. 따라서 선교 지향적인 교회가 되려면 먼저 예배가 회복되어야 한다.

좀 더 깊이 교회를 생각해 본다면 교회는 그리스도의 몸으로서 하나의 거룩하고 보편적이며 사도적인(the one holy, catholic and apostolic) '하나님의 백성'을 가리킨다. 그래서 교회의 본질을 통일성, 성결성, 보편성 및 사도성의 네 가지로 말한다. 또한 교회의 3대 기능은 예배, 양육 그리고 증거이다. 즉, 교회는 예배를 통해 직접 하나님을 섬기며 양육을 통해 신자들을 섬기고 복음 증거를 통해 세상을 섬기도록 되어 있다.

태초에 하나님은 그의 백성을 예배하도록 창조하셨다(사 43:21). 그러므로 예배는 창조 목적에 부합되는 것으로 말씀 선포, 기도, 찬양 등은 예배의 요소이다. 말씀 선포, 곧 설교는 예배의 핵심으로 예수 그리스도의 인격과 사역에 대한 진리를 전하므로 그리스도를 구주와 주님으로 제시하는 것으로 회중들에게 회개와 믿음을 일으키는 것이어야 한다. 설교의 위치와 능력을 회복하지 않는 교회에 영적인 갱신은 있을 수 없다.[8]

다음으로 예배의 요소 가운데 기도가 있다. 회당 예배의 장소가 '기도처'(행 16:13)라고 불린 것을 보면 예배에서 기도의 중요성을 가늠해 볼 수가 있다. 공식적이거나 비공식적이거나 함께 모여 힘쓰는 기도는 교회에

---

8 에드먼드 클라우니(Edmund P. Clowney), 『교회』, 황영철 역 (서울: IVP, 2001), 148.

영적인 힘을 불어넣어 준다.

　찬양의 경우, 예배의 요소이면서 한편으로 선포의 성격이 있다. 찬송 속에서 우리가 하나님께 찬양하지만, 서로를 향해서도 찬양을 하는 것이며 우리의 찬양은 선교적 의미가 있어 세계로 뻗어 나가는 것이기 때문이다(엡 5:18-19; 골 3:16).[9]

　한편 교회는 '성도를 온전케 하며 봉사의 일을 하게 하며 그리스도의 몸을 세우려는 사역을 통해 성장하다(엡 4:12). 교회는 하나의 씨앗과 같아서 그 안에 이미 씨가 자라나 나무가 되는 생명력을 간직하고 있다. 그러나 씨가 자라는 데에는 도움이 필요해 하나님이 자라게 하시도록 파종과 물을 주고 가꾸는 작업이 필요하다(고전 3:6).[10] 이러한 양육의 목표는 주님을 알고, 주님의 뜻을 행하며 주님처럼 되는 것이다. 그리스도를 안다는 것은 그분의 신성을 고백하고(롬 9:5), 그분의 구원 역사를 신뢰하는 것뿐만 아니라 성령을 통해 마음속에 그리스도의 임재를 경험하는 것이다(골 1:27). 그것은 주님의 뜻을 행하는 것과 분리될 수 없다. 그러므로 주의 말씀에 귀를 기울이는 것이 양육의 시작이요 순종하는 믿음은 성장의 표시이다. 양육은 또한 주님을 닮는 일에서의 성장도 의미한다.[11]

　이제 교회의 3대 기능의 마지막이 되는 증거를 보자. 교회가 세상을 섬기는 존재라는 것은 교회의 사도성과 관련되는 것으로 '보내심을 받음'에 대한 하나의 표현이다. 예수님이 제자들을 부르셨던 것처럼, 예수님은 그들을 또한 보내셨다. 이 '보내심'은 복음서 여러 곳에 나타나 있고(마 18:19-20; 막 16:16; 눅 24:49; 요 20:21), 사도행전 13:24에도 강조되어 있다. 예수님은 교회로 부르신 성도들을 이렇게 세상으로 보내신다(요 17:18). 그러므로 보내심을 받은 모든 교회는 선교적 교회인 것이다.

9　클라우니, 『교회』, 151.
10　Charles Van Engen, *God's Missionary People*, 27.
11　클라우니, 『교회』, 162-169 참조.

교회가 세상을 섬기는 존재라는 것은 교회의 보편성과도 관련된다. 만일 하나님의 나라의 범위가 아주 넓고, 그리스도의 주 되심이 '모든 정사와 권세'를 다스리는 것이라면, 교회의 존재는 이런 우주적인 범주 안에서 이해돼야 한다.[12] 그것은 또한 지역교회들의 증거 사역이 세계적이어야 함을 시사한다. 그래서 타문화권 선교가 지역교회의 궁극적 목적이 되어야 하는 것이다. 그러므로 지역교회는 교회의 선교적 본질을 인식하고 목표와 일의 우선순위를 정하며 전략을 수립하는 일이 중요하다. 선교적 교회란 교회가 단순히 선교사를 파송할 뿐만 아니라 교회 자체가 선교 사명을 갖고 하나님에 의해 파송된 것을 강조한 말이다.[13]

3) 선교적 교회를 위하여

교회는 선교하는 교회라는 본질을 생활화할 때, 세상에서 하나님 나라의 참모습을 드러낼 수 있다. 그런 이유로 에밀 브루너(Emil Brunner)는 "불이 타오르므로 존재하듯이 교회는 선교함으로써 존재한다"라고 말했다.[14]

그럼 구체적으로 어떻게 교회가 선교 지향적인 교회로 세워질 수가 있을까?

그것은 무슨 큰일을 해야 하는 것이 아니라 우리가 생각과 태도를 바꾸고 실천하는 데 있다. 사실 교회는 건물이 아니라 믿는 사람들인 것이다.

미국의 오스틴 시티라이프 교회 조나단 닷슨 목사는 선교적 교회를 위한 구체적이고 실제적인 여덟 가지 방법을 제시했는데 그중 우리의 실정에도 가능한 몇 가지를 여기 소개해 본다.[15]

---

12 Charles Van Engen, *God's Missionary People*, 76.
13 정경호, "한국교회의 새로운 패러다임으로써 선교적 교회에 대한 연구", 「복음과 선교」 제33집, 180.
14 Stephen Gaukroger, *Your Mission, Should You Accept It...*, (Downers Grove, Il.: InterVarsity Press, 1996), 81. 재인용.
15 교회영역 포럼 2019 <새로운 교회의 존재 양식>, 115-116 재인용.

첫째, 직장이나 가정의 비기독교인 동료들이나 이웃들과 식사를 함께 하라.

이는 기독교적 내부 문화에서 나오라는 말이다. 선교적 삶을 위해서는 그저 편안한 느낌을 주는 그리스도인들과의 교제에만 머물러 있어서는 안 된다.

둘째, 집 근처 동네와 아파트 주변, 캠퍼스 안을 걸어라. 만나는 사람에게 인사를 하고 말을 건네며 친구를 사귀라.

선교적 삶을 위해 자동차를 이용하지 말고 걸으라는 제안이다. 참으로 참신한 생각이면서도 선뜻 응하기 어려운 내용이기도 하다. 선교적 삶을 위해 우리의 생각과 태도를 바꾼다는 것은 이렇게 값을 요구하는 것이다.

셋째, 같은 장소를 같은 시간에 가라. 웃어라. 질문하라. 친구가 돼라.

전도를 위해 마치 매일 거리로 나가는 노방 전도자처럼 선교적 삶을 살라는 말이다. 여기에 우리가 다문화 가정 등 이주민들까지 포함시킬 수가 있다면 더 좋을 것이다.

넷째, 의도적으로 운동이나 음악 등 비기독교인들과 취미 생활을 함께 하라. 꾸밈없이 대하라.

흔히 교회에 열심인 사람들은 주변에 전도할 사람이 없고, 전도는 오히려 새 신자들이 잘한다고들 말한다. 잘 믿는다는 사람들이 정작 선교적인 삶과 거리가 멀다는 말이다. 그런 성도들로 구성된 교회는 결코 선교적인 교회가 될 수가 없다. 스티븐 고크로거(Stephen Gaukroger)는 이런 현상이야말로 '크리스천 게토'(Christian ghetto)라며 월드 크리스천이 되기 위해서 외국어를 배우거나 가능하다면 다른 나라를 방문해 그곳의 사람들과 지내보라고 제안한다.[16]

허버트 케인은 그의 저서 『세계를 품은 그리스도인』에서 우리가 월드 크리스천이 되어야 할 이유를 다음과 같이 설명한다.

---

16 Gaukroger, *Your Mission, Should You Accept It…*, 15.

그리스도를 따르는 사람으로 자처하면서 세계를 품은 그리스도인이 되지 않는다면 모순이다. 그리스도는 이 세계의 구주이시다. 주의 제자는 마땅히 세계를 품은 그리스도인이 되어야 한다.[17]

이러한 월드 크리스천을 키워 내는 선교적인 교회의 세 가지 요소가 있다. 그것은 목사의 선교 비전과 지도력, 선교 교육을 통한 평신도의 헌신 및 협력의 자세이다.

(1) 목사의 선교 비전과 지도력

흔히 지역교회는 선교 문제를 전담할 선교부나 선교위원회를 둔다. 규모가 큰 교회의 경우 선교 목사나 코디네이터를 두기도 한다. 선교부(또는 선교위원회)가 주동이 되어 게시판에 선교 홍보를 하며 선교를 위한 기도 시간을 갖는다. 그러나 교회가 근본적으로 선교 구조를 갖추려면 우선적인 것은 목사의 선교 비전과 지도력이 중요하다. 선교를 충실히 하는 교회치고 배후에 목사의 선교 지도력이 배제된 경우는 없다. 이런 이유로 '교회의 선교적 열정은 목사의 그것에 비례한다'는 말이 성립되는 것이다.

지역교회는 선교사가 태어나 양육, 파송되는 모판이다. 따라서 목사는 무엇보다 선교 소명을 가진 자를 발굴하고 훈련을 돕는 일은 물론, 언제든지 성도들에게 선교 상담을 해 주며 격려할 수 있어야 한다. 특히 현대 선교에서 평신도 전문인 선교가 중시되고 있음을 기억하고 좋은 평신도 선교사를 배출하기를 힘써야 한다. 선교적 열정을 고취하기 위해서는 설교가 선교적이어야 하며 세계를 향한 기도와 관심의 폭을 넓혀 주는 것이어야 한다. 청소년과 대학생들에게는 복음을 위해 헌신하는 계기를 마련해 주는 일도 필요하다.

---

17 허버트 케인, 『세계를 품은 그리스도인』, 민명홍 역 (서울: 죠이선교회출판부, 1993), 91.

이를 위해 목사는 선교적 측면에서 성경을 연구함은 물론, 선교 책자들도 관심을 가지고 더러 중요한 책은 숙독하는 자세가 필요하다. 이러한 연구를 통해 자신의 고정된 선교관이 아닌 바른 선교 신학을 확립하는 능력을 얻게 될 것이다. 선교 세미나에 참석하거나 기회가 되는대로 선교사들을 만나 선교 동향과 정보, 또는 선교 전문지식을 접해야 한다. 적어도 정기적인 간행물을 한 권쯤 구독한다면 개교회가 선교적 교회가 되는데 좋은 아이디어를 얻을 수 있을 것이다. 기회가 된다면 선교지 탐방을 통해 선교 현장을 직접 보는 것도 좋다.

(2) 선교 교육

다음으로 중요한 선교 교육에 대하여 먼저 그 정의부터 살펴보자. 조귀삼은 선교 교육의 목적을 그리스도를 머리로 한 신앙 공동체와의 관계 안에서 가정과 이웃과 자연 및 세계와의 생동적인 관계를 유지하면서 하나님 나라의 새 질서를 신앙의 눈으로 식별하고, 세상 속에서 그리스도의 증인으로서 선교적 사명을 감당하도록 돕는 일이라고 정의했다.[18] 선교 교육은 이렇게 단순히 가르친다는 차원을 넘어 선교에 관한 신학적인 교육, 선교의 필요성과 시급성에 대한 인식, 구체적인 참여 방법 등에 이르기까지 선교에 대한 구체적이고 실질적인 인식과 참여를 목적으로 한다. 그래서 교회의 선교 교육은 사실 신학 교육에서부터 시작되어야 한다. 강승삼은 선교 활성화와 신학 교육의 갱신을 위한 선교 교육의 중요성을 다음과 같이 강조한다.

> 선교는 교회의 본질에서 흘러나오고, 교회 선교는 모든 신학의 중심이 되도록 재반영되어야 한다. 모든 신학 분과에서는 예수님의 지상명령

---

[18] 조귀삼, 『전략이 있는 선교』, 72.

(The Great Commission) 순종 지향적 신학으로 재조명해야 한다.[19]

좀 어려운 말로 들릴 수 있으나 모든 신학의 중심이 선교와 연관되어 실행되는 것이어야 한다는 말이다. 이것이 위에서 언급한 대로 목사가 선교 이해와 헌신의 수준이 높아야 하는 이유이다. 그렇지 않고는 성도들을 월드 크리스천(World Christian)으로 키워 내고자 하는 비전으로 선교 교육을 시키기가 어렵기 때문이다. 선교 교육은 기본적으로 담임목사가 먼저 설교나 성경 공부를 통해서 지상명령에 순종하는 그리스도인으로 양육시켜야 한다. 선교를 위한 기도도 구체적인 것이 되도록 해야 한다. 가끔 선교 헌신예배를 갖거나 연중행사로 선교 세미나 또는 선교 부흥회를 가짐으로써 교회가 더욱 선교적인 교회가 되는 계기로 삼을 수도 있다.

베이커(Wesley Baker)에 의하면 보통 지역교회에는 10%의 열심 있는 성도들이 주도권을 잡고 있는데 그들이 선교를 이해하지 못할 경우, 그들과 극한 전쟁을 치르지 않고는 선교적 교회가 되기 어렵다.[20] 찰스 벤 엔겐도 이와 비슷한 말을 했다. 목사가 선교를 모르면 10%에 해당하는 성도들을 교회 내에서 환자 심방, 성경 공부 인도 등으로 그저 바쁜 목회자들의 일감을 조금 덜어 주는 정도로 일을 시키는데 그것은 하나님의 백성을 '산타를 돕는 난쟁이'로 만드는 일이라고 했다.[21] 목사는 모든 성도의 은사와 잠재력을 개발하고 훈련시켜 주며 그들이 다양한 은사와 직업을 가지고 선교에 헌신하도록 독려해야 한다.

허명호는 선교 교육을 이주민 선교에 적용시키는 의미 있는 제안을 했다. 마이클 쉽맨의 책 『Any 3: 누구든지 어디든지 언제든지』에서 말하는 대로 다민족 이주민 사역을 동성끼리 2인 1조 팀 사역으로 하면 좋다는

---

[19] 강승삼, "세계화에 따른 한국교회 선교의 패러다임 변화", 『한국 세계 선교행정과 정책 자료집』, 한국세계선교협의회 편 (서울: KWMA, 2004), 19.
[20] Charles Van Engen, *God's Missionary People*, 149-150 재인용.
[21] Engen, *God's Missionary People*, 153.

것이다. 한국인은 한국어 성경과 간단한 교안을 갖고, 이주민은 자신의 언어로 된 성경을 갖고서 서로 자기 성경을 함께 읽으면서 공부하는 방안이다. 그는 한국 땅 방방곡곡에 주님의 교회 지체들이 다 그렇게 할 수 있기를 소원한다고 했다.[22] 그런 생각이 그저 원론적인 말로 들릴 수 있지만, 교회 선교 교육이 꾸준히 뒷받침된다면 불가능한 일도 아닌 것이다.

(3) 평신도 전문인 선교

21세기에 들어와 평신도 선교의 중요성이 강조되고 있다. 복음에 닫힌 국가나 종족들이 이전보다 더 많아진 탓이다. 제1차 로잔대회에 이어 제2차 로잔대회에서도 모든 참석자가 평신도 선교 사역에 대한 헌신을 다짐하며 "우리는 하나님이 세계 복음화 사역을 위해 전 교회 모든 구성원을 부르셨다고 확신한다. 그러므로 우리는 평신도, 안수받은 자 모두가 함께 세계 복음화 사역을 위하여 동원되고 훈련되기를 원한다"고 공언했다.[23]

모든 그리스도인에게는 두 가지 사명이 있다. 첫 번째 사명은 세상을 향한 것으로 직업적 소명이다. 아브라함 카이퍼는 세상 모든 영역 중에 그리스도께서 내 것이라 외치지 않으신 곳은 1인치(inch)도 없다고 했다. 무슨 일을 하든지, 그리스도인으로 그 일을 하는 것이 사명자로 사는 것이다. 두 번째 사명은 복음 전도 사명으로 하나님은 우리(교회)를 통해 세상에 천국 복음이 전파되기를 원하신다(마 28:19-20).[24]

---

[22] 그의 제안은 이렇다. 지금 전국에 교회가 없는 지역이 없고, 이주민이 없는 곳도 거의 없다. 지역교회 목사가 성도들을 훈련시켜 두 명이 주변의 한 명 이주민을 맡아 교제하며 복음을 전하는 것이다. 그렇게 하다 보면 자연히 한국인 대상의 전도도 이루어지게 될 것이다. 두 명이 함께하는 것은 성경적이기도 하며 축복이다(허명호, 김현진, 『다민족 복음화는 에클레시아 공동체의 회복으로』 [서울: 가리온, 2018], 64.).
[23] 김성욱, 『21세기 기독교 전문인 선교 신학』 (서울: 이머징북스, 2019), 217-218 재인용.
[24] 성남용, "선교적 교회를 지향하는 교회", 『한국선교 KMQ』, 2020 봄호, 통권 73호, 186.

그리스도인들이 모두 이 두 가지 소명을 깨닫고 세상을 향해 사명자로 살 때, 그것이 바로 선교적 삶이요 선교적 교회를 세우는 일이 되는 것이다. 모든 평신도 선교사를 다 전문인 선교사로 말하기는 어렵다. 김종성은 전문인 선교사를 평신도 선교사, 직업 선교사 그리고 자비량 선교사, 비즈니스 선교사와 구분하며 전문인 선교사에 대해 다음과 같은 정의를 내린다.

> 전문인 선교사는 세상에 존재하는 직업의 수많은 영역에 있어서, 한 분야에 오랫동안 종사하면서 그 분야에 상당한 지식, 기술과 경험을 가진 사람이 하나님의 선교에 헌신하는 사람을 칭한다.[25]

다음은 그가 말하는 전문인 선교의 원칙이다.[26]

첫째, 선교적 동기가 분명할 것
둘째, 선교의 중심에 그리스도가 있을 것
셋째, 성경 중심의 원칙에 서 있을 것
넷째, 현지인에 대한 봉사의 정신이 그리스도의 섬김을 기초로 할 것
다섯째, 팀 선교에 대한 깊은 이해가 있을 것

이런 전문인 선교사의 좋은 예는 우리나라 선교를 위해 최초로 들어온 미국 북장로교회 소속 의료 선교사였던 알렌(Horace Newton Allen)에게서 찾을 수가 있다. 그는 전문 의사로서 당시 높은 지위의 관리들에게도 영향을 주며 선교 사역을 일궈 낸 경우이다.

25　김종성, "전문인 선교와 F1, F2, F3 지역 선교", 「선교타임즈」, 2017.5., 9.
26　김종성, "전문인 선교와 F1, F2, F3 지역 선교", 9.

그럼 이런 전문인 선교사 외에 다른 평신도 선교사들, 특히 비즈니스 선교사는 어떻게 다른가?

비즈니스 선교사는 문자 그대로 이윤을 추구하면서 하는 선교이다. 하지만 어디까지나 이윤 추구가 목적이 아니고 반대로 이윤 창출을 통해서 더 많은 고용을 창출해 내는 것이 목표이다. 또한 양질의 제품과 서비스를 제공해야 한다. 그렇게 될 때 선교지의 많은 사람을 더 많이 도울 수가 있고, 그들에게 복음을 전할 기회를 제공할 수 있게 된다.[27] 결국 비즈니스 선교는 성육신의 자세로 섬기려는 자기희생이 요구되는 선교로 비즈니스로만 끝나지 않기 위해서 선교 교육이나 신학 교육이 필요하다.

한국교회의 평신도 전문인 선교에 대한 인식을 보면 선교 단체는 적극적이나 각 교단 선교부는 아직 미미하다. 이 문제점에 대해 김성욱은 두 가지 해결점을 제안한다.

첫째, 일부의 목회자들이 우려하듯이, 전문인 선교는 전통적인 선교에 대한 위협이 아니다.

둘째, 전문인에 대한 전반적인 지역교회의 시각이 바뀌어야 한다. 이미 선교 현장에서 활동하는 세계 선교사의 80% 이상이 평신도 전문인 선교사인 점을 기억해야 한다.[28]

한국 전문인 선교협의회의 통계에 의하면, 평신도 전문인 선교사는 목사 선교사에 비해 헌신하며 준비하여 파송되기까지 후원 교회와의 관계에서 어려움을 겪는 것으로 나타났다. 지역교회의 평신도 전문인 선교에 대한 낮은 인식 때문이다. 이런 문제점에 대해 김성욱은 유교적 배경에서 온 위계질서를 중시하는 한국적 가치관이 교회 직분 이해에 영향을 미쳐서

---

[27] 정홍준, "비즈니스 선교를 통한 하나님의 변혁 운동", 「선교타임즈」, 2017.7., 62.
[28] 김성욱, 『21세기 기독교전문인 선교 신학』, 33.

교회 직분을 수직적 계급 구조로 오해하는 경향이 있는 것이라고 주장한다. 이를 위해서는 바른 평신도 신학이 정립되어 목회자가 권위주의가 아닌, 자신도 교회의 한 지체로서 다른 평신도들을 도와 그들이 받은 소명을 다하도록 목양해야 한다고 말한다.[29]

한편 평신도 전문인 선교사 가운데는 장기 선교사일수록 남성보다 여성이 많은 것으로 나타났다. 직업과 경력은 간호사와 의사가 가장 많고, 경제, 대중 매체, 예술, 스포츠, 정치, 가정, 기타 사업가, 회사원, 교사나 강사, 영양사들이 참여하고 있다. 평신도 전문인 선교는 모든 분야에 필요하지만, 특히 교회 개척과 신학교 사역 및 교육 사역과 과학기술 사역 그리고 선교 사역에 필요한 것으로 나타났다.[30] 바야흐로 21세기 마지막 때에 선교적 교회를 위하여 모든 지역교회가 평신도 전문인 선교에 눈을 뜰 때가 되었다.

(4) 협력의 자세

지역교회가 선교적인 교회가 되려면 선교 전문기관과 협력하는 자세를 가져야 한다. 지역교회는 타문화권에 대한 이해나 선교 경험이 부족하고 선교 현지 선교사의 사역 내용을 잘 알지도 못하기 때문이다. 보통은 교단 차원의 선교 기구가 있어서 선교 행정과 정책에 있어 어느 정도 자율권을 가지고 선교사 훈련부터 관리에까지 선교의 전 문화를 시도하고 있다.

다음으로 초교파적인 선교 기구를 통한 선교가 있다. 어느 특정 교회나 교단에 속해 있는 것이 아니라 초교파적으로 구성되어 선교 사역에 전 문화를 시도하며 교회와 함께 선교 사역을 수행하는 것이다. 이런 선교 기구의 장점은 선교 경험이 축적되어 있어 선교 방법을 알고 있으며 선교사를 보호 관리하는 일도 충실하다는 점이다.

---

29 김성욱, 『21세기 기독교전문인 선교 신학』, 222-223.
30 김성욱, 『21세기 기독교전문인 선교 신학』, 34-40 참조.

교단 선교 기구, 특히 초교파 선교 기구와 협력하는 자세는 교회 성장이 아닌 하나님의 나라 확장을 위한 선교적 교회를 추구하게 만든다. 미국 뉴저지에서 교회 연합 운동을 이끌고 있는 양춘길 목사 역시 선교적 교회를 꿈꾸는 교회, 선교적 삶을 사는 성도는 선교의 주체가 하나님이시며, 교회는 하나님의 선교를 위해 부르심을 받아 쓰임 받는 도구인 것을 깨닫고 고백하기 때문에 교회의 연합과 초교파적 협력을 이룬다고 주장한다. 그가 말하는 선교적 교회를 위한 연합의 의미를 들어 보자.

> 예수님은 교회를 세우기 위해 이 땅에 오신 것이 아니라, 교회를 통해 하나님 나라를 세우기 위해 오셨다. 예수님은 하나님 나라를 강조하셨고, 하나님 나라를 확장하는 일을 위해 우리를 교회로 부르셨다. 선교적 교회는 교인의 숫자가 많고 적음에 연연하지 않는다. … 교인 각자가 파송된 삶의 영역에서 얼마나 선교적 삶을 사는지, 각 교회가 맡은 지역에서 얼마나 선교적 교회의 영향력을 발휘하고 있는지 하는 것이 하나님 나라를 위한 교세 측정 기준이다.[31]

여기서 우리는 한국교회 선교의 단점으로 지적되는 협력(연합)의 자세를 생각해 보게 된다. 한번 스스로 질문해 보자.

"나 자신은 선교적 교회를 세우고 있으며 개인적으로도 선교적 삶을 사는가?"

그 대답은 사역의 관심과 궁극적 목적이 하나님의 나라를 확장시키는 데 있는지, 아니면 그저 개교회의 성장과 개인의 형통한 삶에 있는지에 있다. 만일 후자의 경우라면 선교도 제각각의 선교로 경쟁 구도만 생길 뿐, 결코 바른 선교가 될 수 없다.

---

[31] 양춘길, "미셔널 처치를 꿈구라", 「국민일보」 미션라이프, 29.

2. 지역교회와 선교 단체(파라처치)

1) 지역교회와 선교 단체의 관계

지역교회는 타문화권 선교 경험이 없어 선교 사역을 수행하는 데 한계가 있다. 이런 이유로 선교의 경험과 기동력이 있는 선교 단체와 협력의 필요성을 가진다. 선교 단체 역시 인적, 재정적 자원이 지역교회에 있기 때문에 교회와 긴밀한 관계를 갖지 않고는 선교 단체로서의 사역을 제대로 할 수가 없다. 서로 부족한 점을 보완하여 덮는 공생적인 관계이다. 서로 특별한 기능을 위해 존재하지만, 목적은 하나이다.

선교에서 교회와 선교 단체의 두 가지 구조를 발견하고 발전시킨 사람은 랄프 윈터(Ralph D. Winter, 1924-2009)로서 그는 사회학 분야의 용어인 모달리티(modality)와 소달리티(sodality)의 이중 구조 개념으로 설명했다. 모달리티는 양육 중심의 회중교회 구조로서 신자라면 남녀 구별이나 연령 제한 없이 누구나 참여할 수 있는 공동체이다. 이에 반해 소달리티는 특정한 사역 중심의 구조로 선교 단체를 생각해 볼 수 있다. 랄프 윈터는 이 두 가지가 다 필요하다고 했다. 찰스 벤 엔겐은 그의 탁월한 저서 『하나님의 선교적 교회』(*God's Missionary People*)에서 지역교회와 파라처치(para-church)의 성격을 다음과 같은 도표를 사용해 대조해 주었다.[32]

---

[32] Charles Van Engen, *God's Missionary People*, 29.

<도표 1> 교회와 선교의 일반적 관계(Common Conceptions of Church and Mission)

교회	선교
제도화된 조직	개인화된 친교
유급 성직자의 지도	자기희생적인 선교사들의 지도
부동산을 기초로 함	동산을 기초로 하며 부동산은 적음
기관 조직 유지 지향적임	위험이 따라도 새 사업을 지향함
세상에서 구별된 천국 생활	세상 안에서 선교함
질서 잡힌 정책	특수 목적을 위한 조직, 느슨한 정책
책임과 의무가 있는 조직	봉사자 중심의 개체 조직
자급자족	계속적인 외부 도움에 의존
자치/전도, 번식	외부로부터 기안되고 조정됨

여기에 하나를 더 추가한다면 교회는 영구적이고 지속성이 있지만, 선교회는 일시적이라는 점을 들 수가 있다. 도표 대조를 통해서 알 수 있듯이 교회는 그 구조상 선교 단체처럼 오로지 선교의 목적을 향해 앞으로 나아가기가 쉽지 않다. 초기 이주 노동자 선교 사역도 1992년 희년선교회나 외국인노동자선교회 등 선교회에 의해 시작되었고, 2000년대 이후에야 선교 단체뿐만 아니라 지역교회도 참여하기 시작한 것을 볼 수가 있다.

2) 선교회의 기원과 역할

성경에서 선교 단체의 시작은 안디옥교회가 파송한 바울과 바나바의 활동에서 볼 수가 있다. 이 두 선교사는 안디옥교회의 선교 사역을 감당하고 돌아와 선교 보고를 했다. 그것은 실제로 교회의 확장이었다. 그런데 그들은 교회에 소속되어 있으면서 선교 사역의 성격상 새로운 조직을 필요로 하였다. 선교 자금 조달 방법도 마찬가지였다. 특히 바울은 소아시아 전역을 누비면서 선교를 할 때 디모데와 누가 등을 만나 함께 팀 사역을 하면서 선교의 효과를 배가시킨 것을 본다.

이런 선교 조직은 역사적으로 중세에 와서도 동일했다. 즉, 교회가 있으면서 또 수도원들이 있었는데, 수도원은 수도사들을 훈련하여 선교사로 파송하는 선교 단체의 역할을 했던 것이다. 그리고 19세기 말에 선교회 조직이 생겨나기 시작하면서 개신교 선교가 비로소 활성화되었다.

그 가운데 믿음 선교(faith mission)를 주창한 허드슨 테일러의 '중국내지선교회'(CIM) 같은 독립적인 선교 조직이 태어났고, 특히 제2차 세계대전 이후에 다양한 목적의 자율적인 선교 단체들이 쏟아져 나왔다. 이처럼 역사적으로 기독교 선교 운동에는 교회라는 목회적 구조(pastoral structure)와 선교 단체라는 선교적 구조(missionary structure) 두 종류의 기본적인 사역 구조가 형성되어 온 것을 볼 수가 있다.

모달리티(modality)로 불리는 '교회'는 포괄적이며 지역적인 특성이 있고, 다양한 사역 곧, 전도, 양육, 구제, 선교 등의 특징이 있다. 반면에 소달리티(sodality)의 '선교 단체'는 선별적, 기동성, 목표 과제 지향성 등의 특징을 가지고 있다. 이 두 구조는 물론 상호 협력적이어야 한다.[33] 그러나 실제로 서로 간에 마찰이 발생하곤 한다. 교회는 때로 선교회를 교회관이 부족하다고 폄하하는가 하면 선교회는 교회가 선교를 잘 모른다고 무시하기 때문이다. 교회들은 정기적인 사역 보고나 더 많은 정보를 요구하는데 선교 단체들이 그 요구를 잘 만족시키지 못하는 경우도 적지 않다.

여기서 기억할 것이 있다. 선교 단체가 생겨난 것은 개교회 차원에서 할 수 없는 일이 많기 때문이다. 이주민 선교도 다양한 문제로 개교회가 하기에는 그리 쉽지 않은 것이 사실이다. 그래도 선교 단체는 지역교회와 더 긴밀하고 책임 있게 사역하는 자세가 중요하다. 엘리아스 메데이로스(Elias Medeiros)는 선교에서 지역교회의 중요성을 다음과 같이 설명한다.

> 지역교회의 영적, 개인적 그리고 재정적 지원이 없다면 파라처치 단체는 세계 복음화의 사명을 완수할 수 없으며 생존조차도 불가능하다. 근본적으로 파라처치 단체는 지역교회를 기반으로 생겨난 대리인으로 인하여 우

---

[33] 김영애, "지역교회와 선교회의 협력", 「암미뉴스레터」 17호, 2005.12.30., 2-4 참조.

리는 주님을 찬양한다.³⁴

한편 선교 단체의 사역을 무시하고 교회(교단)만이 선교사를 보내는 유일한 합법적 파송 기관으로 보는 경우도 있다.³⁵ 필자는 오래전 어느 유명 목사가 방송 설교에서 주님이 오실 때 교회만이 들림을 받을 수 있지 선교회는 그렇지 않다고 말하는 것을 들은 적이 있다. 교회와 선교회의 관계를 이해해야 한다. 선교함으로 교회가 세워지고, 그 교회가 다시 선교하는 것이기에 양자는 서로 분리될 수가 없는 것이다. 그 목사가 선교회를 그렇게 폄하한 것은 모르긴 해도 선교 단체들의 성숙하지 못한 자세 때문일 수 있다.

교회와 선교 단체 간의 갈등 문제에 대해 전호진은 한국교회가 전도와 선교는 외면한 채 정치 총회가 된 점을 개선해야 하는 반면, 선교하는 교회나 단체에도 탈교회적인 요소가 많이 내포되어 있음을 지적했다. 그래서 한국교회는 선교적 교회가 되어야 하며, 선교도 교회적 선교(Churchly Mission)가 되어야 한다고 제안한다.³⁶ 스텐 거스리(Stan Guthrie)는 21세기에는 교회의 창조성을 인정하고, 교회로부터 배우고, 지나친 부분은 수정해 가는 선교 단체들만이 계속 성장할 수 있다고 했다. 지역교회가 선교 사역에 쓰임 받는 유일한 도구는 아니나, 그 열쇠가 되기 때문이다.³⁷

---

34 엘리아스 메데이로스, "선교적 디아스포라에 속한 지역교회", 『디아스포라 선교학』, 283.
35 John A. Siewert, "Growing local church initiatives", *Mission Handbook* 1998-2000 (Pasadena: Mission Advanced Research and Communication Center [MARC], 1997), 59 재인용.
36 전호진, 『한국교회와 선교』 (서울: 엠마오, 1983), 121.
37 스탠 거스리, 『21세기 선교』, 정흥호 역 (서울: CLC, 2003), 29.

3) 이주민 선교의 유형

랄프 윈터(Ralph D. Winter)가 제시한 모달리티와 소달리티의 이중 구조의 관점에서 이주민 선교 현장을 살펴본다면 다음의 세 가지 유형으로 분류할 수 있다.

(1) 지역교회(모달리티)

모달리티 구조는 보통 담임 목사가 있고, 교회 내의 여러 부서 중 선교 부서에 이주민 선교를 위한 부서를 두는 것이 특징이다. 교회 내 부교역자 중에 한 사람이 이주민 선교부서를 맡거나 외국인 사역자들이 담당하는 경우도 있다. 모달리티는 기본적으로 이웃과 지역 사회에 대한 봉사적 역할을 하고 있기 때문에 이주민들이 스스로 교회에 들어오는 경우, 봉사적 측면에서 그들을 대하다가 다문화 사회에 대한 인식이 생기고, 그들을 지원하는 가운데 선교적 목적이 생겨 결국 이주민을 위한 별도의 부서가 설립되는 현상이 나타난다.[38]

(2) 선교 단체(소달리티)

선교 단체는 이주 노동자들이 생기면서 바로 그들에게 찾아가 인도적으로 도와주는 역할을 했다. 그들이 잠시 돈을 버는 목적으로 한국을 찾아왔고, 그 가운데는 불법 체류자들도 상당수가 있었는데 그것이 해외 선교의 일환으로 중요한 것임을 인식하고 이주민 선교 시작부터 적극적인 자세를 취한 것이다. 선교 단체들은 그들이 겪는 어려운 문제들, 예컨대 인권 문제나 임금 체류 문제, 한국어 교육, 상담 그리고 의료 부분에 이르기까지 사회적인 혜택을 얻도록 적극적인 활동을 폈다. 1992년에 구로공단

---

[38] 장영신, 정상우, "다문화사회 이주 노동자에 대한 개신교 교회의 역할 연구", 「교육 문화연구」 제21-2호 (2015년), 197.

에서 시작한 희년선교회나 유해근 목사의 외국인노동자선교회가 대표적 선교 단체이다. 그런데 교회와 달리 선교 단체는 인적, 재정적 문제가 뒤따른다.

(3) 절충형 구조

이 구조는 모달리티 교회가 전략적으로 이주민들이 많은 곳에 센터를 세우는 경우이다. 이 경우 소달리티 성격의 선교 단체처럼 다양한 사역을 할 수가 있다. 인적 자원이 풍부하여 주중에도 상담 프로그램을 가질 수 있고, 이주민 자녀들의 방과 후 활동이나 멘토링도 가능하다. 충분한 공간으로 여가 활동이나 숙식까지 제공할 수 있어 더욱 효과적인 선교를 도모할 수가 있다. 그러나 모 교회에 종속된 상황에서 이주민들에 대한 이해와 역할에 있어 모교회를 설득해야 하는 어려움을 갖고 있다.[39]

절충형의 또 다른 구조로 초교파 선교 단체를 생각해 볼 수가 있다. 초교파 선교 단체는 위의 선교 단체(소달리티)에 그룹에 속하기도 하지만, 선교에서 중요한 연합의 정신을 살려 신학의 노선이 다소 달라도 관심 분야나 은사에 따라 함께 일함으로 원만한 선교를 추구하는 경우이다. 대표적으로 희년선교회는 초교파적으로 복음주의권에 속한 네 교회가 이사(director)교회로 지원하며 많은 협력자와 자원봉사자들에 의해 운영되고 있다. 필자가 섬기는 암미선교회도 초교파로 구성된 운영위원회가 있으며 교단 색깔을 띠지 않아 이런 절충형에 속한다고 볼 수가 있다.

---

39 장영신, 정상우, "다문화사회 이주 노동자에 대한 개신교 교회의 역할 연구", 210.

3. 지역교회와 이주민 선교

1) 지역교회의 이주민 선교 인식

필자는 지난해(2019년) 암미선교회가 위치하고 있는 경기도 남양주시 700여 개 지역교회의 이주민 선교에 대한 인식을 알아보고자 설문 조사를 실시한 바 있다. 해당 지역교회들을 위해 「암미뉴스레터」를 더 많이 인쇄하고 그 안에 설문지를 넣어 보냈다. 그런데 이상하게도 설문에 응답한 교회는 단지 네 교회뿐이어서 이주민 선교에 대한 관심이 너무 부족한 것을 볼 수가 있었다.[40]

흥미 있는 것은 설문에 응한 네 교회의 설문 내용이다. 모르긴 해도 이 네 교회가 남양주시 전체 교회를 어느 정도 보여 주고 있는 것 같다. A교회의 경우, 선교는 국내 선교든 해외 선교든 아예 불참하고 있으며 이 그 이유로 재정의 부족을 들었다. 그 교회는 선교는 교회가 어느 정도 성장해야 가능한 것으로 이해하고 있었다.

그와 반대로 B교회는 국내외 선교에 매우 적극적이다. 이주민 선교에 대해서도 교회가 할 수 있는 일을 찾아보며 앞으로 적극적으로 참여할 것이라고 답했다. 교회가 선교하면 성장한다는 확신을 가지고 있었고, 평소 받아 보는 「암미뉴스레터」가 이주민 선교를 이해하는 데 도움이 된다고 했다. 이주민들, 특히 다문화 가정은 사회 통합의 대상인 동시에 우리처럼 그들도 주체가 되도록 세워 주며 인정해야 한다는 생각을 하고 있었다.

나머지 C와 D교회는 양자 중간으로 각기 농어촌 선교와 미자립 개척교회를 돕고 있으며 해외 선교는 협력 선교로 하고 있었다. 이주민 선교에

---

40 저조한 응답을 보인 이유 중 하나는 남양주시가 외국인 분포도가 낮은 곳이기 때문이다. 남양주시 곳곳이 택지개발 지역이 되면서 외국인들이 거주하던 공장들이 문을 닫고 인근 포천 등지로 이전해갔다. 현재 전국적으로 남양주시는 외국인 분포도가 가장 낮은 곳 중의 하나다(「암미뉴스레터」 44호, 2019.6.28, 2-4 참조.).

대한 생각도 거의 비슷했다. 이주민 선교는 개교회가 하기에는 언어 등 제한점이 많아 협력 선교하는 것이 좋겠다고 답했고, 이주민 선교에 대한 앞으로의 계획에 대해 '좀 더 관심이 필요하다' 또는 '교회가 할 수 있는 일을 찾아볼 것이다'라고 답했다. 또한 두 교회 모두 「암미뉴스레터」는 이주민 선교 이해에 조금 도움이 되고 있다고 했다. 모르긴 해도 바로 중간지대에 있는 이 두 교회의 답 곧, '이주민 선교에 대한 관심 필요'와 '앞으로 이 선교에 대해 교회가 할 수 있는 일을 찾아볼 것'이라는 응답이 지역교회들의 보편적인 생각인 듯하다.

참고로 2011년 조사에 의하면, 당시 목회자들의 이주 노동자 선교 이해에 관한 가장 많은 응답이 '나그네들이므로 교회가 돌봐야 한다'(25.9%)는 것이었다. 이어서 '적은 투자로 타문화권 선교를 할 수 있는 좋은 기회'(20.4%), '언어 문제 등으로 협력 선교가 바람직'(16.3%), '회교권 선교 등 전략적 선교'(12.2%), '타문화 및 다문화 경험의 기회'(10.2%), '타문화권 선교이므로 전략 필요'(9.5%), '불법 체류자들 귀국 선도'(3.4%), '잠시 일하러 온 사람들이므로 선교적인 의미가 별로 없음'(1.4%) 등의 순이었다.[41]

지금과 비교하면 그래도 그동안 이주민 선교 인식에 많은 변화가 있는 셈이다. 당시는 이주민들을 선교의 대상으로 보기보다 잠시 지나가는 나그네라는 인식이 팽배해 있었고, 심지어 불법 체류자들의 귀국을 선도해야 한다거나 잠시 일하러 온 사람들이므로 선교적인 의미가 별로 없다고 생각하는 목회자들도 있었다. 그러나 이제는 이주 노동자들뿐만 아니라, 다문화 가정, 유학생, 난민 등을 포함해 이주민으로 부르고 있어 이주민 선교라는 말이 우리에게 낯익은 용어가 되었다.

근본적으로 한국교회는 선교적인 교회(missional church)로의 전환이 필요하다. 현재 한국에 5만여 교회 가운데 타문화권 선교를 하고 있는 교회는 15% 수준이다. 작은 교회들은 아예 엄두도 내지 못하고 있다. 그러나 교

---

41 김영애, 「이주 노동자 선교의 신학적 고찰 및 활성화 방안」, 114-115 참조.

회가 선교적이지 못하면 결국은 침체되게 되어 있다. 교회가 그 본질을 잃은 것이기 때문이다. 국내에는 206개국의 다민족이 있으며 이미 서울은 세계 10대 다중 문화 도시(global cities)중 하나가 되었다. 이주민 선교와 다문화 목회는 교회가 선교적인 교회로 거듭날 수 있는 너무도 귀한 기회임을 알아야 한다.

2) 지역교회가 이주민 선교에 참여하려면

(1) 이주민에 향한 자세

지역교회는 이주민 선교에 참여하기 이전에 우선 이주민들에 대한 자세가 준비되어야 한다.

가령 어느 교회가 이주민 선교를 하려고 하는데, 그들을 그저 측은하게 여기고 뭔가 도와줘야 한다는 생각만 한다면 어떻게 될까?

그런 수직적인 관계에서는 구제는 혹 몰라도 진정한 선교는 될 수가 없다. 그런 일방적 태도를 지양하고 이주민들과 상호 소통에 근거한 인격적 관계를 세워야 한다. 무엇보다 그들을 인종이나 피부색이 다른 외국인으로서의 정체성보다 주 안에서 같은 하나님의 백성으로서의 정체성을 더 중시해야 한다.

또 그들에 대한 진정한 섬김의 자세가 필요하다. 예수님은 이 땅에 오신 이유를 섬김을 받는 것이 아니라 섬기려 하고 자기 목숨을 많은 사람의 대속물로 주려 함이라고 말씀하셨다(막 10:45). 여기 섬김은 죽기까지 낮아지는 섬김을 말한다. 바로 아가페적인 사랑의 섬김이다. 이주민 선교를 하다 보면 이리저리 힘든 일들이 생긴다. 특히 다문화 가정의 심각한 문제들을 접하다 보면 본의 아니게 주변에 가십(gossip)을 만들기도 한다. 그래서 진정한 섬김은 긍휼의 마음이 있어야 가능하다. 성경에서 긍휼은 바로 예수님이 목자 없는 양처럼 유리하는 무리를 보시고 민망히 여기신 그 동정심(compassion)을 말한다(마 9:36). 긍휼은 산상보훈에 나오는 대로 천국 시민이 지켜야 할 덕목이자 성령의 열매이다(갈 5:22).

예를 들어 보자. 암미선교회에는 초창기부터 필리핀인들이 있었다. 그들은 평소 농담을 잘하며 웃기 잘한다. 노래를 부르는 것을 아주 좋아해 교회에서는 찬양을 리드하는 그룹이다. 그래서 겉보기에는 순진해 보이는데 유독 꾸지람 듣는 것은 잘 소화시키지 못한다. 때때로 복수하는 일까지 생긴다. 그러니까 자기들이 잘못해 놓고도 상대방은 가만히 있기를 원하는 것이다. 어렸을 때 가정 교육 없이 성장한 탓이다. 부모가 해외에 돈 벌러 나가고 할머니나 친족의 손에서 자라 훈육을 모르는 것이다. 다른 나라들도 이와 비슷하거나 또 다른 문제점이 있다. 특히 다문화 가정은 문제가 하나둘이 아니다. 그들을 향한 긍휼의 마음이 필요하다.

이런 문제들로 인해 박홍순은 한국 사회의 구성원과 한국교회의 그리스도인 대상의 다문화 교육이 필요하다고 주장한다. 이주민들이 한국 사회에 적응할 수 있도록 돕는 지원과 교육도 중요하지만, 이주민들과 더불어 살아가야 하는 한국 사회의 구성원과 한국교회의 그리스도인들을 대상으로 실시하는 문화 다양성 교육과 국제 이해 교육이 필요하다는 것이다.[42] 중요한 지적이다. 한국 사회가 이주민들을 무시하는데 교회마저 그들을 오직 전도 대상으로만 여기는 것은 올바른 태도라고 볼 수 없다. 그들을 하나님의 형상을 지닌 우리의 이웃으로 여기며 우리 사회의 당당한 구성원으로 인정하는 태도가 필요하다.

(2) 성도들이 먼저 받을 훈련

엘리아스 메데이로스(Elias Medeiros)는 지역교회가 이주민, 곧 이동하는 사람들 3억 명에 대한 사역을 위해 필요한 방법들을 제시한다. 다음은 그가 말하는 지역교회 성도들이 훈련받아야 할 실제적인 방법 몇 가지이다.

---

[42] 박홍순,『지역교회 다문화를 품다』(서울: 꿈꾸는터, 2013), 119.

첫째, 교회의 모든 성도, 심지어 어린이들까지도 디아스포라 종족 즉, 이주민을 섬기기 위한 기회를 위해 기도할 수 있으며, 교회 성도로서 그런 기회를 사용하기 위해 계획하며 활동할 수 있다.

둘째, 성도가 먼저 손을 내밀어 디아스포라 가족(이주민)에게 연락하고, 그들을 교회로 오도록 초청하고, 격려하며, 데리러 가도록 가르친다.

셋째, 학교에서 스포츠 팀 등에서 당신 자녀의 디아스포라 친구와 친해지기 위해 힘쓰라.

넷째, 기회가 될 때마다 적절한 기독교 서적(성경, 적절한 선교 서적, 복음을 담은 작은 소책자인 트랙트[tracts] 등)을 나눠 준다.

다섯째, 인근과 세계 방방곡곡에 있는 친구를 사귀기에 늘 준비하며 마음을 연다.[43]

이런 방법들은 물론 우리의 실정에 낯선 감이 있다. 일단 우리 주변의 이주민들은 언어 문제가 있어 선뜻 교회로 초청하기도, 기독교 서적을 나누어 주기도 쉽지가 않다. 그러나 지역교회와 그리스도인은 최소한 그들에게 관심을 가져야 한다. 그들을 위한 기도는 물론, 그들과 교제할 수 있기를 준비하며 마음을 여는 자세가 필요하다. 무엇보다 목사가 먼저 다문화 목회의 마인드를 가지고 성도들에게 이 사역의 중요성을 가르쳐야 한다. 그리고 그와 관련된 활동을 통해 공감대를 형성시키는 것이 필요하다. 그러면 성도들이 자연스럽게 접근해 그들의 필요를 도우면서 교회에 초청할 수가 있게 된다.

필자가 알고 있는 경기도 부천의 한 목사는 주로 할머니들로 구성된 작은 교회를 담임하고 있는데 국내에서도 선교를 할 수 있는 방안은 없을까 생각하다가 출산을 앞둔 한 몽골인 다문화 가정을 만나 출산용품 일체를 도와주는 사랑의 수고를 했다. 그 일을 계기로 몽골에서 온 그의 어머니와

---

43 메데이로스, "선교적 디아스포라에 속한 지역교회", 278-279.

초등학생인 여동생이 교회를 방문해 말은 안 통해도 윷놀이로 한국 문화 체험을 하게 해 주었다. 그 후 초등학생 어린이는 외국인 처음으로 그 교회 등록 교인이 되었다. 그 교회는 현재 주말에 KIIP 한국어 교실 한 반을 열어 선교의 꿈을 키우고 있다. 목사의 선교 마인드는 이렇게 중요하다.

평신도의 역할도 마찬가지로 중요하다. 피터 와그너(Peter Wagner)는 모든 신자는 증인이지만 다 선교사는 아니라며 선교의 은사를 말했다. 성경에서 독신이나(고전 7:7), 순교(고전 13:3)가 은사임을 암시하듯이 타문화권에서 사역을 할 수 있는 선교의 은사도 있다는 것이다. 지역교회는 그 은사를 찾아내는 것이 중요하다.⁴⁴ 현실적으로 지역교회가 이주민 선교에 참여하는 방법은 크게 두 가지로 지역교회가 직접 참여하거나 선교 단체나 기관에 협력함으로 참여하는 방법이 있다.

(3) 참여 방법

지역교회가 이주민을 품는다는 것은 선교적인 교회(missional church)가 된다는 것이어서 그 의미가 크다. 대형교회의 경우처럼 교회 내에 선교부서를 두거나 외부에 선교 센터를 짓는 경우가 아니라고 해도 지역교회가 직접 참여하는 방법으로 다음의 몇 가지를 생각해 볼 수 있다.

① 복지를 통한 선교 목회

이주민의 노동 환경은 거의가 열악하고, 불법 신분인 경우 법적, 의료적 혜택이 전혀 없다. 교회가 나서서 이주민들이 복지 혜택을 받도록 도와주며, 이를 복음 전파의 기회로 삼을 수가 있다. 다문화 가정은 부모의 자녀가 함께 출석하는 경우가 많아서 교회학교가 필요한데 그것도 연령 수준에 따라 다양해야 하므로 선교회 형태보다 지역교회의 목회적 돌봄이 더욱 필요하다.

---

44 피터 와그너, 『기독교 선교』, 전호진 역 (서울: 생명의말씀사, 1993), 73.

② 한국어 교실을 통한 선교 목회

현재 다문화 이주민을 위한 한국어 교육은 다문화 센터나 사회 복지 센터 등에서 실시하고 있다. 그러나 교회 역시 주변의 이주민들에게 한국어 교육을 통해서 쉼의 장소를 제공해 주며 이주민들이 한국 사회에서 겪는 스트레스나 문화 충격에 적응하도록 도움을 줄 수 있다. 물론 이를 위해서는 자격과 자질이 있는 크리스천 한국어 교사가 준비되어야 한다.

③ 다문화 상담사

교회가 선교 목회로서 다문화 상담사를 두고 사역을 하는 방법도 생각해 볼 수 있다. 그들의 문화를 이해하고 적절한 상담 이론 및 기법을 적용할 수 있는 다문화 상담사가 수시로 다문화 가정을 방문하여 이주민들의 생활에서 발생하는 문제들을 돕고 그들의 이야기를 들어 주며 상담을 통해 내적 치유가 이루어지도록 하는 것이다.[45] 다문화 상담사 파송을 통해 교회적으로 돌보는 일은 선교적 목회의 접촉점을 이루는 데 큰 도움이 될 것이다.

④ 다문화 가정 자녀들

다문화 가정 자녀들의 교육과 신앙을 지도함으로 접근해 볼 수 있다. 학교 교육에 익숙하지 않은 결혼 이주 여성들의 어머니 역할을 교회가 도와줌으로써 자녀뿐만 아니라 그 가정을 복음화시키는 목회가 가능하기 때문이다. 사실 다문화 가정은 선교적으로 아주 좋은 자원이다. 자녀들은 부모로부터 이중 언어와 문화를 익혀 앞으로 다문화 시대에 주역들이 될 수 있다. 그러나 현재로는 이혼율이 높고, 다문화 가정 자녀들도 언어와 문화장벽으로 소외당하고 있어 교회가 반드시 이들을 향해 열린 마음을 가져야 한다.[46]

---

[45] 이수환, "다문화 이주민을 위한 선교적 목회의 역할", 『다문화 선교』 (서울: CLC, 2015), 134-135 참조.
[46] 김영애, "다문화 목회, 그 시대적 도전", 「암미뉴스레터」 42호, 2018.6.27., 3-5 참조.

⑤ 다문화 목회의 의미

우리 사회가 인구 절벽 시대가 되고 이주민 숫자는 증가하면서 자연히 지역교회는 다문화 목회를 생각해야 하는 시점에 있다. 이는 한국뿐만 아니라 이주의 시대에 세계교회의 경우도 마찬가지이다. 교회가 이런 다문화 목회를 시작하려고 할 때 다국적 현상에 대해 당황할 필요가 없다. 그동안 이주민 선교에 있어 다국적 현상은 이미 자연스럽게 이루어져 왔고, 오히려 거기에 '하나 되게 하는 복음의 능력'이 드러나기 때문이다. 단지 각 나라의 문화적 특성을 잘 이해하며 대처해야 하는 과제가 있을 뿐이다.

이런 점에서 이주민 선교교회와 선교 단체들도 그동안의 경험을 토대로 다문화 목회를 더욱 지향해야 한다. 다문화 목회는 이주민들이 더 이상 선교의 대상이 아니라 주체가 되도록 하는 것이므로 오히려 선교의 확장을 가져올 것이다. 암미선교회는 외부 후원금에는 아직 못 미치지만, 자체적인 헌금이 재정의 큰 비중을 차지한다. 지체들의 귀국 문제 등 여러 이유 때문에 완전한 자립으로 가기는 어렵지만, 그동안 나름대로 다민족 선교 목회를 해 왔기에 가능한 결과라고 본다.

다문화 목회에서 장점은 어느 한 국가 그룹에 의해 절대적인 영향을 받지 않는다는 점이다. 때에 따라 어느 국가 그룹이 약해질 때는 다른 그룹들이 일어나 서로 격려와 도전을 주고받는 시너지 효과가 있다. 이렇듯 교회가 많은 인종, 문화 그리고 언어로 구성되었다는 사실은 교회는 선교의 산물이자 도구임을 동시에 보여 주는 것이다.[47]

성경은 우리도 이 땅에서 외국인임을 가르쳐 주며 영원한 본향을 향하여 순례자로 살 것을 가르쳐 주고 있다. 그렇다면 이주민들도 한국에서 함께 살아갈 수 있도록 목양의 차원에서 영적, 정신적 도움을 주면서 그들 역시 주 안에서 그리스도인으로서 그들의 정체성을 바르게 인식하도록 도와줘야 한다. 다양한 국적의 이주민들에게 꼭 필요한 목회적 돌봄은 그들

---

[47] 양명득, 『다문화 사회 다문화 교회』 (서울: 한국장로교출판사, 2009), 62.

의 삶의 양상이 달라질 것이며 결과적으로 역동적인 선교의 결과를 가져올 것이다.

(4) 협력 선교

다음으로 지역교회가 이주민 사역 선교 단체나 기관의 사역에 협력하는 경우이다. 보통은 헌금으로 참여하는 예가 많고, 봉사로 하는 경우들도 있다. 예를 들어 상담 사역이나 의료봉사, 헤어 커트, 컴퓨터 교실 등등, 그 가운데 다문화 가정을 위한 요리 교실은 매우 유용하다. 몇 주간 다양한 한국요리를 가르쳐 주면서 접촉할 수가 있어 교제와 예배 초청도 가능해진다. 연휴에 가지는 수련회에 함께 참여해 섬김의 일을 하면서 선교의 마인드를 키울 수도 있다.

많은 선교 단체가 열악한 가운데 이런 역할을 할 수 있는 지역교회들의 손길들을 기다리고 있다. 그러나 지역교회의 이주민 선교 인식이 워낙 낮다 보니 그것이 현실로 나타나는 경우가 잘 없다. 여러모로 잘 준비된 한 이주민 사역자는 몇 년 전에 한 다문화 센터를 세워 사회 통합 프로그램(KIIP)을 실시하며 이주 노동자, 유학생, 전문 인력 등 다양한 외국인 대상의 사역을 시작했다. 그러나 몇 년이 지나 인적 자원 및 재정적 문제로 그만 벽에 부딪히고 말았다. 결국 한동안의 사역에서 얻은 다문화 가정들을 그냥 지역교회로 보내야 했다. 이런 준비된 이주민 선교 단체가 만일 지역교회들과 잘 협력했더라면 얼마나 좋은 사역의 열매들이 있었을까 하는 아쉬움이 크다.

경기도 부천에서 이주민 선교 기관을 운영하는 송인선(경기글로벌센터 대표)은 부천, 인천 외 전국의 이민자 무한 돌봄, 고충 상담, 한국어 교육 지원 서비스를 하고 있다. 그 기관 역시 재정 문제로 항상 어려움을 겪고 있다. 몸으로 하는 봉사 문제도 마찬가지, 당장 의료 봉사팀이 절실하고 한국어 교사도 크리스천 교사가 전체 교사의 4분의 1로 절대 부족하다. 사회 통합 프로그램(KIIP)은 실력이 있는 교사라야 하는데 전체 4분의 3은 비기독교인 교사들이 오히려 실력을 갖추고 들어와 일하고 있다고 한다.

그는 또 현대 선교의 중요한 과업인 난민 사역에서 상담 사역을 함께할 수 있는 사람들을 찾고 있다. 교사, 경찰 등 다양한 사회적 신분이 있는 사람들과 난민 모니터링 사역을 하고 싶어서이다. 그들에게 난민 한 사람씩 부쳐주는데 입국 초기에는 15일에 한 번, 6개월이 지나면 한 달에 한 번, 그렇게 3년 정도 만나 돌봐 주면 그들이 정착할 수 있다는 것이다. 정부에서 데려온 난민들이 센터에서 정착 교육을 받고 밖으로 나올 때, 기초 자금은 정부에서 대 주니까 지역교회들이 그들을 받아서 취업과 집을 마련하는 일을 도와주고 멘토를 붙여 준다면 저절로 선교가 되지 않겠느냐고 묻는다.[48]

참으로 지역교회의 협력 문제가 아쉬운 부분이다. 스코트 모리아우(Scott Moreau)는 이주민들이 한국에 오는 것을 1세기에 이방인들이 그리스도께로 나오는 것에 비유해 한국교회가 지금 어떻게 그들을 받아들여야 할지 결정해야 하는 도전에 직면에 있다며 미국의 경우는 많은 지역교회가 주중에 이주민 교회들의 사역을 돕고 있다고 했다.[49]

협력 선교에 대해서는 암미선교회도 하나의 좋은 예가 될 수 있다. 시작부터 협력 선교가 되었기 때문이다. 25년 전에 필자가 주말마다 외국인들을 만나러 경기도 남양주시 진접읍을 찾았을 때, 지역교회 목회자 4명이 작은 헌금으로 동참하기 시작했다. 후에 안 일로서 그들은 여전도사가 이 지역에 많은 외국인 근로자들을 위해 서울에서 주말마다 오고 있는데 이 일이 중단되지 않도록 돕자고 했다는 것이다. 자연히 그들은 초창기 필자의 사역 파트너가 되어 줄곧 어려운 일들을 함께해 오다가 후에 선교 센터를 건축까지 하는 일까지 있었다. 그중 한 목사는 '선교는 꼭 돈으로만 하는 게 아니고 몸으로도 할 일이 많다'는 말을 들어서 협력하는 것이라고 밝혔는데 여성 사역자인 필자에게는 절대적인 동역이었다. 협력 선교는

---

[48] 송인선 대표(경기글로벌센터) 전화 인터뷰, 2020.9.4.
[49] Scott Moreau, "그리스도의 사랑에 근거한 다양성 수용과 상호 문화 커뮤니케이션", 제5회 국제이주자선교포럼, 62.

이런 귀한 결과를 가져온다. 문제는 이름 없이 빛 없이 현재 할 수 있는 것으로 선교에 협력하는 자세이다.

4. 이주민 선교 전망

인구 절벽의 한국의 실정을 감안한다면 이주민들은 앞으로도 계속 많아지게 될 것이다. 신상록은 앞으로 이주민들이 단순 직종뿐만 아니라 IT를 접목한 산업 혁신에 숙련 인력, 전문기술 인력도 많이 필요해 산업 현장이 재편될 수도 있다고 내다봤다.[50] 더구나 이주의 현상이 단기 순환에서 장기화와 정착으로 변하고 있고, 계절 인력, 농촌 인력, 중소기업의 인력 필요가 계속 높아지고 있다. 또한, 국내는 결혼 건수나 출생아가 줄어 가고 있지만, 국제결혼 비율은 올라가고 있어 다문화 가정의 출산율이 증가하고 있다.

이주민 숫자가 이렇게 많아지는 만큼 한국교회의 이주민 선교도 더 많은 관심 속에 확장을 가져올 것으로 보인다. 단지 코로나19의 팬데믹으로 인해 이주민 선교가 현재 멈춤(stop) 상태가 되고 말았다. 코로나19 팬데믹이 한국교회에 주는 메시지가 세속화와 개인주의라면 이주민 선교에 주는 메시지는 무엇인지 깊이 성찰해야 할 때이다. 이런 상황에서 우리가 낙심하지 않는 자세도 필요하다. 주님이 어떤 상황에서도 그의 선교를 계속하실 것이기 때문이다.

김승호는 한국교회 선교의 문제점으로 성장주의와 성과주의의 선교지 이식을 첫 번째로 꼽았다. 그는 한국교회의 성장주의와 성과주의가 전통적 유교의 영향과 1970-80년대 도널드 맥가브런(Donald McGrvran) 교수와 그의 동료들에 의해 주도된 현대 교회 성장 운동의 영향을 지대하게 받은 결과로 보

---

[50] 신상록 목사(사단법인 함께하는다문화네트워크 이사장) 전화 인터뷰, 2020.9.16.

았다.[51] 꽤 일리가 있는 지적이다. 한국교회에서 파송된 선교사가 한국교회의 성장주의와 성과주의 영향을 받지 않았다고 할 수는 없기 때문이다.

같은 맥락에서 이주민 선교도 그렇지 않다고 할 수가 없을 것이다. 그동안 이주민 선교 연합 운동이 꾸준히 시도되었어도 제대로 되지 못한 것만 봐도 자신의 사역만 잘되면 된다는 이기주의적 자세로 이주민 선교에 임해온 것을 부인할 수 없다. 앞으로 이주민 선교도 선교적 교회론에 충실하면서 돈이 드는 이벤트성 행사나 어떤 프로젝트를 만드는 것보다 소그룹이나 가정예배에 충실한 패러다임으로의 변화가 필요하다. 이주민 선교가 선교적 교회를 지향할 때 이주민 선교 연합 운동도 가능하게 될 것이며 거기에 진정한 부흥의 역사가 있게 될 것이다.

정노화는 언택트 시대에 이주민 선교가 준비해야 할 것으로 사역자 재교육이 체계화되고 정기적으로 이루어져야 한다는 점과 온라인 교육 시스템이 필요하므로 IT팀을 구성하고 특히 이주민 선교를 위한 전문인 선교사를 개발해야 함을 지적했다.[52] 그의 지적대로 온라인 교육 시스템 준비가 시급하다. 코로나19 팬데믹으로 인해 4차 혁명의 현실화가 이렇게 빨라졌기 때문이다. 제이슨 셍커(Jason Schenker)는 그의 저서 『코로나 이후의 세계』에서 "교육의 미래는 온라인이다"라고 밝혔다.[53]

무엇보다 한국교회와 이주민 선교는 코로나19 팬데믹으로 해외 현지 선교가 이전과 다른 상황을 맞아 그간의 사역을 대폭 수정해야 하는 시점에서 가장 큰 대안으로 국내 이주민 선교에 눈을 돌리는 현상에 주목하고 이에 대한 전략적 대비를 서두를 때이다.

이주민 선교는 장기 체류자와 결혼 이민자가 증가하면서 앞으로 지금의 선교교회 형태에서 다문화, 다민족교회로 나아가게 될 것이다. 그렇게 해서 다민족교회가 뿌리를 내리기 시작할 때, 지역교회 역시 그 영향을 받아

---

51 김승호, "한국 선교의 4대 문제점과 해결책 제시(1)", 「선교타임즈」, 2017.1., 71-72.
52 정노화 목사 전화 인터뷰, 2020.8.20.
53 제이슨 셍커, 『코로나 이후의 세계』, 박성현 역 (고양: 미디어숲, 2020), 34.

다민족교회로 나아가게 될 것이다. 이주는 세계적인 현상이어서 지역교회가 이주민들에게 손길을 펴야 하기 때문이다. 한국교회가 힘든 코로나19 시대를 거치면서 선교적 교회로 거듭나고, 앞으로 현지 선교와 함께 이주민 선교에도 힘을 모은다면 주님의 지상명령을 더욱 효과적으로 감당하게 될 것이다.

토의 및 적용 문제

1. 본 장에서 새롭게 발견했거나 깨달은 점이 있다면 무엇인가?
2. 선교적 교회의 정의를 내려 보라. 교회가 선교적 교회가 되는 것은 왜 중요한가?
3. 어떻게 지역교회가 선교적 교회가 될 수 있는지 그 요소를 설명하라.
4. 지역교회가 직접 이주민 선교에 참여하려 할 때 어떤 방법들이 있는가?
5. 이주민 선교를 위해 지역교회가 선교 단체와 협력하는 것의 장점은 무엇인가?

제7장

결론: 선교적 교회, 다민족교회를 향하여

이주민 선교는 이방인 나그네 선교(Mission for Strangers), 구심적 선교(Centripetal Mission), 타문화권 선교(Cross-cultural Mission) 그리고 다민족 선교(Multi Ethics Mission)라는 특징이 있다. 또한 이주민 선교는 현지 선교가 어려운 나라 사람들에 대한 선교를 국내에서 할 수 있다는 전략적인 장점도 갖고 있다.

성경은 시작부터 끝까지 이주와 다문화 그리고 그로 인한 다양성을 우리에게 풍성하게 제시해 보여 준다. 창세기 시대로 거슬러 올라가 믿음의 조상 아브라함부터 본토, 친척과 아비 집을 떠나는 전형적인 이주민의 삶을 살았고 그 후손들도 마찬가지였다. 특히 유대인 디아스포라의 역사는 하나님이 그 나라뿐 아니라 열방의 모든 족속을 간섭하시고 다스리신다는 것을 보여 준다. 교회 역사적으로도 국제 이주 곧, 디아스포라는 계속 이어져 왔다. 흥미로운 것은 현대에 들어와 경제적인 목적의 국제 이주가 활발해짐으로 디아스포라 선교도 그 날개를 펴기 시작했다는 점이다.

디아스포라 이주민 선교는 지역교회가 선교적인 교회로 나아갈 수 있는 아주 귀한 기회이다. 지역교회가 타문화권 선교에 직접적으로 참여할 수 있기 때문이다. 선교적 교회에 대해서는 『미국의 감자탕 교회들』의 저자 밀프레드 미내트레아 목사가 정의한 다음의 글에 잘 나타나 있다. 그는 선교적 교회가 추구하는 바를 네 가지로 설명했다.

선교적 교회는 하나님 나라 시민을 세우는 것을 추구한다. 선교적 교회는 세상에서 하나님 나라를 실현하는 것을 추구한다. 선교적 교회는 하나님 나라 안에서 경쟁이 아니라 서로 협력한다. 선교적 교회는 공동의 대적을 대항하여 싸운다.[1]

한국의 지역교회들이 모두 이런 선교적인 교회가 되고 한국의 그리스도인들이 모두 선교 마인드가 있는 그리스도인들이 된다면 주님의 지상명령 수행은 자연히 이루어져 완성이 될 것이고, 그 결과 교회는 이 세상에서도 영광스럽게 될 것이다.

한편 우리는 성경에서 이주와 다문화로 인한 다양성의 원리를 발견할 수 있다. 창세기에 나오는 노아 홍수 심판 사건(6장)과 바벨탑 사건(11장)은 비록 거기에 죄로 인한 심판의 성격이 있지만, 인류가 세상으로 퍼지고, 언어도 다양해지는 이른바 문화적 다양성이 나타나게 되었다. 결국 창세기 1:28의 문화명령이 여전히 존재하고 인류는 세상을 정복하는 일을 하게 된다. 그 좋은 예로 언어 소통을 힘쓰면서 성경을 번역하게 되었다.

다양성 속에 있는 하나님의 구속 섭리는 신약 시대에 오면서 더 뚜렷해진다. 예수님 주변에는 언제나 소외된 자들과 이방인들이 있었고, 예수님의 사역도 유대인 중심에서 점차 이방인 세계로 확산되었다. 예수님은 최고의 주권이 자신에게 있다는 진리 가운데서 인종적 다양성과 통일성을 추구하는 일에 전념하셨다.[2] 더구나 그의 십자가 사건의 의미와 부활하신 후 승천 직전에 남기신 지상명령(The Great Commission)은 구원이 모든 족속에 이름을 분명히 하고 있다. 서신서, 특히 에베소서에 나오는 교회론과 다양한 은사 역시 다문화 간 연합의 중요성을 가르쳐 주고 있다.

---

1 양춘길 목사, "섬김의 궁극적 목적… 교회 성장 아닌 하나님 나라 확장", 「국민일보」, 2020.7.24., 29 재인용.

2 존 파이퍼, 『예수님의 지상명령』(*What Jesus Demamds From The World*), 전의우 역 (서울: 생명의말씀사, 2007), 422.

그렇다면 성경에 나타난 이주, 다문화 그리고 다양성이 오늘날 우리에게 무엇을 말해 주는가?

한마디로 교회가 선교 지향적인 교회가 되어야 하는 것이다. 교회가 존재하는 이유 두 가지는 하나님을 예배하는 것 그리고 세상에 나가서 섬기며 복음을 전하기 위한 것이다. 선교 지향적인 교회가 되려면 우선적으로 목사의 선교 지도력이 요구된다. 또한 교회에서 선교 교육을 통해 성도들이 선교적인 삶을 배우고 실천하게 해야 한다. 거기서 선교의 은사가 발견되어 선교사가 나올 수도 있고, 현대 선교에서 중시되는 평신도 전문인 선교사도 나올 수 있다.

선교는 협력의 자세가 중요해 지역의 교회 간에, 또는 지역교회와 선교단체 간의 협력이 반드시 필요하다. 이주민 선교의 경우는 더욱 그렇다. 국내 목회와 달리 선교는 이런저런 일들이 많이 연결되어 있기 때문이다. 더구나 이주민 선교는 다문화, 다민족으로 인한 다양성이 특징인 만큼 협력의 자세 없이는 이러한 다양성을 살려 교회의 참모습을 갖추기가 어렵다.

대표적인 다민족 사회인 미국의 경우 2011년 기준으로 복음주의 교회 중에 다민족교회의 비율이 5.5% 정도였다.[3] 미국에서 다민족교회로 유명한 '모자이크 교회'의 마크 디마즈(Mark Deymaz) 목사는 오래전 맥가브란의 동질 집단 원리가 교회를 성장시킨다는 주장에 의문을 던지며 그것이 21세기에 교회 성장과 복음의 진보에 오히려 장애물이 될 수가 있음을 지적했다. 현대 교회가 더욱 하나님의 음성을 들으며 다민족교회를 지향해야 한다는 주장이다.[4] 브루스 밀네(Bruce Milne) 역시 그의 저서 『다이나믹 다양성』(*Dynamic Diversity*)에서 다민족교회의 회중이 전도와 선교에 장애물이 아니라 오히려 더 유효하다는 점을 강조하고 있다.[5]

---

3 챈, 스프링클, 『지옥은 없다?』, 130.
4 Mark Deymaz, *Building A Healthy Multi-ethnic Church*, (San Francisco, CA: Jossey-Bass A Wiley Imprint, 2007), 62-63.
5 Milne, *Dynamic Diversity*, 166.

다민족교회는 미국뿐 아니라 현재 세계 많은 지역에서도 생겨나고 있다. 특히 세계의 중심 도시들이 새로운 다문화적인 사역들을 창출해 내고 있다. 선교 단체들도 오늘날 점점 다중 문화(다문화, 다민족)적으로 변화하고 있다.[6] 폴 히버트(Paul G. Hiebert)는 오래전에 이에 대해 언급한 바 있다. 그의 말을 들어 보자.

> 장기적인 안목으로 볼 때, 종족성에 얽매여 있는 교회는 소멸할 수밖에 없다. 삼사 대가 지나서도 살아남으려면, 도시교회는 종족 중심의 정체성에서 점차로 벗어나야만 한다. 그리고 외부인들에게 교회의 문호를 개방해야만 한다.[7]

오늘날의 교회가 지상명령의 성취를 위해 다문화, 다민족 선교를 중시해야 하는 이유다. 실제로 세계 선교에서 다민족교회 개척은 외국인들에게 아주 매력적이다. 그들은 자신의 나라에 있지 않기 때문에 자신과 비슷한 경험을 하는 외국인들을 선호한다. 더 중요한 것은 다민족교회가 지상명령을 향해 헌신하는 분명한 목표가 있을 때, 엄청난 선교적 에너지가 분출된다는 점이다.

결론적으로, 이주민 선교는 어제오늘 일이 아니라 하나님이 이스라엘의 역사를 포함해 세계 역사를 다루시는 중요한 방법이다. 하나님은 그의 백성을 흩으셔서 이방인들 세계에 자신을 계시하시곤 하셨다. 또 하나님은 흩어진 자를 모으시기 위해 모인 자를 흩으시기도 한다. 그래서 엘리아스 메데이로스(Elias Medeiros)는 하나님을 '디아스포라 선교의 귀재'라고 말했다. 선교는 더 이상 여기에서 그곳으로 가는 것이 아니라, 전 세계 방방곡곡에서 여

---

6 제임스 E. 프루드만, 『범세계적 교회와 선교적 리더십』, 변진석, 김동화 역 (서울: CLC, 2013), 31, 33.
7 히버트, 메네시스, 『성육신적 선교 사역』, 376.

기로 오는 것이며 여기서 전 세계 방방곡곡으로 가는 것이다.[8]

갈수록 세계 경제가 하향세를 이루면서 난민들이 많아지고 있는 현상도 예사가 아니다. 세계 난민 7천만 명 중에 80% 이상이 무슬림이다. 현지에서는 어려운 이슬람권 선교의 기회가 우리 앞에 있는 것이다. 한국교회가 그동안 교회의 대형화를 추구하며, 교회 부흥의 척도를 '얼마나 많이 모이느냐'로 보았다면, 이제 한국교회는 선교적 구조로의 혁신이 필요하며 성도들을 훈련시켜 선교적 삶을 살게 해야 한다. 코로나가 극복된다면, 세계화는 다시금 빠르게 진행될 것이며 각국의 이주민들이 더 증가할 것이다. 따라서 한국교회는 현재의 위기를 통해 이 시대에 주어진 이주민 선교 사역을 바로 이해하고 헌신해야 할 때이다.

---

[8] 메데이로스, "선교적 디아스포라에 속한 지역교회", 298.

나가는 말

팬데믹으로 대변혁의 시대를 맞이한 이때, 한국교회는 이주민 선교에 대한 새로운 인식이 필요하다. 우선 세계화 현상과 함께 이주, 곧 인구 이동이 온 것은 하나님의 선교적 섭리임을 알아야 한다. 인구 이동으로 "땅끝"(행 1:8)이 우리 곁에 다가오면서 선교사 파송국과 선교지의 구분이 사실상 사라졌다. 정민영은 그럼에도 먼 곳에 선교사를 보내는 것만을 선교로 생각하고, 우리 곁에 다가온 이방인들을 외면하고 있다면 말이 되지 않는다고 했다.[1]

지금은 이주의 시대이다. 지역교회가 이 시대적 변화를 읽고 이주민 선교를 통해 선교적 교회(missional church)로 변모해야 할 때이다. 잉어(M. J. Yinger)는 "한 세대에 일체감을 주던 것들이 그들 세대와는 다른 사회, 문화적 영향에 속해 있는 다른 세대에게는 이질적인 것이 된다"라는 사실을 지적했다.[2] 손창남도 한 선교 포럼에서 현시대의 여러 요인으로 앞으로 전통적인 선교가 줄어드는 것은 시간문제라며 국내 디아스포라(이주민) 사역이 저비용 고효율의 효과적인 선교 모델이 될 수 있다고 말했다.[3] 지역교회는 또한 이주민 선교를 통한 다민족 선교 목회를 준비해야 한다. 지역교회는 이동하는 사람에게 접근하는 데 없어서는 안 될 존재로 디아스포라

---

1 정민영 선교사, "다가온 '땅끝'의 고넬료 보듬기", 「국민일보」, 2017.4.14., 32.
2 히버트, 메네시스, 『성육신적 선교 사역』, 376 재인용.
3 손창남 선교사(OMF) 발제, 방콕(설악) 포럼 <코비드19 시대, 전통적 선교의 회고와 전망>, 화성 GMS선교센터, 2020.11.3.

를 통해 모든 민족에게 뻗어 나가기 위해 창조되었기 때문이다.[4]

이제 한국교회는 복음을 알지 못하는 이 땅에 수많은 이주민의 울부짖음에 이런저런 이유로 더 이상 귀를 막아서는 안 된다. 그것이 지금 코로나19 팬데믹을 겪으며 말세를 실감하고 있는 한국교회가 붙들어야 할 시대적 메시지일 것이다. 미국의 인권운동가 마틴 루서 킹 목사의 연설문 "나는 꿈이 있다"(I have a dream) 형식을 빌려 짧은 시로 글을 마치고자 한다.

> 나는 꿈을 꾼다
> 이 땅의 이주민들이 한국인들과 같이 예배드리는 모습을
> 작은 시골교회에 까만 피부의 스리랑카인이 나타나도 반기는 모습을
> 고단한 세계 난민들이 이 땅에서 복음을 듣고 복된 삶을 영위하는 모습을
>
> 나는 믿는다
> 성경의 예언대로 수많은 무슬림이 주께로 돌아오는 것을
> 3억 3천만의 많은 신을 믿는다는 인도인, 네팔인들이 참신인 주님을 알게 될 것을
> 하나님이 없다며 스스로 어두움 가운데 있는 공산권의 사람들
> 우리 겨레 북한도 주님을 고백하며 무릎 꿇는 날이 올 것을

---

[4] 메데이로스, "선교적 디아스포라에 속한 지역교회", 278-279.

참고 문헌

강명옥.「외국인 노동자 보호대책에 관한 연구」. 숭실대학교 노사관계대학원 석사 학위 논문, 1995.
강성열 외 3인.『다문화 사회와 한국교회』. 서울: 한들출판사, 2010.
강승삼. "세계화에 따른 한국교회 선교의 패러다임 변화".『한국 세계 선교행정과 정책 자료집』. 한국세계선교협의회 편. 서울: KWMA, 2004.
구성모. "한국의 다문화 사회 진입에 따른 다종교 상황과 문제".「선교타임즈」, 2017.5.
김성욱.『21세기 기독교전문인 선교 신학』. 서울: 이머징북스, 2019.
김수남. "한국의 외국인 정책과 방향". 제5회 국제이주자선교포럼 <한국의 이민 정책과 다문화 사회 선교 방향>. 명성교회, 2012.5.21.
김승호. "한국선교의 4대 문제점과 해결책 제시(1)".「선교타임즈」, 2017.1.
김영애.「이주 노동자 선교의 신학적 고찰 및 활성화 방안」. 리폼드신대원 다문화목회학 박사 학위 논문, 2008.
_____. "지역교회와 선교회의 협력".「암미뉴스레터」17호, 2005.2.30.
_____. "다문화 목회, 그 시대적 도전".「암미뉴스레터」42호, 2018.6.27.
김요셉. "국내 대 무슬림 근로자 선교".「선교 타임즈」, 2017.7.
_____. "국내 무슬림 근로자 선교 사역 고찰".「한국선교 KMQ」. 2016 겨울호, 통권 60호.
김종성. "전문인 선교와 F1, F2, F3 지역 선교".「선교타임즈」, 2017.5.
김진홍.『헌신』. 용인: 킹덤북스, 2019.
김혜란, 최은영. "자신의 정체성을 찾으려 노력하고 이를 인정받은 다말".『성서에서 말하는 다문화 이야기』. 대전: 대장간, 2013.
데이비드 J. 보쉬.『변화하고 있는 선교』. 김병길, 장훈태 역. 서울: CLC, 1991.

데이비드 헤셀그레이브.『선교 커뮤니케이션론』. 강승삼 역. 서울: 생명의말씀사, 1999.
라이언 로크스모.『팀메이트』(Paul and His Team). 정병준 역. 서울: 한국장로교출판사, 2018.
문성주. "주한 국제학생 현황과 글로벌 리더로서 양육 방안".『우리의 이웃은 누구입니까?』. 서울: 가리온, 2015.
박찬식, 정노화 편.『다문화 사회와 이주자 선교』. 서울: 기독교산업사회연구소, 2009.
박천응.『이주민 신학과 국경 없는 마을 실천』서울: 국경없는마을, 2006.
_____. "외국인 노동자 실태와 제언".「월간 교회성장」통권 121, 2003.7.1.
박홍순.『지역교회 다문화를 품다』. 서울: 꿈꾸는터, 2013.
브룩스 피터슨.『문화 지능』. 현대경제연구원 역. 서울: 청림출판, 2006.
서종남.『다문화 교육』. 서울: 학지사, 2010.
성남용.『선교 현장 리포트』서울: 생명의말씀사, 2006.
_____. "선교적 교회를 지향하는 교회".「한국선교 KMQ」2020 봄호, 통권 73호.
송병현.『엑스포지멘터리 창세기』. 서울: 국제제자훈련원, 2010.
송인선. "재정착 난민 선교 접촉점 고찰". KWMA 이주민 속초 포럼, 2019.10.28-30.
스텐 거스리.『21세기 선교』. 정홍호 역. 서울: CLC, 2003.
스티븐 바우만 외.『교회, 난민을 품다』. 김종대 역. 서울: 토기장이, 2019.
스티븐 카슬, 마크 J. 밀러.『이주의 시대』. 한국이민학회 역. 서울: 일조각, 2019.
신상록. "이민 정책으로 보는 한국교회의 이주민 선교". 2019년 호남다문화연구소 추계학회. 호남다문화연구소.
심민수. "구약성경의 이방 문화 - 이방인 이해".『더불어 사는 다문화 함께하는 한국교회』. 서울: 예영커뮤니케이션, 2012.
알렌 크라이더.『회심의 변질』. 박삼종 외 3인 역. 대전: 대장간, 2012.
앤드루 F. 월스. "기독교 역사 속의 이주".『난민, 이주민, 탈북민에 대한 선교 책무』. 서울: 두란노서원, 2018.
양명득. "다문화 사회 다문화 교회". 제12회 국제이주자선교포럼 <이민 사회의 심화와 이주자 목회>. 명성교회, 2019.5.27.
_____.『다문화 사회 다문화 교회』. 서울: 한국장로교출판사, 2009.
웨인 코디로.『팀으로 이끄는 교회』. 김경섭 역. 서울: 프리셉트, 2001.
이규용. "외국인 정책".『한국 이민 정책의 이해』. 서울: 백산서당, 2011.

이수환. "다문화 이주민을 위한 선교적 목회의 역할". 『다문화 선교』. 서울: CLC, 2015.
이순홍. 『지교회의 자국 내 외국인 선교 전략』. 파주: 한국학술정보, 2009.
이정혁. 「다문화 신학에 관한 연구」. 한신대학교대학원 박사 학위 논문, 2017.
이혜경. "한국 이민 정책사". 『한국 이민 정책의 이해』. 서울: 백산서당, 2011.
임수경. 「외국인 근로자 현황과 목회 사역의 방향」. 아세아연합신학연구원 석사 학위 논문, 1996.
장훈태. 『다문화 사회』. 서울: 대서, 2011.
전호진. 『선교학』. 서울: 개혁주의신행협회, 1991.
_____. 『한국교회와 선교』. 서울: 엠마오, 1983.
_____. 『한국교회 선교: 과거의 유산, 미래의 방향』. 서울: 성광문화사, 1993.
정경호. "한국교회의 새로운 패러다임으로써 선교적 교회에 대한 연구". 「복음과 선교」 제33집.
정노화. 「이주 노동자 선교 전략 개발: 현장과 간증을 중심으로」. 고신대학교 선교대학원 석사 학위 논문, 2004.
정미경. 「다문화 사회를 향한 한국기독교 이주민 선교의 방향과 과제」. 성결대학교 박사 학위 논문, 2010.
정연수. 「통전적 선교 관점에서 본 국내 이주 노동자 선교」. 장로회신학대학원 석사 학위 논문, 2007.
정홍준. "비즈니스 선교를 통한 하나님의 변혁 운동". 「선교타임즈」 2017.7.
제이슨 솅커. 『코로나 이후의 세계』. 박상현 역. 고양: 미디어숲, 2020.
제임스 E. 프루드만. 『범세계적 교회와 선교적 리더십』. 변진석, 김동화 역. 서울: CLC, 2013.
제임스 뱅크스. 『다문화 교육 입문』. 모경환 외 역. 파주: 아카데미프레스, 2016.
조귀삼. 『전략이 있는 선교』. 안양: 세계로미디어, 2014.
존 파이퍼. 『예수님의 지상명령』. 전의우 역. 서울: 생명의말씀사, 2007.
지종화. "다문화 사회와 한국 무슬림의 적응과 대응". 『한국이슬람학회논총』 제21-2집. 한국이슬람학회, 2011.
크레이그 밴 겔더, 드와이트 J. 샤일리. 『선교적 교회론의 동향과 발전』. 최동규 역. 서울: CLC, 2015.

테츠나오 야마모리, 사디리 조이 티라 편. 『디아스포라 선교학』. Harry Kim, 문창선 역. 서울: 더메이커, 2018.

폴 G. 히버트, 엘로이즈 히버트 메네시스. 『성육신적 선교 사역』. 안영권, 이대헌 역. 서울: CLC, 1998.

프랜시스 챈, 프레스턴 스프링클. 『지옥은 없다?』. 이상준 역. 서울: 두란노, 2011.

피터 와그너. 『기독교 선교』. 전호진 역. 서울: 생명의말씀사, 1993.

하워드 페스킷, 비노스 라마찬드라. 『선교』. 한화룡 역. 서울: IVP, 2006.

허명호, 김현진. 『다민족 복음화는 에클레시아 공동체의 회복으로』. 서울: 가리온, 2018.

허명호. "선교 현장이 된 대한민국". 「한국선교 KMQ」. 2020 봄호, 통권 73호.

허버트 케인. 『선교사의 생활과 사역』. 백인숙 역. 서울: 두란노서원, 1990.

_____. 『세계를 품은 그리스도인』. 민명홍 역. 서울: 죠이선교회출판부, 1993.

황홍렬 외 4인. 『이주민 선교 기초조사 보고서』. 서울: 꿈꾸는터, 2013.

Alvin Roy Sneller(신내리). 『칼빈주의 신학과 선교』. 서울: 성광문화사, 1987.

Robert H. Glover. 『세계 선교의 발달』. 이요한 역. 서울: 침례회출판사, 1978.

Roger E. Hedlund. 『성경적 선교 신학』. 송용조 역. 서울: 서울성경학교출판부, 1991.

Allen P. Ross. *Creation and blessing: A gide to the study and exposition of the book of Genesis*. Grand Rapids, Mich.: Baker Books, 1988.

Andrew F. Walls. *The Cross-Cultural Process in Christian HistorCastlesy*. Maryknoll, New York: Orbis Books, 2002.

Bruce Milne. *Dynamic Diversity*. Downers Grove, Il: InterVarsity Press, 2007.

Byung K. Chung, *That they all may hear: Institute of Christian Culture*, 1992.

Chandler Im. *Billy Graham Institute*.

Charles Hockett. "The Origin of Speech". *Scientific American* 203, September 1960.

Charles Van Engen. *God's Missionary People*. Grand Rapids: Baker Book House, 1991.

Geert Hofstede and Gert Jan Hofstede. *Cultures and Organizations*. New York: Mc-Graw-Hill, 2005.

J. H. Bavinck. *An Introduction to the Science of Missions*. New Jersey: Presbyterian and Reformed Publishing Co., 1960.

Jimmy L. Maban. "A study on the book of James in relation to diaspora". A dissertation presented to the faculty of the Trinity College and Seminary. Cheongju City, South Korea, 2015.

Johannes Blauw. *The Missionary Nature of the Church*. New York: McGraw-Hill, 1962.

John A. Siewert. "Growing local church initiatives". *Mission Handbook* 1998-2000. Pasadena: Mission Advanced Research and Communication Center (MARC), 1997.

John R. W. Stott. *Christian Mission in the Modern World*. Downers Grove, Il.: InterVarsity Press, 1975.

_____. *The Cross of Christ*. Downers Grove: InterVarsity Prss, 1986.

Mark Deymaz. *Building A Healthy Multi-ethnic Church*. San Francisco, CA: Jossey-Bass A Wiley Imprint, 2007.

Moises Silva. "Biblical perspectives on language". In *Foundations of Contemporary Interpretation*, six volumes in one. ed. V. Philips Long, Tremper Longman III, Richard A. Muller, Vern S. Poythress, and Moses silver (204-217). Grand Rapids, Mich.: Zondervan Publishing House, 1996.

Robert S. Candlish. *Studies in Genesis*. Grand Rapids, Mich.: William B. EerdmansPublishing Co., 1979.

S. T. Silzer. *Biblical Multicultural Teams*. Pasadena, Cal.: William Carey Int'l University Press, 2011.

Samuel H. Larson. "A Christocentric Understanding of Linguistic Diversity: Implications for Missions in a Pluralistic Era". *Intercultural Leadership Class Notes*. Jackson, MS: Reformed Theological Seminary.

Stephen Gaukroger. *Your Misson, Should You Accept It....* Downers Grove, Il: InterVarsity Press, 1996.

Stephen Neill. *Creative Tension*. London: Edinburge House, 1959.

_____. *Call to Mission*. Philadelphia: Fortress, 1970, 50. Quoted in *The 1974 total is from the Bible Society Record*, no. 98, 1975

Thomas Renz. *The Rhetorical Functions of the book of Ezekiel*. Leiden, the Netherland: Humanities Press, 2002.

Vern S. Poythress. *Symphonic Theology*. Grand Rapids, MI: Zondervan, 1987.

Peter Wagner. *Strategies for Church Growth*. Ventural, CA: Regal Books, 1987.

Willem VanGemeren. *The Progress of Redemption: the Story of Salvation from Creation to the New Jerusalem*. Grand Rapids: Zondervan Publishing House, 1988.

William D. Taylor. *Kingdom partnership for Synergy in Missions*. Pasadena, Cal.:William Carey Library, 1994.

부록 1

이주민 선교, 사역과 그 열매

암미선교회(Ammi Mission Fellowship)는 1995.12.24 성탄 이브에 필자가 경기도 남양주시 진접읍 공장 지대에서 외국인 노동자 5명(방글라데시 3명, 필리핀 2명)과 성탄 예배를 드린 것으로 시작되었다. 어떤 의도된 이주민 선교가 아니었고 당시 필자가 미국 비자를 기다리던 중 잠정적으로 주말에 외국인들을 만나려던 생각이었는데 오늘날까지 계속된 것을 본다. 과연 선교의 하나님이 친히 일하셨음을 볼 수가 있다.

1. 전략이 없는 선교에서

암미선교회(이하 암미)가 시작될 무렵 진접읍 일대는 가구공단이 있었고, 주변에 영세업자들이 많아 공장 지대로 알려져 있었다. 그래서 자연히 외국인 노동자들을 쉽게 만날 수 있는 곳이었는데 10여 년 전부터 주변이 택지개발지역으로 변해 공장들이 문을 닫는 사례들이 많았다. 그래도 인근 광릉내 주변에 여전히 남아 있는 공장에 외국인들이 있고, 다문화 가정들이 생기면서 6년 전에 암미선교회의 이름이 암미다문화센터로 바뀌었다.

암미선교회는 무엇보다 시작부터 다국적 형태, 곧 다문화, 다민족 선교가 되어 지금까지 이어오는 것이 특징이다. 그런 이유로 전문성이 뒤떨어지고, 언어 및 문화 차이 등의 문제로 어려움이 많았다. 거기다 선교회로서 항상 인적 자원 부족과 재정 문제가 끊이지 않았다. 그런 가운데 50평 지하에서 해마다 여름홍수로 고생하다가 2008년 160평의 선교 센터가 지어지는 기적이 있었다.

또한, 6년 전부터 법무부 출입국관리소가 주관하는 사회 통합 프로그램(KIIP) 일반 운영 기관에 선정되고 체계적인 한국어 교실을 운영하게 되어 더욱 선교가 확장되었고, 이제까지의 이주 노동자들과 더불어 다문화 가정 사역이 시작되며 다문화 가정 어린이 대상의 교회학교도 시작되었다.

암미선교회의 사역을 정리해 한마디로 말한다면 선교 시작부터 모든 환경에 유연하게 대처해 왔다는 점이다. 25년 전 당시 주변에 외국인 노동자들이 많았으나 어떤 교회도 관심을 갖지 않기에 암미선교회는 선교 대상 국가의 국적을 초월할 수밖에 없었고, 선교회의 열악한 인적 자원과 재정 문제를 위해 초교파를 지향해 관심이 있는 목사나 성도들을 만나게 되어 결국 초교파선교회가 되었다.

사역 역시 나그네들을 위한 돌봄의 사역을 하면서 아무런 전략을 세울 수가 없기에 초창기에는 구정이나 추석 연휴를 이용한 수련회에 집중해봤다. 그 결과, 다국적의 역동성이 눈에 띄었고, 수련회를 다녀올 때마다 확실히 영적인 분위기가 잡히는 것을 볼 수가 있었다. 특히 선교 센터 건립 이후 필리핀 그룹이 주종국가가 되면서 암미선교회의 다국적 선교가 더욱 활기를 띄우게 되었다.

현재 암미선교회의 예배에는 필리핀 그룹을 비롯해 페루, 온두라스, 캄보디아, 네팔, 베트남, 태국, 몽골, 인도네시아 등 9개국이 모이고 있다. 여기에 한국인 그룹을 합치면 10개국이 된다. 공 예배 언어가 영어였던 것이 한국어가 추가되어 설교자가 영어와 한국어로 설교를 하면 각기 두 언어 중에 한 가지 언어를 통역한다. 통역 소리로 시끄러워도 참석자 모두가 말씀과 소통에 집중하는 모습이다. 예배 후에 소그룹으로 각국 모임이 있어 설교 내용을 나누는 적용의 시간을 갖는데 암미선교회는 이 소그룹의 짧은 시간이 그나마 양육의 시간이다. 그러나 필리핀 그룹은 점심식사 후 오후에도 양육을 위한 시간이 있다. 전체 기도회는 토요일 저녁에 모인다. 다음은 그동안 암미선교회의 창의적인 사역에서 나온 전략들이다.

첫째, 다국적 분위기에서 주종국가를 중심으로 사역의 비중을 두어 선교의 효율성을 도모했다. 그동안 3개 주종국은 8차례(인도 2번, 페루 2번, 필리핀 4번)에 걸친 귀국자 방문 선교 여행을 통해서 현지 선교까지 할 수가 있었다.

둘째, 전략적인 선교로서 다국적의 분위기 속에서 현지에서 어려운 이슬람권(이란, 방글라데시, 파키스탄) 및 힌두교권(인도, 네팔) 선교에 힘썼다.

셋째, 사순절과 고난주간을 지내고 예수님의 부활의 증인으로서 전도에 힘쓰도록 훈련시키며 5월 말 생명의 축제(The Festival of Life)를 가진다. 이 축제는 암미선교회에서 총동원 전도 주일의 성격이다.

넷째, 다국적 선교의 역동성이 살아나도록 하는 예배 프로그램의 개발과 특별 활동이 있다. 예컨대 봄 야외예배는 KIIP 학생들을 참여시키려 주일 오전에 가까운 숲으로 가고, 7월 첫 주 맥추감사절과 11월 추수감사절에 감사의 의미를 새기는 다국적 감사축제를 가지며, 부족한 양육을 위해 일일 수련회와 국가기도회, 또는 각 해당 국가의 날(Day)이 있어 선교주일로 지킨다. 암미선교회 창립일인 크리스마스이브는 공장 지대나 암미선교회 주변 도로에서 캐럴을 부르며 다음 날 성탄 예배에 사람들을 초청한다.

다섯째, 지역교회에 이주민 선교를 알리려는 목적으로 일 년 두 차례 「암미뉴스레터」를 발간하고 있다. 또한 암미선교회가 20주년을 기념해 출간한 이주민 선교 현장리포트 "말을 안통해도 선교는 통한다"가 이주민 선교를 이해하는 데 유익한 책이라는 평가를 받고 있다. 이 책은 이주민 선교의 마인드를 위해 목회자들이나 성도들이 반드시 읽어야 할 책이라는 평가가 있고, 누구나, 심지어 불신자들까지도 타문화권 선교를 이해하는 데 도움이 된다며 이화여대 도서관, 밀양시립도서관 등 여러 도서관의 장서가 되었다. 그동안 암미선교회의 사역이 이처럼 다른 이들에게까지 도움을 주고 있다는 사실에 감사와 보람을 느낀다.

2. 선교의 귀한 열매들

현재 암미선교회에는 각국에서 온 150여 외국인들이 나오고 있다. 그중에 한국어를 위해 KIIP에만 나오는 경우를 제외하고 주일예배에 참여하는 외국인은 평균 80-90명이다. 지금까지 암미선교회에서 세례를 받은 다국적 외국인들은 총 136명이다(2019 현재). 이 가운데는 현지에서 선교가 어려운 이슬람권 열매들도 9명이 된다(이란 7명, 방글라데시 2명). 그들은 모두 가족을 희생할만한 큰 결단을 하고 예수님께 돌아왔는데 그중에는 종교 망명을 떠난 이들도 있다.

그중 이란 출신의 에브라임 형제는 귀국 후 무슬림 여성과 결혼할 수 없다며 미혼으로 40을 넘기고 있어 안타까웠는데 얼마 전에 현지 선교사와 연결이 되어 신앙 성장은 물론, 크리스천 여성과 결혼 문제 역시 소망을 가지게 되어 기쁨을 더해 주고 있다. 특별히 암미선교회에서 주종국이던 인도, 페루, 필리핀 세 그룹에서는 놀랍게도 6명의 사역자가 나왔다. 그들을 여기 소개한다.

번호	국가	이름	사역 내용
1	페루	디아나	2002년도 추수감사절에 귀국해 남편을 전도할 뿐 아니라 목사(현재 부목사)가 되게 하고 자신은 사모가 되었다. 베네수엘라 난민들에게 예배 후 점심을 제공해 주는 사역도 겸하고 있어 암미선교회에서 배워 온 그대로 나그네 사랑을 실천하는 큰 기쁨을 누리고 있다.
2	페루	파블로	암미선교회 초창기 추석 수련회에서 예수님을 만났다. 9년간 한국에서 일한 돈을 아내가 탕진한 것을 알고 큰 쇼크를 받았으나 복음이 필요한 동족을 위해 귀국 후 신학을 공부하고 리마 근처 빈민가에 교회를 개척했다.
3	페루	우고	페루에서 택시 운전 기사를 하다가 한국에 왔는데 결핵으로 고생하다 복음 전파의 소명을 얻고 귀국해 신학을 하고 신학교에서 만난 지금의 아내와 어린이 사역을 해 왔는데 현재 버려진 아이들과 가정 폭력의 피해를 입은 아이들을 케어하고 있다.
4	페루	사무엘김	브라질 태생 한국인으로 한국에 대학 및 신대원 공부를 하던 중암미교회에서 페루인들을 위해 스페인어 통역을 하다가 10년 전 GMS 선교사로 페루에 파송되어 현지교회들이 말씀 위에 서도록 돕는 Q.T. 사역, 정글선교 등을 하고 있다.
5	인도	사키	암미선교회에서 성경을 통독하고 귀국 후 가족들을 하나씩 전도해 가정교회를 세우고 사람들이 계속 모이자 자신의 소유지 밭에 교회를 건축했다. 힌두교 동네에 현재 100여 명이 모이는 자립교회가 되었다. 동네 많은 노인을 위해 양로원 사역도 준비 중이다.
6	필리핀	리노	작업 중 오른손 세 손가락이 절단되는 사고를 입었으나 귀국 후 목사가 되어 2015년부터 Aurora Province에 있는 장로교회를 섬기며 아내의 많은 친척 대상의 Kailinga Province의 사역을 겸하고 있다.

이처럼 빈손으로 아무런 전략 없이 시작한 이주민 선교에 하나님이 친히 역사하셔서 귀한 열매들이 나온 것이 놀랍기만 하다. 이제 25년의 세월이 지난 암미선교회는 다문화, 다민족 선교의 기틀이 잡혀있다. 심지어 자기 국적의 사람이 없어 혼자라고 해도 잘 적응하는 모습을 볼 수가 있다. 인도네시아의 한 형제는 엄마처럼 자신을 돌봐준 자원봉사자로 인해 암미선교회를 자신의 교회로 여겨 어떤 축제가 있을 때마다 인도네시아 국기를 들고 혼자 나오거나 독창을 하곤 했다.

이런 모습의 다국적 이주민 선교에서 성경 에베소서에서 말하고 있는 교회의 통일성과 다양성의 원리가 그대로 나타나고 있는 것을 보게 된다. 한 국적이 없어져도 자연스럽게 다른 국가가 생기고 숫자에 상관없이 그

야말로 한계가 없는 선교를 할 수가 있는 것이다.

결론적으로, 다문화, 다민족 선교는 이주민 선교가 가지는 특징이다. 이주민 선교 현장은 어디나 양육의 한계가 있고 다양한 문제들(예컨대 성적인 문란, 다문화 가정 문제 등)이 일어나며 귀국자 관리 역시 제대로 되지 않는 것이 사실이다. 그러나 그동안 암미선교회를 통해 나타난바, 이주민 선교는 이 마지막 시대에 지상명령을 위해 하나님이 한국교회에 주신 특별한 기회요 큰 추수를 가져오게 하는 귀한 선교임이 분명하다. 모든 영광과 능력을 주님께!

「선교타임즈」, 2019.7., 47-49.

부록 2

그리스도인의 문화관

내가 아내에게 바라는 것은 필리핀에서 한국에 왔으니까 한국말 좀 배우라는 거예요. 그게 기본이 아닙니까?
한국에 살면 당연히 한국 문화를 배워야죠. 만일 내가 아내의 나라에 가서 산다면 당연히 그 문화를 배울 거예요.

아침마다 어머니와 아내 눈치를 보게 되는데 늙으신 어머니가 살면 얼마나 더 살겠어요?
먼저 어머니에게 좀 효도해야 되는 것 아닙니까?

각기 외국인 아내를 둔 다문화 가정 남편들이 내게 한 말이다.
그럼 그렇게 말하는 한국인 남편들에 대한 아내들의 반응은 어떨까?
더구나 시어머니까지 모셔야 하는 외국인 아내들의 생각은 어떨까?
그들은 하나같이 말한다.
"나는 외국 사람, 너무 힘들어요."
심지어 이렇게 말하는 이들도 있다.
"내가 외국 사람이니까 이렇게 나쁘게 해요. 한국 여자한테는 이렇게 못해요."

이처럼 서로 다른 문화를 이해하지 못하는 데서 생기는 갈등이 다문화 가정의 가장 큰 어려움이다. 문화는 특정한 사회 구성원에 의해 형성되고 전수되는 지식, 태도, 습관적인 행동 패턴의 총체적인 체제이다. 그러기에 일방적으로 자신의 문화만을 주장하는 것은 상대방에게 엄청난 문화 충격을 가하는 것으로 정신적 스트레스와 육체적 질병을 유발시키게 된다.

반대로 자신의 문화에 대해서는 부정적이지만, 외래 문화에 대해 무조건 호의적인 생각을 갖는 경우도 있다. 예컨대 중국이나 미국 문화를 중시하며 한국 문화의 정체성을 부정하는 사대주의가 있었다. 그래서일까, 한국인들은 서구 문화는 존중하는 대신 비서구 국가들에 대해서는 우월의식을 가지는 왜곡된 문화관을 가지고 있다는 지적이 있다.

심지어 선교 단체까지도 서구인의 가치관에 기준으로 삼아 판단하고 결정을 내리는 경우가 있다. 그런 단일 문화주의는 극복되지 않으면 안 된다. 비서구교회가 가진 문화적 특성이 성경에 어긋나지 않는 한 받아들여질 때 더 풍성한 선교의 결과를 기대할 수 있기 때문이다.

여기서 우리 그리스도인이 가져야 할 문화관이 성립된다. 먼저, 모든 문화는 사람들의 세계관으로서 존중되어야 한다. 물론 그리스도인에게는 무엇보다 성경의 진리가 중요하다. 그러나 심지어 성경과 어긋나는 문화라고 할지라도 그들의 오래된 행동 양식을 당장 고치려 하기보다 그들에게 성경적 세계관을 가르치며 훈련시키는 일이 필요하다. 문화는 삶의 양식(style)으로서 그만큼 뿌리가 깊은 것이기 때문이다.

오래 전 한 이슬람 선교 세미나에 참석해서 파키스탄 목사에게 일부다처에 대한 질문을 해본 적이 있다. 그는 아주 쉬운 질문이라며 성경에 목회자는 한 아내만 둬야 한다고 했으니 목회자만 그 말씀을 지키면 되는 것이라고 했다. 자기도 평신도라면 아마 여러 아내를 두었을 거라는 말도 서슴지 않았다. 이슬람국가의 일부다처제가 워낙 보편화되다 보니 교회 지도자들까지도 그렇게 해석하는 것을 본다.

또 다른 예를 들어 보자. 88올림픽 준비를 앞두고 미국 매스컴에서 한국의 보신탕을 혐오하는 기사들이 줄을 이었다. 급기야 미국 정부가 나서서 한국의 보신탕집들을 없애라는 압력을 넣었다. 그때 한국은 즉,각 보신탕을 영양탕으로 이름만 바꿔 모두 뒷골목으로 들어가게 했다. 문화의 성격을 보여 주는 좋은 예들이다.

한편 문화는 나름대로 사람들의 안녕과 질서를 위해 만들어진 요소가 있기 때문에 유익한 면을 가지고 있다. 바로 세상 문화에도 하나님의 일반 은총이 있다는 말이다. 그래서 문화는 정죄의 대상이 아니라 변화의 대상이다. 누구나 자신도 알지 못하는 사이에 자기 문화에 익숙해 있기 때문이다. 그래서 성경적 가치관에 위배되는 것이라도 점진적인 노력으로 변화시켜 나가야 한다. 결국 우리가 다른 문화를 경계하기보다 열린 마음의 자세가 필요하다. 언어와 문화가 다른 다문화 가정 부부일 경우, 상대방의 문화를 이해하려는 노력은 더욱 중요하다. 어차피 다문화 가정 자녀들은 양쪽 부모의 영향을 다 받게 되어 있어 제3의 문화가 그들에 의해 형성되고 있다. 또 그것은 장차 다문화 사회의 새로운 에너지가 될 것이다.

오랜 세월 단일 언어와 문화를 가지고 있던 우리나라가 다양한 언어와 문화를 가진 이주민들과 함께 살면서 이제 다문화 사회가 되었다. 우리 그리스도인들이 이들과 함께 사는 삶은 선교적으로 의미가 크다. 더구나 그들은 교회가 돌봐야 할 외국인 나그네들이다. 그러기에 그들의 인격을 존중하며 그들의 문화에 개방성을 보여야 하는 것이다. 우리가 그들을 사회 통합의 동반자로 여길 때, 그들 또한 우리를 향해 마음을 문을 열고 복음을 듣게 될 것이다.

『말은 안 통해도 선교는 통한다』(서울: 샘솟는기쁨, 2015), 199-202에서 발췌

부록 3

이주민 선교와 연합 운동의 발자취

한국에서 이주민 선교는 88올림픽을 계기로 90년대 초반 외국인 노동자들이 대거 유입되면서 본격적으로 시작됐다. 고용허가제가 도입된 2004년 8월 17일 이전에는 외국인 산업연수생과 조선족 동포의 불법 체류 문제가 많은 비중을 차지해 인권 문제가 주 관심사였다. 그러나 고용허가제를 계기로 외국인 노동자와 조선족 동포의 신분과 근무 여건이 안정되면서 한국교회가 더욱 관심을 갖고 이주민 선교에 참여하기 시작했다.

이주민 선교 단체는 2015년 기준, 전국적으로 400여 개가 되었다. 개교회들이 선교적 차원에서 직접 이주민 선교에 참여하는 것뿐만 아니라 외국인 노동자들만 참석하는 이주민 교회들이 생겨났고, 암미선교회처럼 지역교회들이 협력하는 경우도 많은 것으로 조사되었다. 안타까운 것은 많은 이주민 선교 단체 간 네트워크가 제대로 되지 않고 있다는 점이다.

한국교회 이주민 선교 역사에서 연합 운동이 없었던 것은 아니다. 가장 두드러진 연합 운동은 1992년 11월 한국기독교교회협의회가 '한국교회외국인노동자선교위원회'를 설립한 것이 발전이 되어 1993년 9월 초교파적으로 '한국교회외국인노동자선교협의회'(이하 외선협)가 결성된 것이었다. 외선협은 초창기 이주 노동자 선교의 구심적 역할을 했다. 외선협이 헌신된 사역자들을 위해 실시한 '외국인 노동자 선교 세미나'와 '외국인 노동자 보호법 제정을 위한 활동' 등은 협력 선교의 좋은 모델로 꼽힌다.

당시 외선협은 이주민 선교를 해 오던 기존 단체와 새롭게 시작하는 단체들을 연결해 필요한 선교 정보 교환, 세미나 및 기도회 등을 통해 교회와 선교 단체가 협력하여 이주민 선교가 한국교회 전체의 선교 사역이 되도록 하려는 목적이 있었다. 실제로 외선협이 정기적으로 발간한 '땅끝 나그네'는 전문가들의 글과 선교 정보를 실었고, 나아가 정부의 외국인 노동자 정책에 대한 한국교회의 입장을 대변하는 창구가 되었다.

그러나 외선협은 2000년 초반까지 지속해 오다가 흐지부지되고 만다. 1995년에 결성된 인권단체인 외노협이 발족되면서 인권운동의 성격을 강조했고, 외선협과 협력 관계보다는 차별성을 부각시키면서 분리의 양상을 보였다. 결국 이 과정에서 다수의 보수진영 교회가 등을 돌리고 말았다.

지역적으로는 초창기 외국인들이 밀집되어 있던 인천 지역에서 1994년부터 경인 외국인선교협의회가 발족되어 선교 세미나를 개최하며 성탄절 연합예배를 드리는 등 연합 운동이 활발했다. 비록 그때와 같은 적극적인 모습은 아니어도 인천 지역은 지금도 연합회(인천 외국인선교협의회)가 조직되어 그 명맥을 이어오며 언어권별 연합 운동이 이루어지고 있다.

외선협 이후 뚜렷한 연합 운동은 2008년 10월 16일 최초로 모임을 가진 이주민 선교를 위한 한국교회 네트워크(이하 이선한)이다. 연합 운동의 필요성에 의해 오랜만에 결성된 이선한은 이듬해 2009년 8월 15일 여의도순복음교회에서 7,000명의 이주민과 100여 개의 이주민 선교 단체가 참여하는 '이주자 선교엑스포(EXPO)'를 성대히 갖는 등 의욕이 대단했다. 그러나 2010년 7월경 내부 간의 의견 차이가 생기면서 그해 연말에 잠정 중단하는 것으로 결정을 내렸다.

그 후 2016년 11월 이주민네트워크(KIN: Korean Intercultural Network)가 결성되었지만, 활동이 미미했고, 2019년 12월 26일 한국 이주민 선교협의회(KIMA: Korea Immigrants Mission Association)가 다시금 결성되었다. KIMA는 한국 세계 선교협의회(KWMA: Korea World Mission Association)와 긴밀한 공조를 지향하며 5명의 공동대표를 세우므로 앞으로보다 안정적인 이주민 선교 연합 운동의 가능성을 바라보게 되었다.

'선교는 협력'이라는 말이 있다. 선교는 협력이 없이는 어렵다는 뜻이다. 한국선교의 유례없는 성공도 언더우드, 아펜젤러 등 초기선교사들의 연합 정신이 있었기 때문이다. 협력이 없으면 우선 정보조차 얻기가 쉽지 않다. 예컨대, 이주자들이 다른 지역으로 옮겨간 경우, 정보가 없으니 그 주변에 있는 교회를 소개하기조차 쉽지 않다.

이주민 선교가 해를 거듭하면서 사역자 발굴, 훈련 및 파송 문제, 중소도시로의 이주민 이동, 국적별 선교에서 지역(종족)별 선교로의 세분화, 현지 교회(교단)와의 협력 문제, 다문화 가정 선교 목회, 난민과 같은 사각지대 이주민 문제와 다음 세대 후계자 발굴과 훈련 문제 등등 많은 이슈가 생겨나고 있다. 하지만 이주민 선교 단체 간의 연합이 없이는 그런 이슈들을 함께 논의하며 이주민 선교 신학을 발전시켜 나가기가 어렵다.

하나님은 유력한 개인보다 연합(union)을 원하신다. 그러므로 서로 이견을 보이는 복음주의와 에큐메니컬 두 진영은 자신에게 없는 강점을 상대방이 가지고 있는 사실을 알고 겸손한 자세로 꾸준히 대화하며 협력하려는 자세가 필요하다. 사실 연합은 우리 한국인들에게 가장 어려운 문제로 심지어 교회까지도 사분오열되어 있다. 선교도 함께 힘을 모으면 시너지 효과를 낼 수 있을 텐데 각개전투를 하다 보니 의사소통 부재로 중복 투자와 에너지 낭비가 크다.

그래도 선교는 초교파 연합이 가능하고, 또 선교지가 국내인 점을 감안할 때, 이주민 선교가 다시금 네트워크를 꾸준하게 잘 구축해 나간다면 타문화권 선교의 인프라는 물론, 현지 선교에 활력을 불어넣어 선교 중흥을 가져오게 될 것이다. 이주민 선교 연합 운동의 발전은 나아가 답보상태에 있는 한국교회 연합 운동에도 좋은 영향을 미칠 것이다.

"선교사 칼럼", 암미선교회 홈페이지(www.ammi.or.kr), 2015.11.26.에서 발췌

부록 4

이주민 선교 단체 설문 조사

안녕하세요?

암미선교회 김영애 선교사입니다.

본 설문 조사는 이주민 선교의 개괄적인 현황을 파악하여 더욱 효과적인 이주민 선교 (특히 다국적) 전략을 세우기 위함입니다. 그런데 설문지 응답자들이 너무 적어 다시금 보내 드리오니 3분 정도 소요의 본 설문지에 응답해 주시면 대단히 감사하겠습니다.

1. 2019년 1월 현재 귀 교회(선교 단체)가 이주민 선교 사역을 시작한 연수는 얼마가 됩니까? ____년

2. 현재 귀 교회(선교 단체)에 참석하는 외국인들의 국가와 인원 수 그리고 예배 참석 인원 수를 적어 주십시오.
   (1) 국가: 총 ____개국
   (2) 예배 인원 수: 총 ____명

3. 현재 귀 교회(선교 단체)의 실무자 수와 자원봉사자 수를 적어 주십시오.
   (1) 실무자 수: 전임 ____명, 파트타임 ____명
   (2) 자원봉사자 수: ____명, 총 ____명

4. 현재 귀 교회(선교 단체)가 이주민 선교에서 참여하고 있는 해당 분야를 체크해 주십시오(복수 체크 가능).
(1) 이주 노동자 (2) 결혼 이민 여성 (3) 다문화 가정 자녀 (4) 유학생
(5) 난민

5. 현재 귀 교회(선교 단체) 사역의 형태에 관계된 해당 번호에 체크하십시오.
(1) 교회 부설 (2) 이주민 교회(노회 가입 가능) (3) 이주민 선교 기관/센터
(4) 이주민 기관(법인, 비영리) (5) 복합 형태(교회+선교 기관)
(6) 독립외국인교회(외국인 사역자) (7) 기타 _____

6. 현재 귀 교회(선교 단체) 예산의 규모를 대략 체크해 주십시오(단위: 만 원).
(1) 500 미만 (2) 500-1000 (3) 1000-2000 (4) 2000-3000 (5) 3000-4000
(6) 4000-5000 (7) 5000-1억 (8) 1억 이상

7. 현재 귀 교회(선교 단체)의 재정 후원 상황을 체크해 주십시오(복수 체크 가능)
(1) 개인 후원 (2) 교회 후원 (3) 노회 후원 (4) 총회 후원 (5) 기업 후원
(6) 중앙 정부 지원 (7) 지자제 지원

8. 구성원이 다민족, 즉, 여러 국가인 경우 어떤 형태로 사역이 되고 있습니까?
(1) 국가 공동체별로 운영되고 있다. (2) 같이 모여 다국적 예배를 드린다.
(3) 기타(구체적으로: _____)

9. 다국적이 함께 예배를 드리는 경우 공통적인 언어는 무엇입니까?
(1) 한국어 (2) 영어 (3) 한국어와 영어 (4) 기타 _____

10. 귀 교회(선교 단체)의 사역 특성을 잘 나타내고 있는 문항을 체크하십시오(복수 체크 가능.)
(1) 세계 선교 (2) 예배와 성경 공부 (3) 외국인 리더 훈련 및 사역자 양성
(4) 전문 사역자 (언어 가능한 현지인 사역자나 한국인 선교사) 중심의 선교
(5) 인권, 복지 및 상담 활동 (6) 사회 통합 프로그램(KIIP)을 통한 전도
(7) 기타 _____

11. 현재 귀 교회(선교 단체)가 하고 있는 활동은 무엇입니까?
    (해당 사항 모두 체크)
(1) KIIP (2) 컴퓨터 교실 (3) 의료진료 (4) 이, 미용 봉사
(5) 법률 구제 활동 (6) 임금 체불 등 상담 (6) 각국 공동체 (7) 쉼터 운영
(8) 각종 행사(체육 대회, 수련회 등) (9) 결혼식(또는 합동결혼식)
(10) 신문, 소식지 발간 (12) 집단 행동
(13) 기타 _____

12. 사역 현장에서 일어나는 어려운 문제들을 체크해 보십시오
    (복수 체크 가능).
(1) 성적(性的)인 문란 (2) 다문화 가정 문제
(3) 회교권 선교의 어려움(예컨대, 세례받은 이들이 신변상 귀국을 꺼려함)
(4) 난민 신청 문제 (5) 양육의 한계
(6) 무면허 운전, 음주, 도박 등 범죄 문제 (7) 귀국자 관리
(8) 기타 _____

13. 귀 교회(선교 단체)가 하고 있는 주요 행사는 어떤 것입니까?
    (복수 체크 가능)
    (1) 전도 집회 (2) 체육대회 (3) 문화 행사 (4) 관광 (5) 국가별 기념 행사
    (6) 기타 _____

14. 선교를 위해 귀 교회(선교 단체)가 특별히 개발한 프로그램이 있다면 무엇입니까?
    (1) _____ (2) _____
    (3) _____

15. 그동안의 경험상 다문화, 다민족 선교에 장점이 있다면 무엇입니까?
    (1) _____ (2) _____
    (3) _____

16. 다민족 선교를 하는 경우, 어려운 점은 무엇입니까?
    (1) _____ (2) _____
    (3) _____

17. 현재 한국교회의 이주민 선교는 체류 외국인 수(250만 명)의 3% 정도에 불과합니다. 이주민 선교가 당면한 가장 큰 문제점을 무엇이라고 보십니까? 세 가지를 체크해 주십시오.
    (1) 이주민 선교의 인식 부족 (2) 이주민 선교 신학의 정립
    (3) 전문 사역자 부족 (4) 물량 선교가 되는 점
    (5) 협력(또는 연합) 선교의 부족
    (6) 기타(구체적으로: _____)

18. 협력 선교나 연합 운동이 귀 교회(선교 단체)에서 특별히 필요하다고 생각되는 부분은 무엇인지 두 가지를 체크해 보십시오.
(1) 외국인들의 복지 및 인권 문제 (2) 다양한 정보
(3) 귀국자에게 현지 교회나 선교사들을 연결하는 문제
(4) 기타(구체적으로: _____)

*설문에 응해 주셔서 대단히 감사합니다!